Diogenes Taschenbuch 22639

Walter Nigg

Buch der Büßer

Neun Lebensbilder

Diogenes

Die Erstausgabe erschien 1970
im Walter-Verlag AG, Olten
Umschlagillustration: Joachim Patinir,
›Landschaft mit Heiligem Hieronymus‹
(Ausschnitt)

Veröffentlicht als Diogenes Taschenbuch, 1993
Alle Rechte vorbehalten
Copyright © 1993
Diogenes Verlag AG Zürich
40/93/36/1
ISBN 3 257 22639 X

Der Mensch weigere sich nie, von ganzem Herzen zum Herrn zurück-
zukehren, selbst wenn er viele Sünden begangen hat, und verzage nie
an der Barmherzigkeit des Himmels; denn durch die Buße gelangt er
dazu, daß ihm verziehen und vergeben wird.
Das lehrt uns das Beispiel Eleasars, des Sohnes Tardais', der zeit seines
Lebens fremden Göttern diente und der keine Hure vorbeigehen ließ,
ohne zu ihr einzugehen; es gibt keine Sünde, die er nicht getan hätte,
und das Werk seiner Tage bestand aus Missetat und schweren Verge-
hen. Aber eines Tages überkam ihn die Reue; er bedauerte sein Tun
und trat den Weg der Umkehr an; er klemmte sein Haupt zwischen die
Knie und weinte laut, bis seine Seele dem Körper entstieg. Da erscholl
eine himmlische Stimme und rief: Eleasars, des Sohnes Tardais' Buße
ist angenommen worden, und ihm ist ewiges Leben beschieden!
Daher heißt es: Manch einer erringt das zukünftige Leben in einer
Stunde, manch einer erwirbt es in siebenzig Jahren, aber beide gelangen
dazu nur durch Buße. Nicht nur wird die Buße des Sünders entgegen-
genommen, sondern es wird ihm die Ehrenbenennung Rabbi beigelegt.

AUS DEM «BORN JUDAS»

INHALT

EINLEITUNG:
UNBEWÄLTIGTE UND BEWÄLTIGTE
VERGANGENHEIT

I

Ein merkwürdiger Anblick bietet sich uns, wenn in Arthur Millers Schauspiel «Der Preis» der Vorhang sich teilt: Wir sehen eine Dachwohnung voller alter Möbel. Schränke, Stühle und Tische sind übereinander gestapelt, altmodisches Zeug liegt herum, Dinge, die einst als vornehm galten und heute eine lächerliche Geschmacklosigkeit verraten. Die verstaubte Unordnung deutet das chaotische Durcheinander an, das die meisten Menschen in ihrer Seele herumtragen: unverdaute Erinnerungen und unverarbeitete Erlebnisse. Der Zuschauer glaubt, in ein sphinxhaftes Dasein hineinzublicken und wird jedenfalls nicht von einem fragwürdigen Bühnenzauber fasziniert.

Zwei Brüder treffen sich nach sechzehn Jahren in diesem unwohnlichen Raum, weil das elterliche Mobiliar wegen Hausabbruchs verkauft werden soll. Sie schauen sich die alten Gegenstände an, mit denen sich Assoziationen an frühere Begebenheiten verbinden, und kommen dabei auf ihre Vergangenheitskonflikte zu sprechen. Viktor verzichtete einst auf das Studium und ergriff den für ihn unbefriedigenden Beruf eines Polizeimannes, um seinem zahlungsunfähigen Vater zu helfen. Walter beschritt eine erfolgreiche medizinische Laufbahn, erlebte jedoch Schiffbruch in seiner Ehe; er baute sich nach einem Nervenzusammenbruch schließlich eine neue Praxis in einem Negerviertel auf. Die beiden Brüder stehen sich bei der unerwarteten Begegnung fremd gegenüber. Sie versuchen, den Weg zueinander zu finden, und stoßen dabei auf ungeahnte Schwierigkeiten. Die Vergangenheit, die zu übersteigen sie nicht fähig sind, steht trennend zwischen ihnen, um so mehr, als sie einander nichts Tieferes zu sagen haben und nur die früheren Erlebnisse zergliedern wollen.

Die Zeit erweist sich als etwas Furchtbares. Jeder hält dem andern sein früheres Verhalten vor, angefangen mit den Entwicklungsjahren und den damit verbundenen Reaktionen. Walters Sprung über die Vergangenheit scheitert an der Sturheit Viktors, der zu vergessen nicht bereit ist. «Er ist zehn Minuten hier, und ich kann nicht achtundzwanzig Jahre meines Lebens einfach wegwischen», klagt der sich um sein Leben geprellt fühlende Bruder und wird darin von seiner Frau Esther unterstützt. Der versierte Arzt anderseits ist nicht willens, seinem Bruder das pharisäisch gefärbte Verhalten gegenüber dem Vater abzukaufen, weshalb es in der Auseinandersetzung immer wieder zu harten Zusammenstößen kommt. Es ist die alte Geschichte vom Bruderzwist, neu erzählt. Der bestellte greise ostjüdische Antiquitätenhändler Gregory Salomo mischt sich mit seinem fremdländischen Akzent ins Gespräch. Er ist vor allem daran interessiert, das nicht mehr benötigte Mobiliar zu einem billigen Preis zu erstehen, während die beiden Brüder den von ihnen geforderten Preis der Vergangenheitsbewältigung nicht zu bezahlen bereit sind. Zwar bemerkt Viktor: «Man muß einen Preis für alles bezahlen. Ich habe ihn bezahlt, du auch.»[1] Dies redet er sich ein, es entspricht nicht der Wirklichkeit, und das Schauspiel endigt damit, daß sich die beiden Menschen in der gleichen ablehnenden Haltung trennen, in der sie sich zu Beginn getroffen haben.

Arthur Miller schrieb ein beunruhigendes Schauspiel; mit seiner Gesellschaftspsychologie bewegt es sich in den Fußstapfen von Ibsen. Wenn auch nur vier Personen auf der Bühne zwischen dem verstaubten Hausrat hindurchgehen, langweilt sich der Zuschauer nie, weil die Frage nach der Verantwortung und die psychologischen Gespräche fesseln. Die Vergangenheit wird von den verschiedensten Seiten angebohrt und erweist sich als eine unübersteigbare Mauer. Außerdem werden mannigfache gesellschaftskritische Probleme erörtert; der Verschleiß der heutigen Konsumgüter beispielsweise wird treffend bloßgestellt. Bei dem Feilschen um den Preis für das alte Mobiliar blitzen die Augen der verbitterten Esther in unheimlicher Geldgier auf, die Prestigesucht tritt erschreckend hervor; selbst das Haschen nach dem bißchen Vergnügen macht sich immer wieder bemerkbar. Obwohl sich alles in einem einzigen Raum abspielt und das Gespräch in zwei Stunden zu Ende ist, wird das Leben mit seinen Hintergründen doch von mehreren Aspekten her aufgerollt und seine Rätselhaftigkeit dem Zuschauer vor Augen gerückt. Auch unterläßt Miller alle zynischen Bemerkungen, mit denen viele moderne Schriftsteller glauben, ein Publikum erschrecken zu müssen, das doch schon lange über alles Erschreckende hinaus ist.

In seinem Schauspiel stellt Miller das Problem der Vergangenheit des Menschen zur Diskussion – er tut es auf eine eindringliche Weise. Er zeigt, wie der Mensch immer wieder zu dieser Frage zurückkehrt, weil sie für ihn meist eine quälende Angelegenheit ist. Der Mensch kann eine ihm unbequem gewordene Vergangenheit bewußt verdrängen, indem er sich vornimmt, nicht mehr an sie zu denken. Es geschieht auch, daß er sie verteidigt: Es ist nicht so schlimm gewesen, andere haben noch Schlimmeres getan! Was aber ist mit diesen Selbstrechtfertigungen gewonnen? Anscheinend will der Mensch sich selbst treu bleiben, in Wirklichkeit verbleibt der Ungewandelte bei diesen Beschönigungsversuchen im besten Fall «auf der Suche nach der verlorenen Zeit» [Proust]. Die Vergangenheit setzt sich oft auch aus lauter Enttäuschungen zusammen, und wiederum steht der Mensch vor der Frage: Wie werde ich mit den unerfüllten Sehnsüchten fertig? Manchmal verbittern sie ihn, was eher eine Vergiftung der eigenen Person und keine Bewältigung der Vergangenheit ist. Der Mensch kann das erdrückende Gewicht der Vergangenheit nicht abwälzen, wenn er in seiner innerweltlichen Betrachtung verharrt. Übermächtig ist das Problem, dessen Lösung ihm aufgetragen ist und die er doch nicht zu finden vermag. Ob der Mensch einsam an den Wassern Babels trauert, ob er sich im dichten Großstadtgewühl zu zerstreuen sucht oder sich in Millers Möbelraum mit seinem Bruder trifft, immer bedrängt ihn die Vergangenheit, er kann ihr nicht entlaufen noch sich von ihr ablösen. Auf dem nächtlichen Lager holt sie ihn ein, weckt in ihm das Gefühl, er habe im Leben alles falsch gemacht und habe auf der ganzen Linie versagt. Wer in seinem Dasein Fehltritte gemacht hat, auf den wird mit dem Zeigefinger gewiesen, selbst wenn die Tat schon viele, viele Jahre zurückliegt. Bedrückt empfindet er es als eine unerträgliche Zumutung, daß er sein ganzes Leben mit der Korrektur der einen Dummheit zubringen soll; Vergessenkönnen ist sein sehnlichster Wunsch. Aber merkwürdig, die andern Menschen wollen nicht vergessen, und seine Bemühung läuft auf eine bloße Verdrängung hinaus, wodurch das Problem in anderer Form am nächsten Tage erneut vor der Tür seines Lebens steht. Die Vergangenheit klebt am Menschen, er kann nicht einfach aus ihr herausschlüpfen wie die Schlange aus ihrer Haut. Red' und Antwort muß er stehen, verpflichtet ist er, die Vergangenheit zu durchleuchten und zu bereinigen. Doch ist er dazu nur in den seltensten Fällen befähigt. Und die Vergangenheit seiner Nation vermag er überhaupt nicht zu bewältigen, sie übersteigt in ihrem gigantischen Ausmaß das Individuum. Die Kraft eines einzelnen Menschen reicht nicht aus, er zerbricht daran. Mag diese Aufgabe ihn auch überfordern, er muß für seine Vergangenheit einstehen, und niemand kann ihm diese Verantwortung abnehmen.

Miller stellt das Problem der Vergangenheit überaus anschaulich vor den Zuschauer hin, aber auch er vermag es nicht zu bewältigen. Trotz der anständigen Gesinnung des amerikanischen Autors hinterläßt das Schauspiel «Der Preis» einen unbefriedigenden Eindruck. Zwar werden ab und zu erhellende Worte gesprochen: «Lesen Sie die Bibel... Sie werden sich wundern...»[2], aber derartige Lichtblitze erlöschen sofort wieder und bleiben ohne Folgen. Miller führt eindringlich aus, daß der Mensch nicht fähig ist, seine Vergangenheit zu ordnen, sondern in seiner muffigen Bodenkammer gefangen bleibt. Der Antiquitätenhändler bezahlt für das alte Mobiliar elfhundert Dollar, damit ist seine Funktion beendet. Die beiden Brüder finden sich nicht zur Versöhnung bereit. Ihre Vergangenheit ist ein zu tiefer Graben, ihn zu überspringen sind sie unfähig. Es bleibt alles in der durch die übereinander geschichteten Möbel symbolisierten Unordnung. Miller zeigt unmißverständlich, wie der Mensch seine bedrückende Vergangenheit weiterschleppt. Selbst am Schluß des Schauspiels erzählt der ostjüdische Händler keine chassidische Anekdote, die die Brüder nachdenklich stimmen könnte. Der Schriftsteller empfindet die Frage überdeutlich und ist doch nicht imstande, sie zu beantworten. Er gesteht im Nachwort offen und ehrlich: «Ich weiß auch keine Lösung.»[3] Zwar neige er dazu, «das Leben vom Rand des Grabes her zu sehen», von dort also, wo sich sonst Antworten einzustellen pflegen, die man im Strudel des Lebens überhört[4]. Aber im Schauspiel bemerkt man nichts davon. Statt dessen läßt Miller den Antiquitätenhändler zum Schluß eine ausgeleierte, kitschige Schallplatte auflegen, eine Musik, die bei diesem ein Gelächter auslöst. Was dieser Hohn bedeutet, kann dem Zuschauer nicht fraglich sein, wenn der Vorhang fällt.

Millers Unvermögen, eine Vergangenheit zu bewältigen, darf ihm nicht als persönliches Versagen angelastet werden. Er ist mit seiner Remis-Haltung ein Repräsentant der modernen Literatur, seine Einstellung ist für sie kennzeichnend. Die Gegenwartsliteratur bekennt sich – von wenigen Ausnahmen abgesehen – bewußt zum Verzicht auf eine Lösung und behauptet, es sei weder Aufgabe der Dichtung noch der Malerei, eine inhaltliche Aussage zu wagen. Nach der heutigen Ästhetik hat die Literatur bloß Fragen aufzuwerfen, sie selbst stellt auch alles in Frage. Nichts bleibt verschont oder ausgeklammert. Alle Ausführungen verharren im Bereich der Diskussion, man will sich auf nichts festlegen, und jede Möglichkeit soll offengelassen werden. Der Versuch einer Antwort gilt als überholt, er käme auf eine Lehre, eine Moral oder gar eine Predigt hinaus – und damit geriete sie in Widerspruch zum Geist der Moderne, der es liebt, sich hinter Kritik und Verblüffungen zu verstecken. Das klägliche Geständnis vieler Schriftsteller und Künstler, sie seien selbst auch nur ringende Menschen, wirkt wenig überzeugend, denn wer eine Aussage in der Öffentlichkeit macht, erhebt doch den Anspruch, zu einer gewissen Klarheit gekommen zu sein. Wenn nicht, würde er besser vorerst noch schweigen.

Gewiß ist mit einer billigen Antwort niemandem gedient; man

verzichtet gerne auf eine sentimentale Lösung der Vergangenheitsfrage, die sich vor der harten Realität des Lebens ohnehin in nichts auflöst. Prinzipiell keine Antwort zu geben, verrät jedoch, daß man mit dem ernsthaften Nachdenken nicht begonnen hat oder seiner vorzeitig müde geworden ist. Der Verzicht auf Lösung, zum Prinzip erhoben, ist ein Feigenblatt, hinter dem man die Blöße des metaphysischen Unvermögens verbergen möchte. Man gibt keine Antwort, weil man keine zu geben imstande ist – dies ist die Diagnose der modernen Literatur. Eine sichtliche Kraftlosigkeit darf aber niemals zu einer modernen Errungenschaft umgebogen werden. Der Mensch greift zu einem Buch oder geht in das Theater, um zu erfahren, wie der Dichter sein Problem löst. Wüßte der Interessierte im voraus, daß er keine Antwort erhält, würde er sich wahrscheinlich die Auslage ersparen. Zudem sind die wenigsten Menschen geistig in der Lage, eine schwierige Lebensfrage selbständig durchzudenken und zu beantworten. Sie werden von einem Problem wohl berührt, aber sie legen es unbewältigt auf die Seite, weil ihnen die Anleitung fehlt, in welcher Richtung sie nach einer Lösung zu suchen haben. Der Mensch ist sich selbst überlassen und gerät darob in eine immer tiefere Ausweglosigkeit hinein. Es gehen von der Literatur keine heilenden Kräfte mehr aus, sondern sie bedarf selbst der Heilung. Die moderne Literatur – Miller zeigt es deutlich – ist das Produkt einer antwortlosen Zeit, die von ihr nasegeführt wird. Sie leistet dieser Zeit keineswegs avantgardistische Dienste, wie sie es sich mit ihrer verbreiteten Diskussionssucht einredet. Eine Literatur ohne Wegleitung vergrößert die Dunkelheit einer desorientierten Welt. Die Ratlosigkeit wird zunehmen, und die innere Unordnung des Menschen wird krasser werden. Der Verzicht auf Antwort ist eindeutig ein Unglück und zugleich eine der schwersten Nöte der Gegenwart. Traurig ist diese Feststellung, unendlich traurig, weil aus dieser Verwirrung zuletzt eine geistige Katastrophe hervorgehen muß.

II

Einen anderen Weg beschritt Dostojewski in seiner Dichtung «Rodion Raskolnikoff». Er eröffnet eine neue Sicht vom Vergangenheitsproblem; jedenfalls weicht das Gefühl des Unbefriedigtseins, obwohl Dostojewskis Roman in eine Traurigkeit eingehüllt ist, die von keinem Lachen erhellt wird. Die dunkle Färbung ist durch das namenlose Leid bedingt, das über diese bedrängende Erzählung ausgebreitet ist. Seltsamerweise hat die von den Gaslampen der Petersburger Straßen grünlich beleuchtete Traurigkeit des russischen Lebens etwas Tröstliches in sich, das rational nicht zu erklären ist. Im vorliegenden Zusammenhang wird nicht die ganze Fülle des Raskolnikoff-Romanes entfaltet. Der Blick richtet sich vereinfachend auf die beiden Hauptgestalten.

Rodion Raskolnikoff ist ein von Stolz, Hochmut und Verachtung erfüllter Student, der vom Fanatismus einer Idee besessen ist. Mit einer haarscharfen Dialektik denkt er unablässig über das Problem nach: «Wird nicht ein einziges unbedeutendes, winziges Verbrechen durch Tausende guter Taten wettgemacht?»[5] Hoffnungslos verstrickt sich Rodion in seine unreife Idee, die mit ihrem verkappten Machtstreben bereits im Ansatz verfehlt ist. Rodion ist von einem modernen Lebenshunger erfüllt und nähert sich mit seinem Mordgedanken doch immer mehr dem Tode. Leben wollen und dennoch den Tod zweier Menschen verursachen, ist mehr als ein tragischer Widerspruch. Die Notwendigkeit der Beseitigung der alten Wucherin wird bei ihm zur Zwangsvorstellung, und schon der Gedanke daran läßt sein Herz stärker pochen. Seine dialektische Rabulistik stürzt ihn in den Abgrund; oft gerät der Mensch trotz allem Scharfsinn in eine ausweglose Situation hinein. Doch ist nicht Rodions Frage, «ich will wissen, ob ich eine zitternde Kreatur bin oder das Recht habe», das eigentliche Problem des Romans. Zwar mutet Rodions Fragestellung nach Dostojewskis eigener Aussage modern, sogar ungeheuer modern an, denn auch in der Gegenwart wollen viele Menschen eine neue Gesellschaftsordnung aufbauen, selbst wenn sie dabei zahllose Gegner «liquidieren» müssen. Vielmehr ist die tiefere Frage der Dichtung Rodions Versuch, «seine ganze Vergangenheit mit einer Schere abzuschneiden»[6], um dadurch mit seinem begangenen Verbrechen fertigzuwerden.

Schildert Dostojewski in Rodion nicht einen Mörder, der seinem Wesen nach gar kein Verbrechertyp ist? Dem Einwand kann nicht jede Berechtigung abgesprochen werden. Rodion ist kein Gewohnheitsverbrecher, sondern ein junger Mensch, der sich mit der Dialektik eingelassen hat und von ihr zum Verbrechen geführt wird. Der Zusammenhang von Dialektik und Verbrechen ist nicht nur für Rodion verhängnisvoll; er hat sich im Schicksal Rußlands wiederholt, als es sich dem dialektischen Materialismus verschrieb. Gerade der Umstand, daß Rodion nicht der Typus des Kriminellen ist und doch etwas Schreckliches getan hat, ruft nach einer Deutung, die psychologisch nicht auszumachen ist. Der Mensch, der seinem Leben in die Augen schaut, es offen, scharf, sich nichts vormachend anschaut, nimmt zuletzt die Schuld seines Daseins wahr. Er verstrickt sich in Schuld, sie klagt ihn innerlich an, drückt ihn zu Boden, mag er sich wie Rodion noch so lange gegen diese Einsicht wehren. Es ist unmöglich zu leben, ohne schuldig zu werden. Der Mensch wird mit der Erbschuld geboren; obwohl diese Aussage bereits heftigen Anstoß erregt, wird er sich «selbst ohne dieses unverständlichste Mysterium unbegreifbar»[7]. Pascal hat mit seinen Ausführungen richtiger gesehen als die sich gegen die Erbsünde auflehnenden Bestreiter. Bei aller Behutsamkeit übertritt der Mensch die ewigen Gebote, schuldlos wird er schuldig. Die Schuld ist mit dem Dasein gegeben; daß der Mensch geboren wird, macht ihn nach der griechischen Tragödie schuldig. Schon Äschylos und Sophokles haben das Schuldproblem, das mit der Vergangenheit unlösbar verknotet ist, in seiner Unentrinnbarkeit erschütternd entfaltet. Der Mensch ist der Schuld verhaftet; er bleibt es auch dann, wenn er sie leugnet und sich ihr entziehen will. Unmöglich kann er ihr entweichen, sie holt ihn immer wieder ein. Stets hat es der Mensch mit seiner eigenen, persönlichen Schuld zu tun, und nicht mit der Schuld seiner Mitmenschen. Sobald er die Schuld von sich auf den andern abwälzt, beginnen der Unernst und zugleich der schuldhafte Fluchtweg. Von der Schuld ist nicht abzusehen: der Mensch kann sie nur auf sich nehmen und darf sie nicht von sich schieben. Ins Bodenlose führt das Selbstgespräch Rodions über die Schuld seines Lebens, es beginnt sich erst aufzuhellen, als er den Weg zu Sonja antritt. Sie schien ihm einst, während sie ihm auf seinen Wunsch zitternd die Auferweckung des Lazarus vorlas, «religiös wahnsinnig» zu sein, und dennoch spürte er ihren Glauben: «Das ist ihr Ausweg! Das ist ihre Lösung.» [8] Die gemeinsame Bibellektüre von Dirne und Mörder ist eine einmalige Szene, die der Verleger ursprünglich gestrichen haben wollte, da sie aller bürgerlichen Kirchlichkeit ins Gesicht schlug.

Sonja ist die positive Gegenspielerin zu Rodion. Mit ihr schuf der Dichter eine Gestalt, die nicht durch ihr Äußeres den Leser gefangennimmt. Geradezu lächerlich wirkt ihre billige Kleidung samt der Schleppe und dem Strohhut mit der feuerroten Feder. Eindruck macht vielmehr ihre innere Schönheit: sanft und wehrlos, seltsame Kindlichkeit mit stillen Augen. Sie ist eine der ergreifendsten Mädchenfiguren der Weltliteratur, eine wahrhaft sophianische Gestalt, ein unscheinbares Geschöpf voll grenzenlosen Mitleids. Mit ihrem bleichen und erschrockenen Gesichtchen ist sie dem Lasterleben preisgegeben und dabei doch vom Unsichtbaren behütet, so daß sie in allem Ausgesetztsein begreift, daß Rodion mit seinen hybriden Fragen nie etwas verstehen wird. Das schutzlose Mädchen gehört zu den Unauffälligen; um sie leuchtet ein rembrandtähnliches Licht auf, das die Dunkelheit ihres Daseins erhellt. Bedeutsamer als Sonjas Worte ist das von ihr ausströmende undefinierbare Fluidum. Sonja läßt sich nicht begrifflich fixieren: Sie strebt nicht zu Gott, sondern sie geht von ihm aus, der Ewige steht am Anfang und nicht erst am Ende ihres Daseins. Über ihre Christus-Zugehörigkeit redet sie nicht, und als Rodion sie ausfragen will, «betest du sehr oft zu Gott, Sonja?», schweigt sie, flüstert dann nur schnell: «Was wäre ich denn ohne Gott?» [9] Sonja ist von aller Dialektik unberührt: «Warum fragen Sie, was unmöglich zu beantworten ist?

Und warum fragen Sie, was man nicht fragen darf? Wozu solche leere Fragen?»[10] Sonja lebt aus dem Mysterium und nicht aus dem Protest. Dostojewski hat in ihr keine idealisierte Frauengestalt geschaffen. Sie ist eine Straßendirne – «du bist eine große Sünderin», sagt Rodion zu ihr –, wenn auch die Schande sie nur mechanisch berührt und nicht in ihr Herz dringt. Der Schlamm des Lebens ist über ihren gekreuzigten Körper hingegangen; deswegen ist Sonja eine so glaubwürdige Person und steht im Strahlungsfeld des Glaubens.

Zu Sonja lenkte Rodion seine Schritte, als er mit seinem erdrückenden Schuldbewußtsein auf die Wand gestoßen war, an der alle Fragen aufhören. Was er von ihr will, weiß er selbst nicht; es zieht ihn zu ihr, weil sie in den Augen der Gesellschaft beide «gleichermaßen Verdammte sind, und unser Weg infolgedessen gemeinsam ist, wenn wir auch nach verschiedenen Seiten blicken»[11].

Allerdings, wie sich Rodion dann in ihrem Zimmer befindet, bringt er die Worte nicht über die Lippen – so schwer hatte er sich das Geständnis nicht vorgestellt. Sonja schaut in sein totenblasses Gesicht, ohne die Augen von ihm abzuwenden, fühlt sein gepreßtes Herz und spürt, daß er ihr etwas sagen will, das er nicht aussprechen kann. Plötzlich aber errät sie es, tritt zu ihm hin, erfaßt mit ihren dünnen Fingern seine Hände und sagt: «Es gibt jetzt niemand in der ganzen Welt, der unglücklicher ist als du.»[12] Es ist eine in ihrer Qual beinahe unerträgliche Szene, und doch ist sie durch Sonjas unerschöpfliches Mitleid voller Licht und Wegweisung.

Über Rodions Untat entsteht zunächst ein Gespräch zwischen beiden. Intellektuell ist Rodion natürlich weit überlegen, denn Sonja ist alle gedankliche Problematik fremd. Trotzdem setzt sie seine kalte Sophistik, nach der er nur eine «unnütze, bösartige Laus» getötet habe, mit dem unwiderlegbaren Satz: «ein Mensch ist keine Laus», in einem Zuge schachmatt. Rodions Argumentation ist krank und Sonjas Gewissen intakt, darum überwindet ihr Herzdenken in der entscheidenden Auseinandersetzung seinen verwirrten Verstand. Großartig, einfach großartig zerreißt dieses unscheinbare Geschöpfchen den dialektischen Scharfsinn, der Unrecht in Recht umbiegen möchte.

In der gequälten Begegnung stellt Rodion zuletzt mit einem vor Verzweiflung verzerrten Gesicht die Frage: «Was soll ich jetzt tun, sprich?» Sonja ruft: «Was tun?» Sie springt von ihrem Platze auf, ihre tränenerfüllten Augen funkeln, und sie bedrängt ihn: «Steh auf, geh sofort, stell dich auf einen Kreuzweg hin, beuge dich, küß zuerst die Erde, die du besudelt hast, dann beuge dich vor der ganzen Welt, in allen vier Richtungen und sage allen laut: ich habe getötet! Dann wird dir Gott wieder Leben senden. Willst du gehen? Willst du gehen?»[13] In einer ausweglosen Situation gibt Sonja ihm die einzig helfende Antwort. Sie hält ihm keine Strafpredigt, noch schickt sie ihn auf das Polizeibüro, aber sie vermittelt ihm die unumgänglich notwendige Anweisung. Ihre erhellende Antwort leuchtet gleich einem Licht in der Finsternis; ihre Worte lassen denn auch Rodion nicht los, obwohl er sie zunächst nicht annimmt.

Sonja rät ihm, auf den Kreuzweg zu gehen, und dann «beuge dich, küß zuerst die Erde, die du besudelt hast». Merkwürdige Worte sagt sie, Worte, wie man sie sonst in Romanen nicht zu lesen gewohnt ist. Niederknien entspricht der Haltung der Reue; wer sich vor nichts beugt, wird sich selbst auf die Dauer nicht ertragen. Es ist unmöglich, eine schlechte Tat zu begehen, ohne sie beim nachherigen Überdenken zu bedauern. Die Reue ist kein unfruchtbares Gefühl, wie der moderne Zeitgeist argwöhnt; sie ist weder Rache an sich selbst noch unnütze Selbstanklage. Sie ist kein Zeichen innerer Disharmonie und noch weniger eine seelische Erkrankung. Das alles ist intellektuelles Gerede, das nichts vom seelischen Drama des Menschen weiß. Auch Rodion lehnt zunächst Sonjas Antwort ab: «Wozu soll ich hingehen? Ich gehe nicht hin. Sei kein Kind, Sonja.»[14] Allein, es ist ihr unvorstellbar, wie man eine solche Qual das ganze Leben hindurch ertragen kann, und eindringlich fragt sie ihn: «Wie wirst du aber leben, leben? Wie wirst du weiterleben?»[15] Reue hat mit dem menschlichen Gewissen zu tun, das den unabdingbaren Überzeugungswandel herbeiführt! Dies ist keine leichte

Aufgabe, denn es fällt jedem Menschen schwer, die Geschichte der Wandlung seiner Überzeugungen zu erzählen. Die Reue wird in der Neuzeit in den Hintergrund gedrängt; deshalb finden die Menschen nur noch ausnahmsweise die Kraft, einen Überzeugungswandel zu vollziehen. Sie ist aber eine Form der Selbstheilung, die Seele befindet sich auf dem Weg zur Wiedergewinnung ihres verlorenen Selbst. Sonja hat dies mit ihrem weiblichen Gespür intuitiv verstanden, während es Rodion mit allen intellektuellen Überlegungen zunächst nicht begriffen hat.

Die Antwort Sonjas erschöpft sich jedoch nicht im Rat, sich in schweigender Reue vor der ganzen Welt zu verbeugen. Sie fordert Rodion auf, laut zu sagen: «Ich habe getötet.» Es ist die Beichte, die Sonja ihm nahelegt, und der Dichter vermerkt dazu: «Zu ihr, zu Sonja, war er zuerst mit seiner Beichte gegangen, in ihr hatte er einen Menschen gesucht, als er einen Menschen brauchte.»[16] Die Beichte wird gerne als eine lästige, altväterische, dem autonomen Menschenbewußtsein widersprechende Einrichtung ironisiert. Ob altmodisch oder nicht, ist eine nebensächliche Frage. Tatsache ist jedenfalls, daß eine seelische Not durch das Bekennen gelindert wird. Die Beichte verdient keinen Spott; es lassen sich viele ernste Gründe für und nur wenige leichtfertige Argumente gegen sie anführen. Sie ist eine Wohltat; das hat sogar die moderne Psychiatrie erkannt, wiewohl der Beichtstuhl und die psychiatrische Sprechstunde nicht auf der gleichen Stufe stehen. Nicht die Beichte an sich ist fragwürdig geworden, vielmehr geht die lebenswichtige Frage dahin, einen charismatischen und nicht bloß amtlichen Beichtvater zu finden, der zur Beratung einer Seele fähig ist.

Sonjas Antwort ist von einem inneren Licht erhellt, das Rodions «finsteren Katechismus» außer Kraft setzt. Trotzdem genügt die Antwort noch nicht vollständig. Das spürt Sonja selbst und fügt einige Augenblicke später hinzu: «Wir werden doch zusammengehen und leiden, also wollen wir auch zusammen das Kreuz tragen.»[17] Sonjas Rat ist keine beliebige Meinung, entstammt er doch einem tiefen Lebensverständnis. Man kann nicht einen andern Menschen zur bekennenden Sühne veranlassen und dabei sich selbst aus der Sache halten. Es ist notwendig, daß man mit ihm geht, weil man im Grunde nicht besser ist als er. In Sonjas Worten ist alle Ratlosigkeit gegenüber der Vergangenheit ausgelöscht, und geradezu triumphierend ruft sie: «Zusammen, zusammen!» Es war auch kein leeres Versprechen, denn als Rodion «auf dem Heumarkte sich zum zweitenmal bis zur Erde verneigte und sich links wandte, erblickte er fünfzig Schritte entfernt Sonja»[18]. Und als er zum Polizeibüro ging, stand wiederum «auf dem Hofe, unweit vom Ausgang, Sonja, totenbleich, starr, und sah ihn fassungslos an»[19]. Hernach war Rodion in Sibirien; als er von tiefer Schwermut gequält wurde, «trat plötzlich Sonja neben ihn»[20]. Immer ist sie da, wo sie nötig ist – das ist ihr Geheimnis –, immer ist sie gegenwärtig, bis an das Ende der Welt.

Nur wenn man wirklich zusammengeht, kann man dem andern Menschen das Wort der Vergebung sagen. Dieses Wort erscheint der heutigen Zeit ausgelaugt. Es wurde zu sehr gebraucht, so daß es viel von seinem silberhellen Klang eingebüßt hat. Man sollte ein neues Wort dafür erfinden. Gerade das Heiligste ist dem Mißbrauch am stärksten ausgesetzt; nichts schadet ihm mehr, als die formelhafte Verwendung. Wurde das Wort der Vergebung oft allzu leichtfertig auf die Lippen genommen, es ist und bleibt eines der Urworte. Einzig das lebendige, vergebende Wort, das dem Menschen direkt ins Ohr geflüstert wird, schließt die Fähigkeit in sich, eine bedrückende, kaum zu ertragende Vergangenheit durchzustreichen. Es fehlt auch in Dostojewskis Roman nicht. Sonjas ewig betrunkener Vater spricht es aus: «Ich habe dir schon einmal vergeben. Habe dir einmal vergeben. Vergeben sind dir auch jetzt deine vielen Sünden.»[21] Das Wort der Vergebung mit seiner Kraft, die Schuld auszulöschen, ist kein konstruiertes, zurechtgelegtes Wort. Es stammt aus der Mitte des Evangeliums: Christus hat es zum ersten Mal auf dieser Welt ausgesprochen. Die Menschen haben es damals nicht als bloße Selbstverständlichkeit hingenommen. Die Zuhörer entsetzten sich darüber und waren betroffen, aber gerade in dieser Bestürzung kommt mehr Sinn für das Unerhörte des Vorgangs zum

Ausdruck, als wenn man ohne weiteres damit einverstanden ist. Das Wort der Vergebung verträgt nicht viele kommentierende Bemerkungen, die nur das Übergroße in kleine Teilchen zerlegen. Was gibt es zu einer Äußerung des langen zu erklären, die dem hellen Sonnenschein gleicht? Die einzig gebotene Frage wäre: Wo sind in unserer Zeit die Menschen, die das Wort der Vergebung wieder glaubwürdig aussprechen?

«Dann wird dir Gott wieder Leben senden», schließt Sonja ihre Antwort ab. Sonja wie auch Rodion wollen das Leben, das neu gestaltete Leben, und nicht ein vitalistisch verstandenes Dasein. Der Mensch kann nach der Vergebung nicht seine frühere, abschüssige Existenz weiterführen. Er weiß um ein neues Dasein, ein neues Leben, das ihm der Ewige schenkt. Vieles, was dem Menschen bis dahin wichtig war, wirft er hinter sich, weil es an Bedeutung verloren hat. Andere Realitäten tauchen auf. Dostojewski erläutert es zuletzt ganz kurz dahin: «An Stelle der Dialektik war das Leben getreten.»[22] Das neue Leben ist nicht einseitig unter einem moralischen Gesichtspunkt zu verstehen. Das würde eine Verengung der Blickrichtung bedeuten, von der leider Tolstois großer Büßerroman «Auferstehung» nicht frei ist. Natürlich kommt Unmoral nicht mehr in Frage, aber das Richtende in der moralischen Beurteilung ist ausgeschlossen. Das neue Leben ist von einer übermoralischen Betrachtung bestimmt. Es läßt sich nicht beschreiben, weil es sich der bloßen Schilderung entzieht. Das neue Leben kann nur gelebt werden – das gehört zu seinem Geheimnis. Trotz allem Zynismus und Skeptizismus ist auch dem heutigen Menschen das neue Leben die große Sehnsucht. Er lebt von der Hoffnung, daß es eines Tages anbrechen werde. Es läßt sich nicht künstlich herbeiführen, sondern wird dem büßenden Menschen geschenkt. «Gott sendet dir wieder Leben», sagt Sonja, und plötzlich ist ihm die Kraft zu einer anderen Gestaltung der Dinge beschieden, zu einer höheren Realität, an der alle Zweifel zerbrechen. Das neue Leben beginnt – Dostojewski deutet es noch mit einem letzten Abschnitt an: «Hier fängt schon eine neue Geschichte an, die Geschichte der allmählichen Erneuerung eines Menschen, die

Geschichte seiner allmählichen Wiedergeburt, des allmählichen Überganges aus einer Welt in die andere, die Bekanntschaft mit einer neuen, ihm bisher völlig unbekannt gewesenen Wirklichkeit.»[23]

Dostojewski dachte während der Arbeit intensiv über seinen Roman nach. In den Notizen finden sich die Worte: «Es gibt kein Glück im Wohlstand, durch Leiden wird das Glück erkauft. Der Mensch wird nicht zum Glück geboren. Der Mensch verdient sich sein Glück immer nur durch Leiden.»[24] In der Vollendung des Romans stellt der Dichter seine Lebensanschauung nicht in dieser lehrhaften Weise in den Vordergrund, was unkünstlerisch wäre, er führt sie möglichst ohne religiösen Apparat an. Es fehlen Kirche, Predigt, Geistlichkeit usw. Das Christliche ist wortlos da, man spürt es intensiv, sooft Sonja auftritt. Der moderne Mensch erträgt christliche Vorgänge nur, wenn sie sich hinter einem Schleier abspielen. Diskret spricht der Dichter von Sonjas Hintergrund, drückt ihn sozusagen mehr durch Gebärden als durch Worte aus. Trotzdem besteht kein Zweifel darüber, aus welchem Geheimnis Sonja lebt und weshalb sie fähig ist, Rodion die wegweisende Antwort zu geben. Selbst in Sibirien fürchtet Rodion noch, «daß sie mit der Religion ihn zu Tode quälen würde, daß sie über das Evangelium sprechen und ihm Bücher verschaffen werde. Aber zu seinem größten Staunen hatte Sonja nie darüber gesprochen, ihm nie das Evangelium angeboten.»[25] Sonja gehört zu den Menschen, über die man nie restlos Bescheid weiß, weil sie ihr Mysterium keusch hütet. Vieles ließe sich über sie sagen, und man hat das Wesentliche immer noch nicht gesagt. Sie ist nicht aus der östlichen Welt zu erklären und gehört überhaupt nicht auf die Seite der Kultur. Vielleicht dürfte man sie eine Schwester Chantals nennen, dieses feinhörigen Mädchens aus Bernanos' Roman «Die Freude».

Worin unterscheidet sich die große von der kleinen Literatur? Liegt es am Stil, an der Psychologie, oder sind es die Probleme? Gewiß, aber vor allem verbleibt die kleine Literatur mit avantgardistischen Tendenzen in einer enttäuschenden Resultatlosigkeit und entläßt den Leser «so klug als wie zuvor». Die große

Literatur dagegen enthält eine Antwort in künstlerischer Einkleidung. Dichter wie Dostojewski, Dante, Cervantes, Gotthelf usw. zählen zu ihr, deren Werke von zeitloser Gültigkeit sind.

In «Rodion Raskolnikoff» vollzieht sich die beispielhafte Bewältigung einer dunklen Vergangenheit, aus der der Mensch als ein Gewandelter und Verwandelter hervorgeht: «Sie wollten sprechen, aber konnten nicht. Tränen standen in ihren Augen. Beide waren sie bleich und abgemagert; aber in diesen kranken und bleichen Gesichtern leuchtete schon die Morgenröte einer neuen Zukunft, der völligen Auferstehung zu neuem Leben.»[26] Den Weg finden ist die große Möglichkeit, die immer vor dem Menschen steht und die er so selten in die Wirklichkeit umsetzt. Dostojewski vermittelt den Menschen eine wesentliche Antwort, und das ist der Grund, warum «uns Dostojewski zuweilen nähersteht als die Menschen, mit denen wir leben und die wir lieben – näher als unsere Verwandten und Freunde»[27]. Auch nach dem Urteil westlicher Skeptiker rührt Dostojewski an viel wichtigere Fragen und reicht in tiefere Bezirke hinab als irgendein anderer Romancier, weil seine Werke vom Evangelium stigmatisiert sind[28], das ganz neue Dimensionen eröffnet.

III

Die von den beiden Dichtern Miller und Dostojewski in einem Bild umrissene Frage der unbewältigten und der bewältigten Vergangenheit ist in ein abschließendes Wort zusammenzufassen: Der Mensch, der sein Leben formt, ist der Büßer! Der moderne Mensch empfindet es zwar als einen unerträglichen Anachronismus, Büßergestalten vor Augen gerückt zu bekommen. Das Wort braucht bloß ausgesprochen zu werden, und schon hat man eine empörte Geste der Ablehnung hervorgerufen. Der Begriff «Buße» ist dem heutigen Menschen verhaßt, ihm riecht er nach Mottenkiste. Im Zeitalter der Weltraumerforschung nimmt sich ein solches Thema beinahe lächerlich aus. Von allem andern darf eher geredet werden als vom Büßer, dessen Haltung dem modernen Lebensgefühl absolut fremd geworden ist. Ein Büßer werden, nein, danke schön, das ist eine allzu große Zumutung, und entrüstet wird dieser Gedanke von sich gewiesen.

Vom Büßer zu reden, scheint demnach das Unmodernste von allem Unmodernen zu sein. Es klingt ganz anders, wenn über die Herausforderung der Kirche oder vom revolutionären Strukturwandel der Welt geschrieben wird. Vom «mündigen Christen» reden oder «atheistisch von Gott sprechen» ist wohl modern, aber es sind Schlagworte, mit denen sich diskussionstüchtige Christen ihre Zeit vertreiben. Ihre Worte schwirren kurz durch die Luft und fallen dann ins Leere zurück, da sie mehr Verwirrung als Klärung schaffen. Anders, vollkommen anders verhält es sich mit dem Büßertum, weil es des sensationellen Charakters entbehrt. Doch die Gleichgültigkeit von heute kann die brennende Sorge von morgen sein. Das Unzeitgemäße ist manchmal das Zeitgemäßeste, und das als aktuell Empfundene kann über Nacht ganz unaktuell werden. Die heutige Generation ist vom Weltgeschehen aufgewühlt, aber ist sie auch wirklich erschüttert und eine zur Buße bereite Menschheit? Diese Frage wird man nicht bejahen können. Daraus ergibt sich die unabweisbare Verpflichtung, in einer unbußfertigen Zeit auf den Büßer hinzuweisen, der durch die ganze Geschichte hindurchgeschritten ist und noch schreitet.

Die Heftigkeit der Ablehnung des Büßergedankens ist verdächtig, denn hinter der affektgeladenen Gebärde verbirgt sich gerne ein Ausweichen, das den Ernst in Unernst verwandelt. Das Problem einer echten Vergangenheitsbewältigung würde zunächst einmal ein ruhiges Hinhören verdienen. Die vehemente Zurückweisung ist psychologisch zwar nicht ganz unbegreiflich, denn es herrscht über das Büßertum eine verunstaltete Vorstellung. Die Meinung ist weit verbreitet, der Büßer sei eine ausgemergelte, von Selbsthaß getriebene Gestalt, die sich kasteie und einer lebensfeindlichen Einstellung verfallen sei. Geißel und härenes Hemd gelten als seine Insignien. Leider ist diese abschreckende Vorstellung keine bloße Erfindung. Das mißverstandene Büßertum ist in der Geschichte der Christenheit immer wieder aufgetaucht, vor allem in den erschreckend großartigen Geißler-zügen des ausgehenden Mittelalters. Die vermummten Men-schen zogen von Ort zu Ort, schlugen einander auf den entblöß-ten Rücken und sangen dazu ergreifende Bußlieder, um die Barmherzigkeit Gottes auf die Erde herabzuflehen. In den Buß-ernst mischten sich häretische Ideen; pathologische Merkmale stellten sich ein, wenn auch diese Komponente nicht genügt, die unheimlichen Geißlerzüge zu erklären.

Gegen die Fehlentwicklung des Büßergedankens, welche die Menschen der Pönitenz entfremdete, sprach der Prophet Deute-rojesaja im Alten Bunde die lapidaren Worte: «Ist das ein Fasten, das mir gefällt: ein Tag, da der Mensch sich kasteit? Daß man den Kopf hängen läßt wie die Binse und in Sack und Asche sich bettet – soll das ein Fasten heißen und ein Tag, der dem Herrn gefällt?»[29] Deuterojesajas Wort wirkt wie ein mächtiger Ham-merschlag. Unmöglich ist es, ihn zu überhören. Sein Wort steht da für Zeit und Ewigkeit. Nach Deuterojesaja gleicht der echte Büßer keiner mit herabhängenden Ästen dastehenden Trauer-weide. Der grämliche Anblick stößt den Menschen ab, mit Recht, denn eine solche Buße ist nicht nach dem Willen Gottes. Anstelle der unfruchtbaren Selbstqualen fordert Deuterojesaja mit glühenden Sätzen eine soziale Haltung gegenüber den schwachen Gliedern der Gesellschaft, ohne damit das Religiöse auf eine bloße Sozialethik zu reduzieren. Unverständlicherweise wurde die von der Bibel ausdrücklich verworfene, sich in Sack und Asche gebärdende Kasteiung im Laufe der Zeit gerade zum Schibboleth der Buße, das durch Jahrhunderte triumphierte und die richtige Haltung ins Gegenteil kehrte. Die offensichtliche Verunstaltung des Bußgedankens ist nicht leicht auszumerzen, weil Fehlentwicklungen in der Religionsgeschichte von hart-näckiger Dauer sind. Deuterojesajas Wort stellt eine unüberhör-bare Warnung dar, deren Ausmaß erst heute von den tiefer nach-denkenden Christen begriffen wird. Henry Newman legte man einst bei einem Besuch im Kloster eine Geißel auf das Nacht-tischchen – er betrachtete sie nachdenklich, brach sie dann kur-zerhand entzwei und legte sie wieder hin!

Das positive Gegenstück zu Deuterojesajas Warnung und zugleich das wahre Wort von der Pönitenz ist in Christi Ruf enthalten: «Die Zeit ist erfüllt, und das Reich ist genaht, tut Buße und glaubet an die Frohe Botschaft.»[30] Die wie ein Fanfarenstoß ertönende Aufforderung spricht das Wort aus, das alles von Grund auf erhellt. Das Evangelium beginnt mit der Buße als der echten Vergangenheitsbewältigung, daran ist nicht zu rütteln. Buße ist ein urevangelisches Anliegen, und wenn die Zeit erfüllt ist, erweist sich die Parole «wendet euren Sinn» als der einzig gangbare Weg. Die entscheidende Stunde wird nur vom Buße übenden Menschen nicht verfehlt: Er weiß, daß man nicht am irdischen Leben, am Vergänglichen und Unbeständigen der Welt hängenbleiben darf. Der Büßer ist eine christliche Kategorie, eine Feststellung, die es neu zu verstehen gilt. In jedem wahrhaft christlichen Menschen lebt der Geist des Büßertums, das sowohl der bürgerlichen wie der kommunistischen Einstellung gleicherweise widerstreitet. Die Pönitenz wird nur mit dem eigenen Leben vollbracht und niemals mit einer bloßen Meditation über dieses Thema. Die von Christus geforderte Buße steht unübersehbar am Anfang des Evangeliums, man kann nicht in das Reich eingehen, ohne sie erfüllt zu haben. Christi Bußruf hat viele Erklärungen gefunden, die beste schrieb Martin Luther in seiner ersten These, die er an die Schloßkirche zu Wittenberg anschlug: «Da unser Herr und Meister Jesus Christus spricht: ‹Tut Buße›, will er, daß das ganze Leben seiner Gläubigen auf Erden eine unaufhörliche Buße sein soll.»[31] Nach dem Verständnis des Wittenberger Mönchs ist Buße kein einmaliger, vorübergehender Akt, sondern eine beständige, nie aufhörende Haltung.

Das griechische Wort «Metanoia» wird mit dem deutschen Wort «Buße» mißverständlich übersetzt. Es heißt eigentlich Umdenken und schließt die Aufforderung in sich, umzudenken, neu zu denken und anders zu denken. Das von Christus geforderte Umdenken ist die positive Formulierung der von Deuterojesaja abgelehnten Kasteiung. Das gewöhnliche Denken ist ein rationales Nützlichkeitsdenken, das sich in ausgetretenen Bahnen bewegt. Das Umdenken dagegen ist ein intuitives Denken, das zum Kern der Dinge vorstößt und nach einem lebendigen Erkennen strebt. Christi Wort wendet sich an den inneren Menschen, der umdenken, mit dem Denken wieder ganz von vorne anfangen und auf den Ursprung zurückgehen soll. Ohne die Parole «wendet euren Sinn» gibt es keine Vergangenheitsbewältigung, sondern nur ein Gehen an Ort. Der Mensch ist stets in Gefahr, sich in gewissen Denkgewohnheiten festzufahren und seine Gedanken immer nach dem gleichen Schema abrollen zu lassen. Er kennt zuwenig den Aufbruch und den Neuanfang. Das Neudenken fordert uns Menschen auf, aus dem erstarrten Denkgehäuse auszubrechen, unsere Lieblingsideen aufzugeben und zu uns selbst zu sagen: «So habe ich bis dahin gedacht, es hat mich nicht weitergebracht, ich habe mich damit im Kreise herumgedreht, ich muß versuchen, die ganze Angelegenheit von einer völlig anderen Seite anzuschauen.» Wer zu einem Neubeginn gelangen will, muß über den eigenen Schatten springen und die Vergangenheit vom Gesichtspunkt des Ursprungs aus betrachten. Die Neugestaltung ist kein abstraktes Problem, an diesem Umdenken ist das Herz weit stärker als der Intellekt beteiligt. Es wirkt wie ein erfrischendes Bad, wenn man die eigenen Denkgepflogenheiten einmal neu überprüft und mit dem Herzdenken zu einem inneren Umschichtungsprozeß gelangt. Das neue Denken ist das eine, was not tut, denn es allein rüttelt den in dumpfer Gedankenlosigkeit dahinvegetierenden Menschen auf und bringt ihn auf eine andere Fährte. Das Umdenken wurde in der Geschichte schon mehrfach gefordert, doch das neue Denken ist höchstens wie ein Silberstreifen am Horizont aufgetaucht, und weil die Menschen nicht näher darauf eingetreten sind, ist es ihnen wieder entschwunden, bevor es wirksam werden konnte. Dabei überfliegt allein ein Umdenken die Dinge nicht nur flächenhaft, sondern dringt in die Tiefe und wendet sie radikal um. Es ist bedeutsamer als alle technischen Erfindungen zusammen. Man kann nie genug umdenken, wenn man wirklich zu einem neuen Anfang gelangen will. Dieser schwersten Forderung kommt einzig und allein der Büßer nach, der eine unbürgerliche Erscheinung darstellt.

Das von Christus geforderte Umdenken schließt noch eine zweite Notwendigkeit in sich: die innere Entschlußkraft. Sie ist herabgemindert durch die Neigung zur Diskussion, die die Menschen seit den Tagen der Scholastik bis zum Gerede der Gegenwart förmlich überschwemmt. Auch der Diskussion kommt eine gewisse Berechtigung zu, denn viele Menschen klären sich durch eine ernsthafte Erörterung. Doch ist sie stets von der Gefahr bedroht, die religiösen Fragen vorwiegend als bloß interessanten Unterhaltungsstoff zu gebrauchen, womit die Entschlußkraft untergraben wird. Seraphim von Sarow, eine lichtvolle Gestalt aus der russischen Heiligenwelt, wurde einmal gefragt, ob den Christen seiner Zeit irgendeine Bedingung fehle, um zur inneren Größe der Persönlichkeiten der Vergangenheit aufzusteigen. Nach einigem Nachdenken antwortete Seraphim von Sarow: «Es fehlt nur eine einzige Voraussetzung – der Entschluß!» Wer an Entschlußunfähigkeit leidet, wird unweigerlich ein wankelmütiges Wesen, dem jeder geistliche Fortschritt versagt bleibt. Die Büßer haben den Entschluß gefaßt und den Rubikon ihres Lebens überschritten. Das unterscheidet sie am stärksten von den beständig zögernden und ambivalenten Menschen. Der entschlossene Büßer verfügt auch über die notwendige Rangordnung und bringt sie nicht in ungehöriger Weise durcheinander. Er spricht mit Theresia von Avila, in der sich ein kühler Verstand mit einem heißen Herzen vereinigt: «Wenn Rebhuhn, dann Rebhuhn, wenn Buße, dann Buße!»[32] Das Wort wirkt wie ein Wurf und verrät die souveräne Einsicht, was an die erste und was an die zweite Stelle gehört, es gibt kein bußfertiges Rebhuhnessen, sondern nur eine saubere Trennung.

Das Büßertum fand in der Geschichte der Christenheit eine verschiedenartige Ausgestaltung. Franziskus, um ein Beispiel herauszugreifen, erfreute sich in der Neuzeit eines hohen Lobes. Doch ist es eine Frage, ob die unverbindliche Schwärmerei nicht die wahre Gestalt verkleinert. Die Zeitgenossen nannten Franziskus und seine Brüder «die Büßer von Assisi». Diesen Eindruck machte der Poverello mit seinen ersten Anhängern auf die unmittelbaren Augenzeugen, eine Sicht, die dem wahren Franziskus weit mehr entspricht als die moderne Beweihräucherung der Fioretti. Franziskus selbst sprach noch in seinem «Testament» davon, daß ihm Gott geboten habe, Buße zu tun. Er befolgte den Befehl mit einem unerhörten Radikalismus. Der Verfasser des «Sonnengesanges» wäre dem Evangelium nicht so unmittelbar nahe gekommen, hätte er das Urwort von der Buße nicht so ernst genommen. Für den Bruder Immerfroh war es eine unvergleichliche Seligkeit, Buße zu tun. Nach seinem Dafürhalten widerfährt dem Menschen kein größeres Geschenk, als wenn sein Sinnen total umgekehrt wird. Tatsächlich hängt Franziskus' erstaunliche Fröhlichkeit mit seinem alles umfassenden Umdenken zusammen, mit dem er Bitteres in Süßes verwandelte. Der seraphische Franziskus verstand das innerste Geheimnis des evangelischen Büßertums, es löste in ihm einen Sturm von Freude aus, eine überströmende Glückseligkeit. Anders ist die wahre Buße nie verstanden worden. Zum Trost sei gesagt: Es gibt auch heutzutage noch franziskanische Büßer; die Christenheit müßte im Schlamm versinken, wenn sie nicht mehr da wären.

Es hat seine tiefen Gründe, daß man den Büßer in der modernen Zeit selten sieht. Wohl schaut man sich heute bei einer Touristenfahrt durch Spanien noch Bußprozessionen an, sieht, wie bei dieser Gelegenheit schwere Kreuze getragen werden. Dabei wird jedoch nur eine Schaulust befriedigt, das christliche Gefühl schweigt meistens dazu. Es verursacht dem neugierigen Menschen eher Unbehagen: mit Recht, denn das Büßertum verträgt seinem wahren Wesen nach keine Schaustellung. Echte Buße vollzieht sich bei verschlossener Tür. Niemand soll es erfahren. Die Verborgenheit gehört zur wahren Buße genauso wie die innere Freude. Der Büßer will nicht gesehen werden, er tritt absichtlich und gewollt in die Unscheinbarkeit zurück. Die Unkenntlichkeit ist charakteristisch für das neue Büßertum. Zu den verschleierten Büßern der Neuzeit zählt Kierkegaard, der, nach seinen «Tagebüchern» zu schließen, von der ersten Zeile an, da er «Entweder-Oder» schrieb, sich klar bewußt war, «ein Büßender zu sein»[33]. Nicht nur einmal findet sich dieses Selbstverständnis bei ihm, mehrfach vermerkt er: «Aber ich bin ein Büßer. Und dies kann ich nicht begreifen, was das Mittelalter fromm glaubte, daß es Gott gefallen solle, wenn ich anfinge, mich selbst zu geißeln; wohl aber, daß es Gott gefallen könne, wenn die Wahrheit gesagt wird. Dies ist eben die Aufgabe für einen Büßer.»[34] Keinem Menschen ist eine Ahnung aufgestiegen, einen Büßer vor sich zu haben, wenn er Kierkegaard, gleichsam maskentragend, etwa im Theater in Kopenhagen einer Don-Juan-Aufführung zuschauen oder ihn in einer Kutsche über Land ausfahren sah. Und doch bildet gerade die Buße das innerste Wesen dieses unvermindert aktuellen Denkers. Eine Kierkegaard-Darstellung, vom Büßerverständnis aus gesehen, ergäbe ein tieferes Bild seiner Gestalt und enthüllte zugleich die Wahrheit, daß man keinen genügend hohen Preis dafür bezahlen kann, seine Buße in der Verborgenheit zu verrichten.

Der Gedanke des Büßers wäre zu eng gefaßt, sähe man in ihm nur einen Menschen, der mit seiner dunklen Vergangenheit ringt. Unter den Pönitierenden gab es noch eine dritte Gruppe von Menschen, die die Sünden der Welt sühnen wollten. Der polnische Minoritenpater Maximilian Kolbe war ein begabter Arbeitersohn, der zum Kirchengeschichtsdozenten aufgestiegen war und sich sowohl in Polen wie im Ausland für das Christentum eingesetzt hatte, als er von der Gestapo in das Konzentrationslager Auschwitz eingeliefert wurde. Nach der Flucht eines Gefangenen wurden zur Strafe zwölf Häftlinge zum Tode verurteilt. Pater Kolbe anerbot sich freiwillig, anstelle eines jungen Mannes die Strafe auf sich zu nehmen. Er starb nach vierzehn qualvollen Tagen im unterirdischen Hungerbunker. Er leistete die christlichste aller Sühneaktionen: die stellvertretende Buße. Diese Büßer sind die leuchtendsten Gestalten der Christenheit. Sie sind heute von ungeahnter Bedeutung, jetzt, da man so viel von der Krise der Christenheit spricht und mit größter Bereitwilligkeit Reformvorschläge für die Kirche auf den Tisch legt. Doch mit erleichternden Reduktionen ist noch nie eine Kirche erneuert worden. Wer Opfer auf sich nimmt, die ergänzen, was an den Leiden Christi noch aussteht, der allein reformiert die Kirche[35].

Eine letzte Warnung sei noch angebracht. Esau wurde von seinem Bruder Jakob betrogen, so daß er laut aufschrie, über die Maßen betrübt war, weinte und doch keine Möglichkeit einer Änderung fand. Es grenzt an helle Verzweiflung, eine Situationsumgestaltung zu suchen und sie einfach nicht zu finden. Die Generation nach dem Zweiten Weltkrieg mit ihrer Hochkonjunktur ist, ohne es zu merken, in den gleichen Abgrund gestürzt. Die heutige Christenheit erleidet in anderer Form das unerklärliche Esau-Schicksal, das das Neue Testament in die Worte zusammenfaßt: «Er fand keinen Raum zur Buße, wiewohl er sie mit Tränen suchte.»[36] Die Worte eröffnen eine tiefere Erfassung der Gegenwart, die viel hintergründiger ist als alle soziologischen Analysen zusammen. Der moderne Mensch hat die Kraft des Umdenkens nicht gefunden, und im Unterschied zu Esau sucht er nicht einmal mit Tränen danach. Er blickt mit toten Augen ins Leere und verfehlt die Buße. Im Vergessen dieser helfenden Möglichkeit liegt die tiefste Not unserer Zeit, die weder anzuklagen noch zu verteidigen ist. Tragisch bleibt, keinen Raum zur Buße zu finden, weil dadurch alle Hoffnung entschwindet.

Im Buch der Büßer lassen sich unmöglich alle Gestalten anführen. Der Stoff ist allzu umfangreich und daher nicht zu meistern. Nur an wenigen Beispielen – die Auswahl ist selbstverständlich subjektiv – kann gezeigt werden, daß das Problem der Vergangenheit stets praktisch-anschaulich und nie theoretisch-abstrakt zu bewältigen ist. Die Ausführungen reichen bis in die moderne Zeit hinein, um dem irrigen Anschein entgegenzutreten, die Büßer seien eine mittelalterliche Erscheinung. Es ist im Gegenteil eine nicht zu übersehende Reihe, die sich von den Anfängen der Christenheit bis zur Gegenwart erstreckt. Was könnte man angesichts des überwältigenden Eindruckes jedoch Besseres tun, als dem unübersehbaren Zug der Büßer voller Anteilnahme nachzuschauen und dann ganz zuletzt sich unbemerkt und still der gotttrunkenen Schar anzuschließen.

DER DUFT DES NARDENGEFÄSSES:
MARIA MAGDALENA

Die Reihe der Büßer muß mit Maria Magdalena eröffnet werden, auch wenn hundert Einwände vorgebracht würden. Die innere Notwendigkeit ist zwingend, steht doch Maria Magdalena am Anfang aller Büßergestalten. Sie hat die pönitierende Haltung mit einer derart hinreißenden Kraft verkörpert, daß ihr Name für immer damit verbunden bleibt.

Gewiß gab es schon in der Antike große Frauen, die sich dem Gedächtnis der Menschheit für immer eingeprägt haben. Diotima etwa, eine Priesterin aus Mantineia, erwirkte durch ihr Opfer den Athenern zehn Jahre Aufschub von der Pest; Sokrates ging zu ihr, als er sich über den Eros belehren lassen wollte, und Plato legte ihr tiefsinnige Worte in den Mund. Trotzdem bleibt sie eine vom Schleier verhüllte Gestalt, während Maria Magdalena hell vor den Augen der Menschen steht. Diese dem christlichen Raum angehörende Persönlichkeit ist eine faszinierende Frauengestalt. Ihrem Wesen war eine äußere und innere Schönheit eigen, die den Grad einer Offenbarung annimmt. Ist man zu Ende mit der Schilderung Maria Magdalenas, dann möchte man am liebsten wieder von vorn anfangen, weil man sich nur ungern von ihr trennt. Maria Magdalena war keine intellektuelle Frau, sondern wurde allezeit von einem verströmend weiblichen Gefühl geleitet, das der Verstandesklugheit weit vorauseilte. Sie gehört zu den unsichtbaren Begleitern des Lebens und ist eine der ewigen Gefährtinnen der Menschen.

Ist das eine unreife Schwärmerei, wie sie jugendliche Seelen überkommt? Muß man sich schämen, so begeisterte Worte zu gebrauchen? Bestimmt nicht, denn sie sagen noch viel zuwenig aus. Maria Magdalena hat die Christenheit unendlich viel beschäftigt. In der abendländischen Malerei hinterließ sie unauslöschliche Spuren, da die größten Künstler aller Zeiten sie in den verschiedensten Situationen ihres Lebens festgehalten haben. Sie wären nicht alle vom glühenden Wunsch erfüllt gewesen, Maria Magdalena auf ihre Leinwand zu bannen, wenn diese Gestalt sie nicht fasziniert hätte. Eine gewöhnliche Frau vermag nie eine solche Anziehungskraft auszuüben, die ebenso über das unmittelbare Dasein hinausstrahlt. Maria Magdalena genießt nicht nur im Neuen Testament eine Vorzugsstellung – sie ist neben Jesu Mutter die am meisten erwähnte Frau –, sondern auch die Nachwelt ist von ihr nicht losgekommen, da ihre Ausstrahlung in der Kunst und im Brauchtum des Volkes unübersehbar ist. Sie ist durchaus verehrungswürdig, obwohl manche Schriftgelehrte ihr übel mitgespielt haben. Ist das keine Empfehlung für Maria Magdalena, wenn die Künstler sie sichtlich geliebt und die Exegeten über sie die Nase gerümpft haben? Man kann Maria Magdalena unmöglich vom Standpunkt der Gelehrsamkeit aus verstehen, denn hierzu bedarf es ganz anderer Voraussetzungen.

Über Maria Magdalena läßt sich keine Biographie schreiben, sowenig wie über irgendeine andere Gestalt aus den Evangelien. Raymond Bruckberger versuchte es mit innerer Anteilnahme, aber er mußte Begebenheiten hinzuerfinden, wie die Freundschaft zwischen Maria Magdalena und Salome, er beansprucht für sie antike Namen wie Antigone – Annahmen, die nicht aus dem Innern gewonnen wurden, sondern von außen zugetragene Gedankenverbindungen sind. Für eine wirkliche Lebensbeschreibung ist das Material allzu fragmentarisch. Es leuchten nur die Umrisse ihrer Gestalt auf, vieles bleibt unter einem Schleier verborgen und umgibt Maria Magdalena gleich zu Beginn mit einem Geheimnis. Daß sie eine geheimniserfüllte Gestalt ist, macht sie noch schöner, ist es doch immer das Mysterium, das den Menschen ehrfürchtig stimmt. Die verschiedenen Andeutungen der Überlieferung zusammengerafft, ergeben weit mehr als nur ein impressionistisches Porträt. Je länger man auf ihr Tun schaut, um so intensiver beginnt es zu schimmern. Das religiöse Bild, das man von Maria Magdalena zu vermitteln vermag, skizziert nur einige Stationen aus ihrem Lebensweg. Oft ist jedoch eine Tat oder ein einziges Wort aufschlußreicher und sagt mehr aus als zahlreiche belanglose Vorkommnisse. Nur wenige unnachahmliche Szenen sind von Maria Magdalena überliefert, aber in jeder von ihnen ist sie ganz enthalten.

Zunächst erfahren wir aus den Evangelien, daß Maria Magdalena eine von sieben Teufeln besessene Frau war[1]. Man fährt erschrocken zurück und fragt sich entsetzt: Warum sieben? War dies die heilige Zahl oder war es, weil auch Petrus glaubte, es genüge, wenn man siebenmal seinem Bruder verzeihe? Wir wissen nicht, warum die Zahl sieben bei Maria Magdalenas Besessenheit erwähnt wird. Es ist reine Erfindung, wollte man mit der Aufzählung beginnen: der Teufel des Hochmuts, der Teufel der Eitelkeit, der Teufel der Wollust usw. Die Erwähnung der sieben Teufel hat einen anderen Sinn: Maria Magdalena kam aus dem Dunkel. Sie war ein durch ihre körperlichen Reize bestrickendes Weib und ein dem Bösen verhaftetes Wesen, eine dämonische Frau. Das ist die zutreffende Charakterisierung. Sie war keine naive Gretchen-Natur, mit blonden Zöpfen um den Kopf und im Unglück klagend: «Und alles, was mich dazu trieb, ach, war so gut, ach, war so schön.» Von diesem jungmädchenhaften Kummer ist bei Maria Magdalena nichts wahrzunehmen. Der Dämon ritt diese Frau, und fraglos hing diese Dämonie mit ihrer Sinnlichkeit zusammen. Wahrscheinlich gereicht dieser Hinweis etlichen frommen Seelen zum Ärgernis. Trotzdem muß, um der Wahrheit die Ehre zu geben, gesagt werden, daß Maria Magdalena ein der Wollust ergebenes Weib war, eine Frau, die die erotischen Wonnen über alles geliebt und die Freuden der Buhlerei mit allen Sinnen erlebt hat. Diese Vermutung geht gewiß nicht fehl, denn die Maler haben es mit ihrem künstlerischen Instinkt gespürt und in ihren Gemälden die körperlichen Formen Maria Magdalenas ausgiebig hervorgehoben. Wäre dem nicht so, so wäre nicht einzusehen, warum sie im Evangelium «die Sünderin» genannt wird: sie ist die magna peccatrix. Sie würde nicht so bezeichnet, hätte sie, etwa aus Kleptomanie, bei einem Händler eine Kleinigkeit mitgenommen. Der Name «Sünderin» deutet bei einer Frau immer auf Sinnenfreude hin. Maria Magdalena war den Berührungen und Verschmelzungen über alle Maßen zugetan und hat die Lust des Fleisches bis zur Bewußtlosigkeit genossen. Moralisch beurteilt war sie ein in den Sinnenfreuden gefangener Mensch, der sich über das Gefühl des Schicklichen mit einer tänzerischen Leichtigkeit hinwegsetzte. Einer vornehmen Halbweltdame gleich und nicht wie ein kleines Freudenmädchen, stand sie im Dasein. Doch liebte Maria Magdalena nicht nur den Taumel der Wollust, sondern erlebte auch die Leere, das Zerrinnen des Traumes, den schalen Geschmack auf der Zunge, der mit einem Leben der bloßen Sinnlichkeit unlösbar verbunden ist.

Man braucht sich Maria Magdalena nicht mit gemeinen Gesichtszügen vorzustellen. Ihre Hingabefreudigkeit hatte nichts Ordinäres an sich. Jedenfalls fehlte in ihrem Leben das bei Deklassierten oft vorhandene Haßgefühl. Sie hatte kein Bedürfnis, sich ihrer Erniedrigung wegen an der guten Gesellschaft zu rächen. Die große Sünderin des Evangeliums war von jedem Ressentiment frei, weil Jesus sie von ihrer Dämonie erlöst hat. Es heißt ausdrücklich, er habe die Dämonen aus ihr ausgetrieben. Wie? Wann? Wo? Wir wissen es nicht. Die Evangelien erzählen nichts Näheres. Sie erwähnen die Austreibung nur mit einem kurzen und bestimmten Satz. Es ist kein Zweifel möglich: Maria Magdalena ist der befreite Mensch! Das spürt man stets, wenn man sich mit ihr näher beschäftigt. Nicht das sinnenverstrickte Wesen Maria Magdalenas, das mit dem erotischen Feuer spielt, ist anziehend – diese Sucht teilt sie mit ungezählten weiblichen Wesen, und derartige Geschichten kann man bis zum Überdruß hören –, sondern ihre Erlösung davon. Die Befreiung bildet die tiefere Ursache ihrer seelischen Beschwingtheit. Aus eigener Kraft vermochte sie sich nicht von ihren sinnlichen Banden zu lösen – ein Kampf, der dem Menschen nur sehr selten gelingt. Christus hat sie davon befreit, er hat die Mächte des unersättlichen Verlangens ins Nichts zurückgeschleudert und sie zu einer Frau gemacht, die ihr wahres Selbst gefunden hat. Maria Magdalena besaß keine verwüstete Seele. Durch ein unendliches Dankbarkeitsgefühl blieb sie dem Herrn verbunden. Die gefährliche Verletzung ihres Selbstgefühls hinterließ keine Narben. Sie glich nicht jenen unglücklichen Gestalten, die zwar von ihren Lastern befreit, denen man aber zeitlebens anspürt, daß sie in der Gosse gelegen haben.

Von dieser Verbundenheit erzählt Lukas eine Begebenheit – eines der unfaßlichsten Geschehnisse des Evangeliums. Guardinis Aussage ist wegleitend: «Wer den Text in der rechten Weise liest, bedarf keiner Erklärung.»[2] Nie hat man das Gefühl, ihn wirklich zu Ende gelesen zu haben, weil er in die Unendlichkeit hineinreicht. Die erneute Begegnung zwischen Jesus und Maria Magdalena ereignete sich bei einem Gastmahl, das sich sehr von Platons Symposion unterscheidet, obschon auch dort überzeitliche Worte gesprochen wurden. Das bei Lukas erwähnte Gastmahl fand im Hause des Pharisäers Simon statt. Auch hier waren nur Männer anwesend, dennoch ergab sich eine völlig andere Situation. In den Pharisäern bloße Heuchler zu sehen, ist ein überholtes Vorurteil. Sicher waren die Pharisäer strenge Gesetzesmenschen. Sie führten einen untadeligen Lebenswandel, taten keinen Schritt nebenaus und verurteilten jeden Menschen, der sich nur die kleinste Unkorrektheit zuschulden kommen ließ. Scharf war ihr Urteil, gemeißelt wie die Gesetzestafeln auf dem Sinai, nicht das geringste Erbarmen gab es. Das ist das Unsympathische an den Pharisäern aller Zeiten, mögen sie nun jüdische oder christliche Pharisäer sein, Menschen innerhalb oder außerhalb der Kirche, immer erheben sie das Moralische zum höchsten Prinzip und dulden keine Abweichung. Wer nicht nach dieser Richtschnur handelt, untersteht dem unerbittlichen Urteil. Es war damals und ist heute nicht sonderlich angenehm, zum Gastmahl eines Pharisäers geladen zu sein. Jedenfalls verspürt man keinen Wunsch, daran teilzunehmen, und befolgt besser den Ratschlag des Predigers Salomo, statt in ein solches «Trinkhaus» in ein «Klagehaus» zu gehen.

Maria Magdalena war zum Gastmahl des Pharisäers Simon nicht eingeladen. Wahrscheinlich hatte sie ihrer Schönheit wegen an vielen Mählern teilgenommen, von denen sie wußte, daß sie zu eigentlichen Gelagen ausarteten. Die Sache war ihr jedenfalls nicht unbekannt. Aber zu diesem Gastmahl war sie nicht aufgefordert worden. Wie sollte sich ein sittenstrenger Pharisäer dazu verstehen, sich mit einer leichtlebigen Frau an den gleichen Tisch zu begeben? Ausgeschlossen, es verstieß allzusehr gegen die religiöse Sitte. Maria Magdalena aber ging hin, ging uneingeladen hin. Das allein schon war ein außergewöhnliches Tun. Was mag sie nur dazu bewogen haben? Wußte sie nicht, daß sie sich einer überaus peinlichen Situation aussetzte? Trotzdem tat sie es nicht aus einem unberechenbaren Einfall, sondern handelte mit Vorbedacht, wie sich die Juristen in ihrer Gesetzesparagraphensprache auszudrücken beliebten. Sie hatte sich vorher ein schönbemaltes Alabastergefäß gekauft und es mit köstlicher Narde gefüllt. Zum erstenmal wird hier das Nardengefäß erwähnt, das sie auf ungezählten Bildern in den Händen hält und das zu ihrem eigentlichen Attribut geworden ist. Behalten wir es im Auge, denn es spielt in ihrem Dasein noch eine Rolle. Aber nochmals, was veranlaßte sie, in das Haus des Pharisäers einzutreten? Sie hatte doch Grund genug, es zu meiden. Eine innere Bekümmernis half ihr, die aufsteigenden Bedenken zu überwinden. Eine Unruhe, die sie seit der Austreibung der sieben Teufel am Tag und in der Nacht verfolgte, trieb sie vorwärts. Ohne jegliches Aufsehen, still und unbemerkt, betrat sie das Haus des Pharisäers. Maria Magdalena kannte keine Selbstschonung, es war ein Bußgang und nichts anderes, den sie antrat. Wie könnte sie sonst eine Büßerin genannt werden, wenn sie nie den Weg der Buße beschritten hätte?

Maria Magdalena war eine weltgewandte Frau, die sich in der großen Gesellschaft elegant und sicher zu benehmen wußte. Beim Anblick der versammelten Gäste geriet sie dennoch ein wenig aus dem Konzept. Das allzu selbstbewußte Auftreten ist meist eine Maske, hinter der sich eine seelische Unsicherheit verbirgt. Die gestrenge Miene des Gastgebers jedenfalls verwirrte Maria Magdalena. Sie geriet einen Augenblick lang in Verlegenheit und wußte nicht recht, was sie tun sollte, als sie alle Augen auf sich gerichtet fühlte. Sie hielt ihre forschen Schritte an und eilte nicht geradewegs auf Christus zu – wie hätte sie es auch wagen können, so frei ins Antlitz des Menschensohnes zu blik-ken? Es war ein erregender Moment, da sich die Sünderin dem Heiligen näherte. Man schaut gespannt hin und erwartet ein stummes Drama. Der Evangelist bemerkt ausdrücklich, daß sie sich «ihm von hinten» näherte. Auf leisen Sohlen schlich sie zu ihm hin, wohl wissend, daß ein offenes Auftreten in dieser Situation unmöglich war. Die Sünderin kann nur von hinten, gleichsam durch eine Seitentüre, zu dem Herrn gehen, weil alle anderen Wege verwehrt sind. Es blieb ihr gar nichts anderes übrig, als sich sofort dem Herrn zu Füßen zu werfen. Da ist ihr Platz. Sie stand nicht auf der gleichen Ebene neben ihm, sondern beschäftigte sich in beinahe ungeschickter Weise mit den Füßen des Herrn. Das ist unstreitig ein Zeichen der Demut. Demut ist nur ein anderes Wort für Buße: Demut ist Buße, und Buße ist Demut. Erstmals in ihrem Leben stieg Maria Magdalena in das Tal der Demut hinab. Von ihm sprach auch Christus, als er seinen Jüngern am Vorabend seines Todes die Füße wusch. Zu Füßen Christi ist Maria Magdalenas Platz. Nicht weniger als siebenmal werden die Füße Christi erwähnt, und die Deutung dieses Zeichens kann nicht fraglich sein.

Maria Magdalena weinte, weinte wie selten je ein Mensch geweint haben mag. Lukas weist darauf hin. Waren es Tränen der Liebe, der Freude oder der Trauer? Die Sprache der Tränen ist nicht immer leicht zu deuten. Im Leben werden viele Tränen geweint: oberflächliche und sentimentale Tränen, deren Naß wenig zu bedeuten hat; aber auch Tränen, die eines Menschen Schmerz anzeigen, Tränen von einer lösenden und erlösenden Kraft. Einem Menschen, der sich ausweinen kann, widerfährt bei allem Unglück eine Wohltat. Bei Maria Magdalena flossen sie über die vom Straßenstaub bedeckten Füße des Herrn, da ihm der Gastgeber nicht einmal die Aufmerksamkeit einer Reinigung erwiesen hatte. Es störte die Sünderin nicht im geringsten, daß ihre Tränen sich mit dem Staub der Straße vermischten und sich Rinnsalen gleich auf den Füßen abzeichneten.

Maria Magdalena kam zum Bewußtsein, daß sie eine kleine

Ungeschicklichkeit begangen hatte; sie überlegte es sich blitzschnell, löste ihr prachtvolles Haar und trocknete damit die benetzten Füße des Herrn. Man hat sich gelegentlich über das extravagante Tun Maria Magdalenas aufgehalten, es übertrieben und unehrerbietig gescholten. Das ist bloßes Unverständnis. Wenn man eine religiöse Interpretation dieser Szene lesen will, so schlage man Kierkegaards Reden über die Sünderin auf[3]. Alle Einwendungen oder Zustimmungen sind nebensächlich, jedenfalls kann man in der eigenen Demut nicht mehr weiter gehen als Maria Magdalena, die ihre aufgelösten Haare als Handtuch benutzt hat. Es muß ein unvergleichlicher Anblick gewesen sein, wie die einst stolze Frau die Fülle ihres Haares dazu gebrauchte, dem Herrn, der sie von der Dämonie des Lebens befreit hatte, die Füße zu trocknen. Damit hatte auch sie sich innerlich gereinigt.

Doch genügte ihr diese Tat nicht. Sie begann, die Füße des Herrn zu küssen, nicht nur flüchtig, nein, sie bedeckte sie unaufhörlich mit ihren Küssen. Es ist keine spätere Interpretation: Christus selbst bezeugt ausdrücklich, daß sie nicht aufhörte, seine Füße zu küssen. Maßlos war sie darin, und immer wieder drückte sie ihre Lippen auf Christi Füße. Nach dem Evangelium wird Christus nur zweimal geküßt: das eine Mal von Maria Magdalena, die damit ihre reine Liebe offenbarte, das andere Mal von Judas, der ihn damit verriet. Daß sich diese beiden Menschen in ihrer Beziehung zum Herrn stets gegenüberstanden, ist kein Zufall. Während der Judaskuß Verrat bedeutet, können die Küsse der Maria Magdalena nur als geläuterte Liebe aufgefaßt werden.

Dann aber erinnerte sich Maria Magdalena ihres Nardengefäßes, das sie mit Vorbedacht mitgenommen hatte. Sie zerbrach den Hals des Salbölgefäßes, goß den duftenden Inhalt über die von Tränen gereinigten und mit Küssen bedeckten Füße des Herrn. Sie salbte ihn, heißt es wörtlich. Offensichtlich tat es ihr wohl, die Füße des Herrn mit dieser köstlichen Essenz zu beträufeln, so daß ein wohlriechender Duft von ihnen ausging. Die Salbung Christi durch Maria Magdalena hat sich unvergeßlich mit ihrem Bild verbunden, man kann sie sich überhaupt nicht ohne diese

Tat vorstellen. Sie hat eine duftende Huldigung dargebracht, eine heilige Handlung der Verehrung, ja eine besondere Form von Anbetung. Daher ist sie als Salbenträgerin in die Geschichte eingegangen.

Das Eigenartige an diesem Vorgang besteht darin, daß Maria Magdalena kein Wort sprach. Nach des Berichterstatters Aussagen kam nicht eine Silbe über ihre Lippen. Wohl küßte sie, aber sie sprach nicht, sie schwieg. Die schweigende Maria Magdalena ist wesentlich, sie ist die stumme Person in der ganzen Szene. Ohne zu sprechen hatte sie sich verständlich gemacht, denn sie wußte die Sprache der Gebärde zu gebrauchen. Was sie damit ausdrücken wollte, war besser zu verstehen als viele Worte, die leicht über die Lippen gehen und oft nichtssagend sind. Maria Magdalena beherrschte die Sprache der Emotion auf eine hinreißende Art. Ihre Tränen, ihre Haare, ihre Küsse und ihre Salbe redeten so unmißverständlich, wie es Worte nie vermögen. Was drücken sie aus? Reue, und Reue ist verinnerlichte Buße, die aus dem trügerischen Traum des Lebens erwacht ist. Nicht erst die Legende hat Maria Magdalena zur Büßenden gemacht, wie schon behauptet wurde, sie war es seit der ersten Begegnung mit Jesus. Echte Buße ist wortlos, denn solange der Mensch sich noch anklagt, ist seine Seele nicht völlig verstummt. Die schweigende Maria Magdalena ist beredter als alle Redner der Weltgeschichte, sie spielt eine «stumme Pantomime, eine Pantomime, deren Bedeutungsgefühl bis ans Ende der Welt verhalten bleiben wird»[4]. Mit ihr verdeutlichte Maria Magdalena, daß echte Buße Neugestaltung des Lebens ist und nichts anderes. Sie ist kein negativer Akt des Daseins, sondern eine schöpferische Tat. Dies ist das tiefste Wesen der Buße. Von innen gesehen ist Buße unbeschreiblicher Jubel und höchste Seligkeit. Diese Wahrheit bewies die stadtbekannte Sünderin, die, zum Urbild aller Büßer geworden, fortan wie ein Stern am nächtlichen Himmel der Christenheit leuchtet.

Maria Magdalena sprach während der ganzen Szene kein Wort, dafür aber begannen die Männer zu reden. Zunächst führte der Pharisäer Simon in murmelndem Ton ein Selbstgespräch. Er

vermochte den Anblick der weinenden, küssenden und salben-
den Maria Magdalena nicht zu ertragen; dem streng gesetzlichen
Manne ging dieses Verhalten zu weit, es schien ihm die Grenzen
des Schicklichen zu überschreiten. Er mißbilligte den ungebühr-
lichen Vorgang. Maria Magdalena hatte etwas an sich, das die
Männer aufbrachte. Schon vorher waren sie nicht gleichgültig
an ihr vorbeigeschritten. Auch der selbstgerechte Pharisäer Simon war nicht fähig, stillschweigend zur Tagesordnung überzu-
gehen. Im Gebaren dieses Weibes kam ein Element zum Vorschein, das die Männer aufreizte, mochten sie nun positiv oder
negativ zu ihr gestanden haben. Ein gewisses Etwas ist an ihr
haften geblieben. Selbst die Exegeten konnten sie nicht in Ruhe
lassen und schauten gleich dem Pharisäer Simon mit scheelen
Blicken nach ihr, was offenbar durch berufliche Gründe bedingt
ist. Die Gelehrten rätselten darüber, ob sie eine Verführte, eine
Ehebrecherin oder eine gewerbsmäßige Dirne war, eine Frage,
welche die geschulten Herren beschäftigte. Der Pharisäer Simon
war der erste einer langen Reihe, der über Maria Magdalena
tadelnd den Kopf schüttelte und seiner Abneigung gegen sie
deutlich Ausdruck gab: «Wäre dieser ein Prophet, so wüßte er,
wer und welch ein Weib das ist, das ihn anrührt.» Die Männer
sündigen gerne mit dem Weibe, aber nachher verachten sie
die mißbrauchte Frau als Sünderin und bedenken nicht, daß sie
sich mitschuldig gemacht haben. Vom Pharisäer Simon kann
man das nicht sagen, trotzdem blieb seine Entrüstung weit hinter der ausdrucksvollen Gebärdensprache Maria Magdalenas
zurück.

Erst jetzt, nachdem der reuige Tränenstrom Maria Magdalenas
versiegt und das Selbstgespräch des Pharisäers verklungen war,
meldete sich Jesus zu Wort. Er begriff das stumme Tun dieser
Frau im Nu und machte sich zu ihrem Verteidiger. Was Simon in
seinem theologischen Denken nicht von ferne verstand und
nicht verstehen konnte, war Christus sofort klar, denn er selbst
redete die Sprache der Liebe und verstand jene der Gebärde. Er
erzählte zunächst dem Pharisäer die Parabel von den zwei un-
gleichen Schuldnern, deren Schlußfrage Simon richtig beant-

wortete, weil sie ins Rechnerische ging, ohne zu spüren, daß er sich damit selbst verurteilte. Dann hielt Jesus ihm Maria Magdalenas Tun als Vorbild vor Augen, ihm, dem offiziellen Gastgeber, der bei seiner Einladung mehr als eine Anstandsregel gewollt oder ungewollt verletzt hatte. Jesus schloß seine Rede mit den Worten: «Ihre vielen Sünden sind ihr vergeben, weil sie viel geliebt hat.»[5] Wer hat diesen einmaligen, wie ein Paradieseswort anmutenden Gedanken Christi Mund entlockt? Es war die büßende Maria Magdalena mit ihrer beispiellosen Gebärdensprache. Der Herr deutete das Wesen der sündigenden und bereuenden Frau, wie nur Christus es zu deuten vermochte, der wußte, was im Menschen ist. Christus sprach ausdrücklich das Wort der Vergebung zu ihr. Weshalb? «Weil sie viel geliebt hat.» Auf das Wörtchen «weil» kommt es an. Es ist von zentraler Bedeutung und deckt den inneren Zusammenhang auf. Vergebung und Liebe hängen zusammen und lassen sich nicht voneinander trennen. Maria Magdalena ist die liebende Frau, die vorher ungeordnet und jetzt geordnet liebt. Aber lieben mußte sie, denn ohne Liebe konnte diese junge und schöne Frau nicht leben. Maria Magdalena war der zur Liebe geschaffene Mensch, man kann sie nur durch die Liebe verstehen. Wenn dieser Aspekt außer Betracht gelassen wird, bleibt nichts als ein überspanntes Weib. Sie ist durch die Liebe zu Jesus vorgedrungen; auf einem anderen Weg ist noch niemand in die Nähe Christi gelangt. Die Sünderin hat weder konventionell noch romantisch geliebt. Das sind viel zu blasse Bilder. Sie ist die Liebende schlechthin. Sie kann als die zweite Eva bezeichnet werden, deren Liebe im Unterschied zur ersten nichts Verführerisches mehr besaß. Ihre schauende Liebe war grenzenlos, das läßt sich kaum stärker mitteilen, als es Maria Magdalena im Hause des Pharisäers Simon getan hat, bezeugte doch Jesus selbst: «Sie hat viel geliebt.» Ihre frühere Liebe ist damit nicht gemeint, sondern ihre auf den Herrn gerichtete Liebe, und für dieses reine Gefühl gibt es im Grunde keinen Namen. Was das Hohelied Salomons darüber prophetisch sagt, verbirgt sich im Symbol, aber der Symbolgehalt bleibt ewig wahr: «Die Glut der Liebe ist eine Flamme des Herrn, und auch viele Wasser sind nicht imstande, sie auszulöschen.» Eine Gestalt, in der die Liebe so elementar auflodert, darf in der Christenheit nicht in Vergessenheit geraten. Maria Magdalena muß den Christen gegenwärtig und anschaulich vor Augen bleiben, weil sie uns lehrt, daß wahre Buße Liebe und nur Liebe ist.

Darnach sprach Jesus noch ein Wort zu ihr: «Deine Sünden sind dir vergeben!» Durch diesen Freispruch war die tief beschattete Vergangenheit Maria Magdalenas mit einem Schlag bewältigt und fiel wie eine zu eng gewordene Hülle von ihr ab. Kein quälendes Sündenbewußtsein bedrängte sie mehr. Diese Dinge waren ein für allemal ausgelöscht. Der Herr hatte in eigener Person das Wort der Vergebung in das Leben der Maria Magdalena hineingesprochen, aus seinem Munde hatte sie es zu hören bekommen, deshalb zweifelte sie nie mehr daran. Fortan war sie befreit von der Dämonie, die Erlösung war vollendet, und damit war sie ein Mensch der Vergebung geworden. Ein letztes Wort noch gab Christus ihr auf den Weg, nicht ein Wort der Ermahnung, denn einer solchen bedurfte die große Liebende jetzt nicht mehr: «Dein Glaube hat dich gerettet; gehe hin in Frieden.» Der Glaube hatte ihr geholfen, alle Bedenken zu übersteigen und trotz ihrer dunklen Vergangenheit in das Haus des Pharisäers Simon zu gehen. Das Verlangen nach dem seelischen Frieden trieb sie dorthin. Dieses Eine begehrte sie, eine Sehnsucht, die nur Jesus verstand und die von allen andern Teilnehmern des Gastmahls nicht begriffen wurde. Maria Magdalena faßte dieses Eine ins Auge und blieb nicht eine Gefangene ihrer vergangenen sündigen Taten, sondern durchbrach mit ihrer Kühnheit die Schranken und erlebte die Befreiung. Sie hatte den Frieden gefunden, keine innere Gespaltenheit riß sie mehr hin und her, nichts Aufgewühltes war in ihrem Innern vorhanden, alles war einem großen seelischen Frieden gewichen. Maria Magdalena hatte fortan Frieden mit Gott, Frieden mit den Mitmenschen, Frieden mit sich selbst. Ein köstliches Gefühl durchströmte sie. Dieser selbst nicht zu erarbeitende Seelenfrieden wird dem Büßer wie ein königliches Geschenk ins Herz gesenkt.

Nach dem Gastmahl, so berichtet Lukas, schloß sich Maria Magdalena der Begleitung Christi an[6]. Sie gehörte jetzt zu den Jüngerinnen Jesu; aus der Sünderin war eine Jüngerin geworden. Es war der Mantel des Elias auf sie gefallen, ihr ganzes Leben war von nun an nach Jesus ausgerichtet, der ihr Vorbild, Richtmaß und Erlösung bedeutete. Die Berufung zum Jünger ist eine neue Einwurzelung in den ewigen Ackerboden, und man möge sich hüten, diesen Ausdruck gedankenlos in den Mund zu nehmen. Sie legt dem Menschen schwere und schwerste Verpflichtung auf, denn die Jüngerin hat es mit der immerwährenden Buße zu tun.

Zwei Kapitel später kommt Lukas nochmals auf Maria Magdalena zu sprechen, und zwar als Jesus bei den beiden Schwestern einkehrte. Maria Magdalena hatte Geschwister, Martha und Lazarus, aber auch diese Geschwisterbeziehung war nicht frei von Spannungen. Die Einkehr Christi in Bethanien wird gründlich mißverstanden, wenn man sie zu einer Idylle verharmlost. Kaum hatte sich der Herr im Hause niedergelassen, setzte sich Maria Magdalena zu seinen Füßen und hörte seiner Rede zu[7]. Abermals befindet sie sich zu Füßen des Herrn; offensichtlich ist dies der Platz für eine Büßerin. Nun aber machte sie sich nicht mit ihnen zu schaffen, sie befand sich in einer anderen Situation. Man kann und darf nicht immer alles wiederholen wollen. In dieser Stunde war eine neue Haltung von Maria Magdalena gefordert: sie hatte seinen Reden zuzuhören. Wie einzigartig konnte Maria Magdalena zuhören: still, ohne Zwischenbemerkungen. Beim Gastmahl schon hatte sie kein Wort gesprochen, und auch jetzt kam keine Äußerung über ihre Lippen. Sie war der zuhörende Mensch, eine Kunst, die Frauen besser verstehen als Männer. Dabei ist das Zuhören oft wichtiger als das Mitreden. Weil Maria Magdalena zu hören vermochte, ist sie zur Patronin für die beschaulichen Seelen erhoben worden. Beschaulich hängt mit Schau zusammen; Maria Magdalena trug wie wenige Menschen eine Christus-Schau in ihrem Herzen. Bei allem glühenden Temperament hatte sie eine kontemplative Seele, die immer mehr wahrnimmt, als aktivistisch eingestellte Menschen es vermögen. Alles, was Maria Magdalena tat, vollbrachte sie mit Leidenschaft. Nun hörte sie mit einer solchen Intensität Jesu zu, daß ihre Schwester Martha darüber ungehalten wurde. Martha hielt es nicht für richtig, daß die Schwester ihr die ganze Bedienung allein überließ. Sie empörte sich über Maria Magdalena – immer haben sich die Menschen über sie entrüstet, zuerst der Pharisäer Simon, dann Martha und später andere. Aufgebracht wie Martha war, ging sie sogar so weit, dem Herrn eine Anweisung zu geben: «Sag ihr doch, daß sie mir helfen soll.» Genau wie beim Gastmahl, stellte sich Jesus auch hier schützend vor Maria Magdalena: «Martha, Martha, du machst dir viel Mühe und Arbeit, eines aber ist not, Maria hat das bessere Teil erwählt, und das soll nicht von ihr genommen werden.» Unergründlich sind diese Worte Christi, aus denen später eine ganze Philosophie des aktiven und kontemplativen Lebens abgeleitet worden ist. Halten wir daran fest, daß Maria Magdalena das gute Teil erwählt hat, weil sie das Eine, was not tat, verstanden hatte, dieses Eine, das den Menschen in ihrem hastigen Dasein immer wieder aus den Augen entschwindet. Eines ist not und nicht vieles. Eines muß man haben, dann kann man auf alles andere verzichten. Dies Eine ist die unbedingte Liebe zu Christus; eine Liebe, die an seinem Munde hängt, damit ihr ja kein Wort verloren geht. Die dazugehörende Haltung ist weitaus besser als alles Tun und Rennen. Wenige Menschen in der Neuzeit haben das Eine, was not ist, begriffen, der Aktivismus verschlingt die meisten. Maria Magdalena aber hat nach Christi Urteil das gute Teil erwählt, das nicht von ihr genommen werden soll. Es ist ihr jetzt noch eigen, man kann es von ihr erlernen, vorausgesetzt, man rücke in ihre Nähe und höre mit ihr zusammen jene Worte, die zuletzt ins Wortlose übergehen.

Noch einmal werden die beiden Schwestern Martha und Maria Magdalena erwähnt. Der Evangelist bemerkt im Johannesevangelium ausdrücklich, daß es bei jener Maria Magdalena war, welche die Füße des Herrn mit ihren Haaren getrocknet hat[8]. Offenbar hat sich dieses Ereignis herumgesprochen. Der Berichterstatter fügt noch hinzu, daß Jesus Maria Magdalena, Martha und deren Bruder Lazarus lieb hatte. Sie standen seinem Herzen nahe. Die Begebenheit von der Auferweckung des Lazarus wird anschaulich erzählt. Martha steht mehr im Vordergrund, aber einmal wird auch Maria Magdalena erwähnt, die sich in ihrer Trauer passiv verhielt und es einzig beim Anblick Jesu nicht unterlassen konnte, sich zu seinen Füßen – wieder sind es die Füße – niederzuwerfen und die Worte ihrer Schwester zu wiederholen: «Herr, wärest du hier gewesen, so wäre mein Bruder nicht gestorben.»[9] Das Unheil pflegt dann hervorzubrechen, wenn Christus nicht bei den Menschen ist. Wo er vergessen wird, geht alles schief. Es flossen Tränen, diesmal über das Hinscheiden des Bruders; Maria Magdalena weinte so sehr, daß auch Jesus zu weinen begann. Man ist versucht zu sagen, die Tränen Christi und die Tränen Maria Magdalenas flossen ineinander, wie es nur bei Menschen geschehen kann, die durch ein wortloses Verstehen miteinander verbunden sind. Ein russischer Schriftsteller schrieb: «Maria Magdalena liebte Jesus, die Unbekannte den Unbekannten. Die menschliche Sprache hat kein Wort für diese Liebe.»[10] Aber es blieb nicht bei dieser tränenreichen Liebe: Christus schritt zur Gruft und erweckte Lazarus, ein Ereignis, das Menschen nie begreifen werden. Es bleibt unfaßlich, und alles Reden darüber ist unnütz. Maria Magdalena war eine Zeugin des Wunders. Die Auferweckung Lazarus' gehört zu ihrem Leben, gerade deswegen kann ihre Lebensgeschichte nicht mit den üblichen hagiographischen Methoden erfaßt werden. Man muß mit unwissenschaftlichen Mitteln die Grabtücher des Verstorbenen nach dem Befehl Jesu lösen; dann ahnt man von ferne das Unaussprechliche.

Eine weitere Begegnung zwischen Jesus und Maria Magdalena fand in Bethanien statt, im Hause Simon des Aussätzigen, wie es heißt; dies scheint der richtige Ort gewesen zu sein. Im Vergleich mit Christus wird jeder Ort der Welt unrein[11]. Christus befand sich schon auf dem Weg zur Passion, sein Antlitz war Jerusalem zugewendet. Da kehrte Jesus noch einmal bei ihr ein. Die Geschichte wird von den Synoptikern und von Johannes berichtet und ist also gut bezeugt. Johannes läßt es nicht bei der Anonymität bewenden, er nennt ausdrücklich den Namen Maria Magdalena. Sie wird als Schwester der Martha und des Lazarus eingeführt. Er erwähnt auch, daß sie sich nicht wie ihre Schwester mit der Bedienung zu schaffen machte.

Die Stunde war schon verhängt. Jesus wußte, was seiner wartete, während die Jünger noch nichts begriffen hatten. Auch Maria Magdalena ahnte es. Frauen haben einen feinen Sinn für das Herannahen der Dinge, sie spüren, was in der Luft liegt, was kommt und unweigerlich kommen muß. Mit ihrer ganzen Sensibilität erfaßte Maria Magdalena, was ihrem Herrn bevorstand, und es drängte sie, ihm eine letzte Liebestat zu erweisen. Sie nahm ein Alabastergefäß voll echter, teurer Salbe, wie es ausdrücklich vermerkt wird, zerbrach es und goß den Inhalt über sein Haupt. Die Flüssigkeit lief nach allen Seiten herunter. Es war die zweite Salbung, die sie vollzog und die einen ganz andern Sinn hatte als die erste, weshalb sie nicht als Dublette zu bezeichnen ist.

Erneut entrüsteten sich die Männer über Maria Magdalena. Das Aufreizende an ihrem Tun war nicht zu vermeiden. Diesmal empörten sich die Jünger. Sie nahmen nicht, wie die Pharisäer, Anstoß an ihrer sündigen Vergangenheit, wohl aber an ihrer Verschwendungssucht. Ganz unrecht hatten sie nicht, denn Maria Magdalena war eine sich verschwenderisch verschenkende Natur. Judas sagte, was die meisten im stillen dachten: «Warum ist diese Salbe nicht verkauft um dreihundert Denare und den Armen gegeben?»[12] Das wäre ein greifbares Ergebnis gewesen, wie es die Kaufleute doch immer zu sehen wünschen. Es ist eine dramatische Konfrontation! Jetzt standen sich Maria Magdalena und Judas gegenüber, die Frau, die das Salbengefäß zerbrach, und der Mann, der den Beutel umklammert hielt. Zwei Menschen, in absolutem Gegensatz zueinander, vertraten zwei unvergängliche Haltungen: die freischenkende Huldigung und die zusammenraffende Geldgier. Maria Magdalena hielt nicht zurück und knauserte nicht. Sie gab und gab grenzenlos alles, was sie besaß, sie gab sich selbst. Der große Stil gehörte zu ihrem Leben und brach immer wieder durch. Aber die Jünger verstanden dies nicht, hielten sich mit ihrer Tugend der Sparsamkeit darüber auf und nannten es Vergeudung. Judas' Erwähnung der Armen war sicher nicht ganz ehrlich gemeint. Johannes bekannte es offen: «Das sagte er aber nicht, daß er nach den Armen fragte, sondern er war ein Dieb, und hatte den Beutel und trug, was gegeben ward.»[13] Christus ließ denn auch diese Überlegung nicht gelten und meinte: «Arme habt ihr allezeit bei euch und wenn ihr wollt, könnt ihr ihnen Gutes tun; mich aber habt ihr nicht allezeit.»[14] Über diese Äußerung hat Bernanos gesagt: «Es ist das traurigste Wort des Evangeliums, das am meisten mit Trauer geladene.»[15]

Zum letzten Male stellte sich Jesus schützend vor Maria Magdalena und sprach: «Laßt sie in Frieden.» Dann aber fragte er die entrüsteten Jünger: «Was betrübt ihr die Frau?» Christus fand, sie habe «eine schöne Tat» an ihm begangen. Sonst hatte er dies von keinem Menschen gesagt. Maria Magdalena gegenüber sprach er die Anerkennung aus, denn sie war es vor allem, die an Jesus gut gehandelt hatte. Sie hatte ihn weder verleugnet noch Verrat an ihm geübt. Nach Jesus hatte sie die Salbe auf seinen Leib gegossen, um ihn für sein bevorstehendes Begräbnis zu salben. Mit frauenhaftem Instinkt hat sie seinen Tod vorausgefühlt und dabei das Notwendige getan. Am Karfreitag war wegen des anbrechenden Sabbats keine Zeit mehr hiefür, und am Sonntagmorgen war es zu spät. Maria Magdalena allein hat das Begräbnis Jesu rechtzeitig und würdig begangen.

Um dieser schönen Tat willen sprach Christus die prophetischen Worte: «Wo immer in der ganzen Welt dieses Evangelium gepredigt wird, da wird auch das, was sie getan, zu ihrem Gedächtnis erzählt werden.»[16] Deshalb ist es nicht möglich, vom Evangelium zu reden, ohne Maria Magdalena zu erwähnen. Sie gehört dazu. Jesus hat sie unauflöslich damit verknüpft. Warum erwähnt man dieses Gedächtnis so wenig? Was ist schuld daran? Macht man durch diese Unterlassung nicht ein Wort Jesu zunichte? Seine Weissagung gilt, und darum wollen wir von Maria Magdalena reden, so oft und so gut es uns gegeben ist.

Die späteren Schriftgelehrten haben von einer Verdoppelung

geredet. Sie wollten es nicht zugestehen, daß es zwei Salbungen im Leben Christi gegeben hat und daß jedesmal die gleiche Frau ihn salbte. Dabei gehört doch das Nardengefäß zu ihr. Warum wollten sie es nicht wahrhaben? Meldete sich hier ein nachträglicher, veränderter Protest der Männer abermals zu Worte? Es wird noch ein anderer Grund vorliegen. Nach dem johanneischen Bericht «wurde das Haus erfüllt vom Geruch der Salbe»[17]. Damit hat der Evangelist die entscheidende Ursache ihrer Bestreitung genannt: Sie haben von diesem Geruch nichts gespürt. Allzu vertrocknet waren die Forscher in ihrer haarspalterischen Gelehrsamkeit. Es kommt aber gerade darauf an, daß man diesen Geruch einatmet. Er ist so köstlich, daß alle Wohlgerüche Arabiens dagegen nicht aufkommen. Eine Christus bis zum äußersten liebende Seele allein vermag diesen durchaus geistigen Duft auszuströmen. Der Duft des Nardengefäßes erschließt das Geheimnis Maria Magdalenas: Man muß verströmen nach allen Seiten, nur dann geht man in Christus auf. Der Salbenduft verrät, wie süß echte Buße ist, wenn es auch eine Süßigkeit eigener Art ist. Ein Christ muß von ihr berührt worden sein, wenn nicht, ist er nie in das Innere des Hauses eingetreten. Der durch den ganzen Raum der Christenheit verströmende Duft aus Maria Magdalenas Gefäß hilft ihm, das Evangelium mit ganz anderen Augen zu lesen.

Die Salbung von Bethanien war eine Begräbnisvorbereitung. Maria Magdalena war daher auch befähigt, nachher mit der Mutter des Herrn unter dem Kreuz auszuhalten. Die Jünger, mit Ausnahme des Johannes, waren dazu nicht imstande. Maria Magdalena vermochte auszuharren, so sehr das Geschehen ihr in die Seele schnitt. Sie sah die Passion Christi, sah sie mit den Augen einer Frau, sah Christus nach qualvollem Todeskampf sterben, ihn, der bei der Auferweckung des Lazarus gesagt hatte: «Ich bin die Auferstehung und das Leben.»[18] In dieser Stunde aber versank sie in den abgründigen Golgathaschmerz mit seiner finsteren Gottverlassenheit. Von Maria Magdalena ist das Kreuz nicht abzulösen. Es steht so gut wie das Salbengefäß in ihrem Leben. Kein Wort sagte der sterbende Herr zu ihr. Es war auch keines mehr nötig. Die Begräbnissalbe war noch gegenwärtig und half, die dunkle Stunde zu überstehen. Auch hierin war Maria Magdalena wiederum die schweigende Frau, und dieses Schweigen spricht Wesentlicheres aus als vielbändige Kommentare.

Am ersten Wochentag eilte Maria Magdalena mit zwei anderen Frauen zum Grab, um den Leichnam einzubalsamieren. Sie kamen bei Sonnenaufgang und fanden die Gruft leer. Entsetzen ergriff sie, als sie die Engelsbotschaft von der Auferstehung vernahmen. Bedeutsam an dem Geschehen bleibt doch die eine Tatsache, daß weder Petrus noch Johannes oder sonst einem Manne die Auferstehungsbotschaft mitgeteilt worden war. Maria Magdalena durfte die Botschaft von der Auferstehung zuerst empfangen, und sie mußte sie den niedergeschlagenen Jüngern überbringen [19]. Wegen dieser Nachrichtenvermittlung wurde sie die Schutzheilige der Dominikaner, die sie mit dem Namen «Apostel der Apostel» ehrten.

Die drei ersten Evangelien überliefern dieses Erlebnis, während bei Johannes die Begegnung zwischen Jesus und Maria Magdalena eine eigene Färbung hat. Nach Johannes widerfuhr Maria Magdalena am Ostersonntag ein Geschehen von wunderbarer Zartheit. Selbst dieses Erlebnis ist noch vom Duft des Salbengefäßes erfüllt. Maria Magdalena ging zur Gruft, es drängte sie zum Grabe. Frauen haben in der Regel eine stärkere Beziehung zum Grabe als Männer. Sie fühlen sich damit verbunden, und oft scheint das Grab das Letzte zu sein, was ihnen geblieben ist. Maria Magdalena stand am Grabe und beugte sich weinend über die Gruft. Viermal wird in diesem Abschnitt ihr Weinen erwähnt. Schon im Hause des Pharisäers Simon hatte sie geweint. Das Weinen gehört zu ihr; die Sprache der Tränen ist die ureigenste Sprache der Büßer. Maria Magdalena besaß die Gabe der Tränen, die ein nicht zu enträtselndes Geheimnis ist. Erschütternd ist der Anblick der weinenden Frau. Mitten in ihrem Schluchzen wurde sie von zwei Engeln angesprochen, die an der Stelle saßen, wo Jesus gelegen hatte, und fragten sie: «Weib, was weinst du?» [20]

Die Angesprochene antwortete: «Sie haben meinen Herrn hinweggenommen, und ich weiß nicht, wo sie ihn hingelegt haben.» Die Klage Maria Magdalenas ist nicht nur die ihre. Mehrfach ist es im Laufe der Geschichte vorgekommen, daß Jesus den Gläubigen gleichsam weggenommen wurde. Es ist traurig, wenn durch die Manipulation eine sich selbst nicht mehr verstehende Gelehrsamkeit Christus so entstellt wird, daß ihn die Menschen nicht mehr zu erkennen imstande sind. Maria Magdalena hat auf ihre Art dieses Leid zuerst an sich erfahren.

Nach ihrer Klage über den weggenommenen Herrn wandte sie sich um. Es gibt Augenblicke, in denen nichts anderes hilft, als sich umzuwenden. Jesus stand vor ihr, aber sie erkannte ihn nicht. Ihre Augen waren mit Tränen gefüllt, und es widerfuhr ihr sogar in ihrer Sinnesverwirrung eine eigenartige Verwechslung, in der sie das Wirkliche nicht mehr vom Unwirklichen zu unterscheiden vermochte. Sie erkannte Jesus auch nicht, als er die Frage der Engel wiederholte: «Weib, was weinst du? Wen suchst du?» Maria Magdalena war eine Suchende; sie suchte nicht unbestimmt, nur eine einzige Person, den Herrn. Ihn hatte sie von Anfang an gesucht, schon damals, als sie in das Haus des Pharisäers Simon ging. Immer suchte sie nur ihn. Jetzt aber war ihr Blick von Tränen verschleiert, so daß sie das Nächstliegende nicht mehr richtig sah. Sie hielt den Mann für einen Gärtner. Ihr weiblicher Spürsinn hatte sie verlassen, darum widerfuhr ihr die Verwechslung. Es gibt im Leben höchst sonderbare Verwechslungen, die man oft gar nicht begreift. Die Verwechslung der Maria Magdalena war von tieferer Bedeutung. Sie verwechselte Jesus mit einem Gärtner, einem Manne, der sich mit Pflanzen abgab. Selbst in der Verwechslung steckt noch ein Sinn, denn Jesus ist der verborgene Gärtner der menschlichen Seele. Maria Magdalena klagte dem angeblichen Gärtner ihr Leid: «Hast du den Leichnam weggetragen, so sage mir, wo du ihn hingelegt hast, so will ich ihn holen.» Die große Liebende ließ sich Christus nicht nehmen oder gar rauben; wie es auch sei, sie holte ihn zurück. Dazu mußte sie sich zweimal umwenden, wie es im Texte heißt. Dann bereitete Jesus der quälenden Verwechslung ein Ende und nannte sie beim Namen. Wie Maria Magdalena ihren Namen vernimmt und dabei den eigenartigen Klang der Stimme des Herrn wieder hört, fällt es ihr wie Schuppen von den Augen, und es durchzuckt sie die Wahrheit der Auferstehung. Nicht das Erkennen der Stimme ist bedeutsam, sondern die Tatsache, daß Maria Magdalena ein beim Namen gerufener Mensch ist. Über diesem Erleben vergißt sie sogar die ihr gewohnte griechische Umgangssprache und erwidert in der ihr vertrauteren hebräischen Muttersprache: «Rabbuni», das heißt «Meister». Rabbuni hat einen wärmeren Ton als das Wort «Rabbi». Manchmal geschieht es, daß man nur die Sprache sprechen kann, die man als Kind gesprochen hat.

Spontan wollte Maria Magdalena noch etwas tun, das zwar nicht im Text steht, das aber doch ganz deutlich zwischen den Zeilen vermerkt ist: es drängte sie, den Herrn zu umfangen. Das Verlangen nach Berührung sitzt tief im Menschen. Adalbert Stifter weiß sogar um eine Allberührung, und darüber zu meditieren ist nicht unangebracht. In diesem Moment flüsterte ihr der Herr jedoch ein leises Halt entgegen: «Rühre mich nicht an!» Ein berühmt gewordenes Wort, dieses «noli me tangere!». Es scheint, Maria Magdalena sei in die Schranken gewiesen worden, doch fügt Jesus hinzu: «Weil ich mich meinem Vater noch nicht gezeigt habe.» Diese wenig beachteten Worte machen die Distanz schaffende Abweisung des Herrn erst verständlich. Die Zeit, da Maria Magdalena sich dem Herrn zu Füßen werfen und diese mit Liebkosungen überschütten konnte, war endgültig vorbei. Jetzt, da die letzte Erhebung Jesu noch nicht vollzogen war, galt das erstaunliche Wort: «Noli me tangere!» Erst nach diesem Geschehen kommt es zur immerwährenden Berührung mit dem Herrn, losgelöst von Zeit und Raum. In den Worten: «Rühr mich nicht an, weil ich mich meinem Vater noch nicht gezeigt habe», kündet sich eine zeitlose Mahnung an, sich Christus nicht so massiv, handgreiflich und zudringlich aufzudrängen. Alles täppische Zugreifen ist fehl am Platze. Der Geist der Zartheit gehört dazu, ein Sinn für das Übernatürliche und das Gefühl der Zurückhaltung, um die Auferstehung Christi nur ahnend zu begreifen. Trotzdem läßt sie sich dem Intellekt nie restlos verständlich machen, weil sie ein Wunder, das größte Wunder ist.

Der Auferstandene sprach zu der überraschten Maria Magdalena nicht nur Worte der Zurückweisung, er gab ihr auch einen Befehl: «Geh aber zu meinen Brüdern und sage ihnen: Ich fahre auf zu meinem Vater und eurem Vater, zu meinem Gott und eurem Gott.» Maria Magdalena hat diesen letzten Wunsch des Herrn erfüllt. Nach der johanneischen Berichterstattung ist sie ohne Widerrede hingegangen und hat den Jüngern verkündigt, daß sie den Herrn gesehen und daß er dies zu ihr gesagt habe. Dadurch wurde Maria Magdalena zur Verkünderin; auch diese Bezeichnung steht ihr zu. Der Bericht von Maria Magdalenas Erlebnis mit dem Auferstandenen gehört zu ihrem Dasein, man muß ihn erwähnen, spricht man von ihr. Und doch ist es töricht, ihn hier nochmals anzuführen, weil er nur mißglücken kann, zumal es eine heilige Erzählung ist. Dem Bericht ist ein Duft eigen, der herrlicher einzuatmen ist als der Duft des Salbengefäßes. Unmöglich läßt er sich in Worte einfangen, weil er sich allen Begriffen entzieht und höchstens einem gesteigerten Ahnungsvermögen ein wenig zugänglich ist. Am Anfang des Lebens Jesu wurde eine Maria erwähnt, seine Mutter, und am Ende steht nochmals eine Maria da, die aus Magdala – ein Bild, das die Christenheit als treue Erinnerung durch alle Zeiten hindurch begleitet.

Was nach der hauchzarten Begegnung am Ostermorgen im Leben Maria Magdalenas geschah, steht nicht mehr in der Bibel. Es gibt noch eine außerbiblische Überlieferung, die aber nicht gleichwertig ist mit der Berichterstattung der Evangelien. Sie fällt sichtlich ab. Bei der Schilderung ihrer Meerfahrt ist eine üppig wuchernde Phantasie am Werke, die Größeres berichten will und damit weniger aussagt. Es geht nicht an, emphatische Worte aufeinander zu türmen, denn das Einmalige soll so schlicht als möglich erzählt werden. Darum läßt man diese Meerfahrt in diesem Zusammenhang besser auf sich beruhen. Die Haltung der Büßerin kommt dagegen nochmals in ihrem Aufenthalt in Südfrankreich, im Innern des Berges «La Sainte-

Beaume», zum Vorschein. Zwar stammt die Tradition über das dreißigjährige Büßerinnendasein erst aus dem elften Jahrhundert; zudem wird es von der Geschichtswissenschaft geringschätzig als Legende abgetan[21]. Damit gibt sie zu verstehen, daß sie nicht weiß, was eine Legende ist. Eine Legende kann unter Umständen mehr Wahrheit enthalten als ein ausgetrocknetes Geschichtszeugnis. Jedenfalls hat die südfranzösische Legende begriffen, daß Maria Magdalena nach ihren Begegnungen mit Christus ihr Dasein nur noch als Büßerin beschließen konnte. Sie war niemals eine Büßerin, die in unfruchtbarer Selbstzerfleischung, wo das eigene Ich in umgekehrter Richtung allzu wichtig genommen wird, ihre Tage verbrachte. Nachdem Maria Magdalena das ewige Antlitz Christi gesehen hatte, bedeuteten ihr die gewöhnlichen Dinge nichts mehr. Sie hatte umzudenken gelernt. Nach der südfranzösischen Überlieferung lebte Maria Magdalena fortan in einer Höhle, führte dort jenes beschauliche Leben weiter, das sie in Bethanien zu Christi Füßen in sich aufgenommen hatte, und sann über das nach, was not tat. Maria Magdalena ist eine kontemplative Seele geworden; nur in der Kontemplation bewältigt man seine Vergangenheit wirklich. Der Büßerin in der Höhle waren außergewöhnliche Erlebnisse beschieden, Dinge, die den Verstand des heutigen Menschen übersteigen und die gerade deswegen wahr sind. Sie wurde schließlich der Erhebung in die Engelchöre gewürdigt, wo eine Büßerin durchaus hingehört.

Über Maria Magdalena ist in der beginnenden Neuzeit ein Schatten gefallen. Im 16. Jahrhundert rüttelte ein Gelehrter der Sorbonne erstmals an der Überlieferung, und mit seinem Argwohn steckte er auch andere Menschen an. Aus Maria Magdalena wurden mehrere Gestalten, eine Maria von Magdala, eine Maria von Bethanien und noch eine dritte Person. Statt der einen hatte man zuletzt überhaupt keine mehr. Jedenfalls fehlte jene, die für die Christen lebendig und vorbildlich ist und mit der sie inneren Umgang pflegen könnten. Es ist an der Zeit, einer zersetzenden Exegese zu widersprechen. Die Frage ist durchaus berechtigt: «Haben diese Exegeten jemals einen Schritt in das wirkliche Leben gewagt? Sind sie wirklichen Männern und wirklichen Frauen, wie es die Personen des Evangeliums alle sind, begegnet? Die Bilder, die man uns zeigt, sind jedenfalls sehr oft von einer Abgeschmacktheit und widerwärtigen Leere, wie jene konventionellen Figuren im Devotionalienstil.»[22] Die Schau Gregors des Großen – dem die Kirche auch die einzige Benedikt-Überlieferung verdankt! – ist viel kongenialer, trat er doch in seinen Homilien für die einheitliche Gestalt ein und zeichnete den Christen das symbolhafte Maria Magdalenen-Bild plastisch vor Augen, auf das wir nicht verzichten dürfen.

Durch alle Erzählungen, angefangen bei dem dämonischen Weibe bis zu der Höhle in Südfrankreich, schimmert das ewige Antlitz Maria Magdalenas hindurch. Sie ist der Mensch großen Stils, die Frau, die von der sündigen zur göttlichen Liebe aufgestiegen ist. Ihr ungeordnetes Liebesempfinden machte einer göttlichen Liebe Platz, die allein der innersten Sehnsucht der Seele entspricht und die das Gegenteil von der «höfischen Auffassung der Liebe» ist. Der Gang von der Sünde zur Sühne versteht sich nicht von selbst. Abgründe liegen dazwischen, doch Maria Magdalena hat sie durchschritten. Sie ist die schöpferisch Büßende, die ein Zeugnis der Liebe abgelegt hat und deswegen keiner Verteidigung bedarf. Diese Tochter der göttlichen Freude hat ihr Leben zu einem seelischen Kunstwerk gestaltet, das aller Diskussion entrückt ist. Von ihr adäquat zu sprechen, müßte man die Sprache des Hohenliedes beherrschen, weshalb das abschließende Wort in dem einen Wunsche besteht: «Setze mich wie ein Siegel auf dein Herz.»[23]

DER RUF DER WÜSTE:
MAKARIUS DER GROSSE

Die Gegenwart kennt die Unterscheidung zwischen fortschrittlichen und konservativen Christen. Je nach der eigenen Haltung
fällt das Urteil über eine Gestalt positiv oder negativ aus. Doch
stammt die Unterscheidung zwischen revolutionärer und behar-
render Einstellung aus der Welt der Politik; im Geistigen ist sie
nicht begründet. Diese schematische Einteilung verfehlt die tiefere Frage. Entscheidend ist das Problem: Gelangt die Christenheit zu einem lebendigen Aufbruch, ohne einer verwirrenden
Auflösung zu verfallen? Sie ist gehalten, das konventionelle und
gedankenlose Gewohnheitschristentum zu verabschieden, weil
es anfällig geworden ist und Gefahr läuft, von der Verflachung
und der Abkehr vom Religiösen verschlungen zu werden. Es
gilt, um eine lebendige Christenheit zu ringen, um eine Kraft,
den Degenerationserscheinungen zu trotzen. Das brennende
Anliegen geht dahin, standzuhalten und die Verankerung zu
kennen, zu wissen, daß der Mensch vom Göttlichen abhängig ist.
Stets ist die Aufgabe des Christen, auf das Mysterium zuzuschrei-
ten, hinzuhorchen, was der Ewige spricht, und sich nicht durch
das Eingehen auf den Zeitgeist von ihm abzuwenden.
Im vierten Jahrhundert war die Christenheit schwer gefährdet.
Sie hatte zwar einen ihrer größten Siege errungen; doch vermag
der Mensch Siege weniger gut zu ertragen als Niederlagen. Die
Christen waren plötzlich nicht mehr «Schafe mitten unter den
Wölfen». Kaiser Konstantin erhob aus politischen Erwägungen
die verfolgte zu einer privilegierten Kirche und bewirkte damit
eine völlig neue Lage. Natürlich schloß die konstantinische Kurs-
änderung auch Vorteile in sich. Die Christen machten ihren
Einfluß geltend, christliche Ideen wirkten sich auf Schulen und

Gesetzgebungen aus. Jahrhundertelang wurde deshalb die Tat Konstantins als eine Eingebung von oben gefeiert. Die Ostkirche hat den blutbefleckten Kaiser sogar heilig gesprochen – eine der unbegreiflichsten Kanonisationen. Es darf über den Vorzügen die dadurch entstandene heillose Verwirrung nicht übersehen werden. Die Christenheit war ihr nicht gewachsen. Die Kirche lehnte sich mehr und mehr an den Staat an, sie bekam Macht und erlag deren gleisnerischer Verführung. Die Kirchentore wurden sperrangelweit geöffnet, die breiten Massen strömten in ihre Räume; Menschen ließen sich taufen, denen es nur um Karriere und nicht um den Glauben zu tun war. Der Preis des Evangeliums sank, ein Ausverkaufschristentum bewirkte die nicht aufzuhaltende geistige Inflation. Trotz des scheinbaren Erfolgs begann eine Agonie, die man nur mit Bestürzung verfolgen kann.

Die ernsten Christen des vierten Jahrhunderts beschritten zum größten Teil den Weg des Wüstenchristentums. Die von Antonius von Ägypten angeführte Bewegung war ein wirksamer Gegenschlag gegen die überhandnehmende Verflachung innerhalb der Kirche. Das Wüstenchristentum war eine Erscheinung, die seit ihrer Entstehung bis heute mannigfachen Mißverständnissen ausgesetzt war, weil der richtige Aspekt in der Beurteilung fehlte. Von einem rationalistischen Standort aus ist das Wüstenchristentum nicht zu verstehen. Der vernünftige, von Geld und Erfolg geblendete Gesellschaftsmensch beurteilt die Wüstenväter als anormale Menschen mit schweren Verdrängungskomplexen. Im besten Fall wird das Wüstenchristentum als eine absonderliche Sache abgestempelt, die in den Winkel gehört, und tiefenpsychologisch wird es als pathologische Erscheinung diagnostiziert. Wer jedoch in christlichen Belangen nie außerordentliche Dinge erlebt hat, sollte sich des Urteils über das Wüstenchristentum enthalten. Die Inkompetenz in dieser Frage zugeben, das wäre wenigstens eine anständige Haltung. Selbstverständlich ist jede Nachahmung in der heutigen Zeit im voraus ausgeschlossen. Das Wüstenchristentum will von einem überrationalen Gesichtspunkt aus erfaßt sein, und nur der Mensch, dem eigene Erfahrungen mit Gott beschieden waren, ahnt in den rätselvollen Phänomenen den Verzicht auf alle Sicherungen und die verborgene Liebe zum Unwiderruflichen. Dabei kann das Phänomen auch mit Eliot symbolisch verstanden werden: «Die Wüste liegt nicht weit ab in den heißen Zonen, die Wüste liegt nicht nur gerade ums Eck, die Wüste hat Tuchfühlung mit euch in der U-Bahn-Stoßzeit, die Wüste liegt im Herzen unseres Bruders.»[1]

Statt das Wüstenchristentum eine bloße Fluchtbewegung zu nennen, die sich der Auseinandersetzung mit der Zeit entzieht – ein abgedroschener Aspekt –, müßte sich bei einiger Überlegung der Gedanke der Bußbewegung aufdrängen. Die Wüstenväter waren Büßer, die, vom Geiste des Heroismus erfaßt, die Haltung des Außerordentlichen verkörperten. Sie retteten mit ihrer Büßergesinnung das Lebendige, das Geistige, das Unbedingte, also genau das, was in der konstantinischen Massenkirche verloren zu gehen drohte. Es war ein Aufstand des Geistes gegen die Nivellierungstendenzen der Zeit. Unter dem Aspekt einer Bußbewegung betrachtet, in der die Wüstenväter Sühne für die gedankenlosen Namenchristen in den Städten leisten wollten, bekommt das Wüstenchristentum eine ganz neue Farbigkeit. Vieles, das bis dahin unverständlich war, verliert den absurden Anschein und wird sinnvoll. Die altchristlichen Büßer nahmen keine leichte Sache auf sich, und wenn es ihnen nur um ein bloßes Abenteuer zu tun gewesen wäre, so hätten sie bald wieder aufgegeben. Sie aber gingen hin und sangen das ewige Lied, obschon die Schwierigkeiten beinahe unübersteigbar waren: am Tag waren sie einer unerträglichen Hitze und in der Nacht einer schneidenden Kälte ausgesetzt, jede geborgene Häuslichkeit fehlte. Sie waren einer stummen und erbarmungslosen Natur ausgeliefert. Die trockene, ausgebrannte Wüste ist eine unheimlich beängstigende Landschaft, in der alle Spielregeln des menschlichen Zusammenlebens gegenstandslos werden. Im Bewußtsein des körperlichen Elends und der Verlassenheit stiegen den Wüstenvätern Zweifel am Durchhalten auf. Es muß in jenen Menschen eine ganz besondere Geisteskraft vorhanden gewesen sein – eine Kraft, die beim

Anblick der Dämonen nicht erschrickt. Dabei haben sie sich die Dämonen weder als plumpe materielle Gebilde vorgestellt, noch bildeten sie sich ein, diese würden sich spiritualistisch verflüchtigen. Das Wüstenchristentum ist ein charismatisches Phänomen ersten Ranges. Jene Christen erfuhren die Hilfe von oben in merkwürdiger Weise, sie erlebten Dinge, die gewöhnlichen Leuten unmöglich zu sein schienen und die sie als eine Glückseligkeit ohnegleichen empfanden.

Die Wüstenväter betätigten eine wilde Askese: dürftige Nahrungsaufnahme, unbequeme Häuslichkeit, ungenügende Kleidung und schwere Eisenketten, welche die Anachoreten oft mit sich herumschleppten. Der heutige Mensch steht der Askese verständnislos gegenüber, er sieht in ihr nur eine radikale, ins Krankhafte abgesunkene Leibfeindlichkeit. Die Auffassung von der lebensverneinenden Einstellung der Askese ist zu einem verbreiteten Gemeinplatz geworden, der das ihr zugrunde liegende Umdenken übersieht. Primär müßte man sich wohl fragen, welche Motive hinter einer Bußbemühung stehen. Eine asketische Haltung entsteht aus bestimmten Beweggründen, die abzuklären notwendig sind, bevor nur das leiseste Werturteil angedeutet werden darf. Dem Wüstenchristentum war die himmelstürmende Askese nicht Selbstzweck, sondern Weg zu einem höheren Gut, Wille zur Vereinigung mit dem Göttlichen. Deshalb konnte die Buße bei ihnen nicht in einer unfruchtbaren Selbstzerstörung endigen. Ohne die asketische Überwindung der niederen zugunsten einer höheren Natur ist ein mystisches Leben undenkbar. Der Weg der Askese – dem verweichlichten Christentum von heute ein Schreckgespenst – beruht auf langjähriger Erfahrung im religiösen Leben; nur durch sie kann das göttliche Leben erreicht werden. Selbstverständlich trägt eine unfruchtbare Askese viel zur Erstarrung des religiösen Lebens bei. Aber es gibt auch ein bewegteres Asketentum, das sich neue Formen der asketischen Disziplin sucht: die Realisierung des Göttlichen inmitten einer ungöttlichen Welt. Die Christenheit aller Zeiten kann auf die Buße als Kampf wider die Finsternis nicht verzichten, und sie muß aufmerksam genug sein, damit die Buße sich nicht ertötend auswirkt. Bei den Wüstenvätern wird, nach Florensky, «der Kommende wie durch Ferngläser sichtbar. Ihre ganze Schattierung hier ist neu, eigenartig, apokalyptisch. Nur Blinde sehen das nicht. Es ist Leichtsinn oder Wahnsinn, ihnen nicht zu folgen, sondern an ihnen vorüberzugehen.»[2]

Damit man sich beim Wüstenchristentum nicht in abstrakten Begriffen verliere, gilt es, Makarius den Großen zu befragen. Von ihm stammt die Formulierung, die Wüstenväter seien «freudetrunkene, im Geiste vom Tranke göttlicher, geistiger Geheimnisse berauschte» Menschen[3]. Mit der Bezeichnung, «die Gott-Trunkenen» hat er den richtigen Namen für die Büßer großen Stils gefunden. Von Makarius gibt es in der Verklärungskathedrale von Nowgorod ein aus dem vierzehnten Jahrhundert stammendes Bildnis. Die Frage nach der Ähnlichkeit scheidet angesichts des großen Zeitabstandes zum voraus aus, eindeutig aber ist der innere und nicht der äußere Mensch gemalt. Die von Theophanes dem Griechen geschaffene Ikone stellt einen von der Sonne dunkelgebrannten Mann dar, der, über und über mit weißen Haaren bedeckt, beinahe jenseits der menschlichen Sphäre ist. Im ersten Moment ist man betroffen und zugleich gebannt von dem unheimlichen Antlitz voll geistiger Wildheit. Kaum je hat man ein ähnliches Gesicht gesehen. Keine Ikone gibt eine biographische Auskunft, auch nicht das Bildnis dieses Mannes, der mit Gott und den Menschen gerungen und sich selber besiegt hat. Die außergewöhnliche Gestalt ist von faszinierender Wirkung: der Mann mit dem unheimlichen Kopf scheint aus einer andern Welt zu kommen und in eine andere Welt zu gehen; er läßt sich jedenfalls nicht in eine bürgerliche Gesellschaft einordnen. Die Ikone von Makarius ist am Ursprung orientiert; sie deutet die Unfaßlichkeit und Unsagbarkeit der entmaterialisierten Gestalt an und spottet aller psychologischen Durchleuchtung. Das Ungenügende des verstandesmäßigen Begreifens wird dem Beschauer bald klar. Er ahnt, daß Makarius ihm etwas sagen will, was er ganz vergessen hat.

Ein Gefühl der Beschämung beschleicht den Menschen, der sich vor Makarius hinstellt: Makarius hat schon zu Lebzeiten den

Zunamen «der Große» bekommen – ein recht selten verliehener Titel. Die Gegenwart kennt diesen Großen aus dem Reiche des Geistes kaum noch dem Namen nach. Makarius selbst wird auf diese Ehrung keinen Anspruch erhoben haben, und er hätte gewiß den Worten Matthias Claudius' zugestimmt: «Wir sind nicht groß, und unser Glück ist, daß wir an etwas Größeres und Besseres glauben können.»[4] Er wußte um die falsche Einschätzung der Größe, weil der Mensch nicht weiß, daß das groß ist, was er nicht ist. Es gibt darüber eine aufschlußreiche Begebenheit: «Bist du der große Makarius?» fragte einmal ein Besucher den Eremiten. «Der große Makarius? Kenne ich nicht», antwortete Makarius. Der Fragende, der die Ablehnung nicht begriff, suchte weitere Wüstenhöhlen auf, ohne den Gesuchten zu finden. Nach den «Vatersprüchen» gab Makarius überhaupt auf keine ehrende Anrede Antwort. «Wenn jedoch einer der Brüder, wie um ihn zu beschimpfen, sagte: Abba, als du Kameltreiber warst und Natron stahlst und es dann verkauftest, haben dich da die Wächter nicht mit Ruten gepeitscht? Führte jemand solche Reden ihm gegenüber, so gab er mit Freuden Antwort, wenn er gefragt wurde.»[5] Makarius wollte nicht der Große sein, er empfand diese Bezeichnung als unvereinbar mit der Demut und dem Stand der Erniedrigung, den er bewußt gewählt hatte. Sie ist auch mit dem Evangelium nicht in Einklang zu bringen. Die Jünger besprachen einst unterwegs, wer der Größte sei. Darüber von Jesus zur Rede gestellt, schwiegen sie und erhielten vom Herrn die Antwort: «Wer unter euch der Größte werden will, der soll der Knecht aller sein.»[6] Gerade in der konsequenten Ablehnung der Bezeichnung «der Große» bekundet sich die wahre, innere Größe. Mit dem Maßstab der Welt läßt sie sich nicht messen, sie zeigt aber, wie radikal umgedreht sich die Dinge bei den Büßern verhalten.

Die Dokumente über das Leben des Makarius sind wenig umfangreich. Er hat keinen Biographen vom Rang eines Athanasius gefunden, deshalb verblaßte sein Bild im Laufe der Zeit. Immerhin geben Palladius, Rufinus und Sozominos einige Auskünfte, ihre Berichte stammen von Augenzeugen. Palladius erfuhr über

Makarius viel Merkwürdiges, aber wenig Zuverlässiges, und Rufinus bemerkt, man habe von ihm viel erzählt, das sich nicht beschreiben lasse. Diese Wüstenreisenden, nicht zu verwechseln mit heutigen Touristen, verfaßten nicht historische Werke im modernen Sinn, sie waren auch keine Reporter, die mit sensationellen Nachrichten die Leute an der Nase herumführen; ihre Berichterstattung geschah zum Heile ihrer Seelen und diente ausschließlich einer religiösen Zielsetzung. Etliche Aussprüche sowie fünfzig Homilien sind von Makarius überliefert, in denen er sich um eine Selbstgestaltung bemühte. Makarius hat also gelebt, er ist nicht eine erfundene Märchenfigur, seine Existenz braucht nicht angezweifelt zu werden. Im übrigen wäre es mehr als kläglich, nur das für wahr zu halten, was sich beweisen läßt. Zwar kann von ihm kein detailliertes Lebensbild entworfen werden, weil die Überlieferungen zu fragmentarisch sind. Doch vermag eine einzige charakteristische Begebenheit oft aufschluß-reicher zu sein als lange, nichtssagende Schilderungen. Bei den Wüstenvätern kommt es auf die bestimmte Haltung an. Makarius umschrieb sie mit den Worten: «Wer die Gnade hat, hat einen andern Verstand, einen anderen Sinn, eine andere Weisheit als die Weisheit dieser Welt.» [7]

Makarius stammte aus Ägypten, dem Land, in dem Josef und Maria vor den Nachstellungen des Königs Herodes Zuflucht gesucht haben. Aller Wahrscheinlichkeit nach gehörte er zu der ägyptischen Landbevölkerung, die sich der koptischen Sprache bediente. Mochten die ägyptischen Fellachen auch auf keiner hohen Kulturstufe gestanden haben, das Land selbst konnte auf eine alte Tradition zurückblicken: Ägypten hatte großartige Bauwerke und eine beachtenswerte Weisheitsliteratur hervorge-bracht. Freilich war es zur Zeit des Makarius kein unabhängiges Land mehr; hellenistische Strömungen überfluteten es, und die alttestamentliche Erinnerung an das Land der Knechtschaft pflegten die Christen nicht. Makarius gehörte den einfachen Kreisen an. Es wird berichtet, er habe in seiner Jugend die Herden gehütet. Demnach war er Hirte wie andere Gestalten aus der Bibel: von Moses über David bis zu den Hirten auf Bethlehems

Fluren ist von ihnen die Rede. Mit dem Hirtendasein hat es seine eigene Bewandtnis: der Hirte ist viel allein, zum Nachdenken hat er Zeit, und die Einsamkeit führt ihn zur Konzentration.

Auch Makarius hat in seiner Jugend Bubenstreiche vollführt. Mit einigen Kameraden stahl er einmal einige Feigen und aß sie sicher mit Genuß. Augustin berichtet in seinen «Konfessionen» von einem Birnendiebstahl auf dem Markte in Tagaste. Muß man deswegen den Stab brechen über die Missetäter? Oder darf man sagen, jedes Kind tue dies in irgendeiner Form? Soll man Makarius anklagen oder entschuldigen? Keines von beidem. Denn auch Makarius ist nicht als Büßer vom Himmel gefallen. Man muß den Wahrheitssinn aufbringen, in ihm ebenfalls einen fehlerhaften Menschen zu sehen; seine Jugend war wie die Jugend anderer Leute. Jede schönfärbende Darstellung liefe auf eine Stilisierung hinaus, die nur den Verdacht einer Übermalung erweckte.

Seine Eltern – nach einer Überlieferung soll sein Vater Priester gewesen sein – verheirateten den jungen Makarius. Natürlich wird berichtet, er sei von seinen Eltern zur Ehe gezwungen worden, doch entspricht diese Schilderung dem üblichen Heiligenschema und nicht der Wirklichkeit. Der große Einsiedler war somit nicht von Anfang an ein Zölibatär. Er ist den normalen Weg gegangen, der dem Menschen bestimmt ist. Makarius hat das Weib gekannt; daß er mit seiner Gattin eine Josefsehe geführt habe, ist spätere, mönchische Auslegung. Seine natürliche Ehe war nicht von langer Dauer, da seine Gattin in jungen Jahren starb.

Dagegen erzählt Makarius in den «Sprüchen der Väter» selbst: «Als ich jung war und in einem Kallion in Ägypten lebte, ergriff man mich und machte mich zum Kleriker im Dorf. Da ich dies nicht auf mich nehmen wollte, floh ich an einen anderen Ort.»[8] Danach verfügte Makarius über eine gewisse Bildung, sonst hätte man ihn nicht zum Kleriker machen wollen. Makarius entzog sich durch Flucht der priesterlichen Laufbahn und hatte damit für sich eindeutig einen anderen Weg gewählt.

Makarius sah im Tod seiner jungen Gattin eine Wegweisung und nicht bloß einen zufälligen Schicksalsschlag. Er entschloß sich hierauf, die Gesellschaft zu verlassen. Die christlichen Zustände in Ägypten begannen infolge der zunehmenden Verweltlichung der Kirche unerfreulich zu werden. Makarius zog sich in eine kleine Zelle unweit des Dorfes zurück. Sein Gang in die Einsamkeit vollzog sich in kleinen Schrittchen; ihm war es nicht gegeben, mit Siebenmeilenstiefeln der Ewigkeit entgegenzueilen. Makarius überstürzte nichts, er erprobte sorgfältig, ob er auch die Kraft habe auszuführen, was er sich vorgenommen habe, ob er das Alleinsein ertragen könne oder ob er schmählich aufgeben müsse und dann die Spötter gegen sich habe. Darum richtete er seine Zelle gleichsam in Rufweite seines Dorfes ein und blieb mit den Menschen in Verbindung. Das Problem der Einsamkeit ist in unserer Zeit meist Ausdruck einer Kontaktschwierigkeit, ein Zeichen des abtrünnigen Zeitalters; früher war sie die Voraussetzung für eine stärkere Gottverbundenheit.

Freilich fiel auf den Beginn seiner Anachoretenlaufbahn ein schwerer Schatten. Im Dorf fühlte sich ein Mädchen schwanger, und als sich die Leute darüber aufhielten, sagte es kurzerhand, Makarius habe es entehrt und ihm die Heirat versprochen – eine Verleumdung, die später auch der gemütsinnige Mystiker Heinrich Seuse über sich ergehen lassen mußte. Da die Menge immer das Schlechte für wahrer hält als das Gute, richtete sich der Volkszorn gegen den Eremiten, den man der groben Heuchelei bezichtigte. Man sagte von ihm, er liege heimlich in den Armen eines Mädchens und wolle nach außen doch ein Büßer sein. Nach seiner Erzählung hängte man ihm «rußgeschwärzte Töpfe und Henkel von Gefäßen an den Hals. So führten sie mich durch die Dorfstraßen. Sie schlugen auf mich ein und sagten: Dieser Mönch hat unsere Jungfrau geschändet; nehmt ihn, nehmt! Und sie schlugen mich fast zu Tode.» [9] Makarius verteidigte sich nicht, er schwieg, legte den Finger auf seine Lippen und führte damit die Gebärde des Geheimnisses aus. Der Einsiedler ließ nicht nur die falschen Beschuldigungen über sich ergehen, er tat sogar, als ob die Verleumdungen des leichtfertigen Mädchens wahr wären; er arbeitete und gab den ganzen Verdienst dem Mädchen.

Da kam der Tag der Niederkunft. Die Wehen setzten ein, doch das Mädchen konnte nicht gebären. Es wand sich in Schmerzen, aber es brachte das Kind nicht zur Welt. In seiner schweren Lage empfand es die kraftlosen Wehen als Strafe für die Lügen, die es über Makarius ausgestreut hatte. Die Not zwang es, die schändlichen Aussagen zu widerrufen, und nun nannte es auch den richtigen Namen des Kindvaters. Erst jetzt vollzog sich die Geburt rasch, und schon bald durfte die junge Mutter ihr Kind in den Armen halten. Die Stimmung im Dorf schlug abermals um: die Verachtung gegenüber dem Einsiedler verwandelte sich in grenzenlose Bewunderung. Man fand sein Verhalten mehr als ungewöhnlich und brachte ihm nun große Verehrung entgegen, die er jedoch ebenso gleichgültig aufnahm wie einst die Vorwürfe.

Die bisherigen Erlebnisse waren nur Vorstufen zum Höhepunkt von Makarius' Dasein, denn nun ging er in die Wüste. Damit begann das Außerordentliche, das Heraustreten aus sich selbst. Vom Berg Nitra aus, der viele Stunden von Alexandrien entfernt lag, begab er sich in die Wüste Seete, die sich zwischen Libyen und Ägypten befindet. Hier wollte er das Leben eines Einsiedlers führen. Er grub eine Höhle und nahm an Nahrung nur das Notwendigste zu sich. Sein Angesicht wurde dabei blaß und sein Körper schmal und schwach. Im Gespräch gestand er einmal, seit zwanzig Jahren nicht mehr gegessen noch getrunken oder länger geschlafen zu haben, als zur Erhaltung des Lebens unbedingt notwendig war. Ihm wurde das Erlebnis der Wüste zuteil. Der Einsiedler vermochte sich diese unwirtliche Einöde nicht untertan zu machen, er war ihr wehrlos ausgeliefert. Schon früh galt die Wüste mit ihren Schrecknissen als die Behausung des Teufels, zugleich aber nannte man sie den Ort der Begegnung mit Gott. Größere Gegensätze lassen sich nicht denken. Die Fieberlandschaft ist nur kämpfend zu bewältigen, ist weniger eine ideale Sehenswürdigkeit als ein Symbol für die Unendlichkeit und entfacht die menschliche Erlösungssehnsucht zur Glut. Die Wüstenväter waren keine romantischen Gestalten, sondern abgezehrte, über sich selbst hinausstrebende Männer, die das Äußerste gewagt haben. Alle Brücken zur Kultur hatten sie abgebrochen und sich dem Tode zugewendet. Diese Blickrichtung war schon in der alten Religion Ägyptens enthalten. Für die Anachoreten wurde die Wüste eine Chiffre ihrer ausschließlichen Verbundenheit mit Gott – daraus allein läßt sich ihre Leidenschaft für die Einöde verstehen. Wer diese Intention nicht beachtet, dem erscheint ihr Wüstenaufenthalt als bloße Extravaganz, die des tieferen Sinnes entbehrt. Eine Vertiefung in die christliche Ikonographie über die Wüstenväter vermittelt dem heutigen Menschen eine Einsicht in eine unbekannte Welt. Staunend und erschreckt steht er vor der ungewöhnlichen Andersartigkeit dieser himmelstürmenden Geistesmenschen. Zu ihnen zählte auch Makarius, der erkannt hatte, daß man nie genug Buße tun kann und daß das Umdenken stets vordringlich ist. Zwar ging Makarius nicht in die Wüste, um seine Vergangenheit zu sühnen; sie war nicht sonderlich befleckt. Aber es gibt eine Sühne für die andern, eine stellvertretende Buße, und er versuchte, die ungelösten Probleme seiner Zeit durch eine christliche Lebensführung zu bewältigen. Büßer standen und stehen stellvertretend für die anderen Menschen ein!

Makarius besuchte zu Beginn seines Wüstenaufenthalts Antonius. Sein Besuch bei ihm erlangte nicht die Berühmtheit wie der von Paulus, über den Hieronymus berichtete und den Grünewald gemalt hat. Dafür ist Makarius' Besuch schlichter, weniger wundersüchtig, mehr dem Besuch Marias bei Elisabeth vergleichbar. Später suchte Makarius erneut den Vater des Mönchtums auf und vertrat damit jene tiefsinnige Besuchsfrömmigkeit, die viel zu wenig beachtet wird. Mit heutigen Diplomatenbesuchen und anderen hat sie wenig zu tun. Sie führte zu einer inneren Begegnung, in der sich zwei Seelen zu erkennen gaben. Töricht ist es, an Antonius' Geschichtlichkeit zu zweifeln, da Athanasius' Biographie über ihn eine zu deutliche Sprache spricht. Der erste christliche Anachoret verkörperte eine Daseinsform, die über die Jahrhunderte hinweg Vorbild war und in die er auch Makarius einweihte. Ein Eremit gab dem andern die mönchische Tradition weiter. Auf diese Weise entstand eine bedeutsame

Überlieferung. Es ist beinahe unmöglich, auf eigene Faust den Weg des Anachoreten zu beschreiten. Das Fasten, das Alleinsein, das beständige Gebet – alles will gelernt und geübt sein, wenn es den Menschen zum Ziele führen soll.

Makarius führte in der Wüste ein Büßerleben. «Laßt uns weinen, meine Brüder, vergießen wir unaufhörlich Ströme der Tränen in diesem Leben, damit wir nicht in jenen Abgrund gestürzt werden», pflegte er zu sagen [10]. Aus diesen Worten spricht eine unverkennbar büßerische Gesinnung, ein wahrhaft hintergründiges Umdenken. Er wollte in der Einsamkeit für das Vergehen der Welt Sühne leisten.

Der Eremit führte in der Wüste ein unbeschreiblich schweres Dasein. Er selbst gestand später: «Ich habe zwanzig Jahre in dieser Wüste damit zugebracht, Hunger, Durst und Schlaflosigkeit zu leiden; denn ich nahm jeden Tag nur etwas Brot, ich teilte mein Wasser ein, und gleichsam verstohlen an die Wand gelehnt, gönnte ich mir das bißchen Schlaf, ohne das ich nicht auskommen konnte.» [11] Dabei machten auch ihm die Dämonen schwer zu schaffen. Immer wieder tauchten sie bei ihm auf, waren da, wenn er sich zu beten anschickte. Die Verbindung des Menschen mit Gott scheint von den Dämonen besonders bekämpft zu werden. Dämonische Wesen bemerkte er über seiner Höhle in der Gestalt von Reitern; sie umringten ihn wie Hunde, sie spuckten ihm ins Gesicht und griffen seine Person an. Der heutige Mensch steht den Berichten über die Dämonen skeptisch gegenüber und ist geneigt, in ihnen bloße Einbildungen zu sehen. Aber fangen die wirklichen Probleme nicht da an, wo die Skepsis aufhört? Ist nicht gerade sie eine Krankheit des neunzehnten Jahrhunderts, die des Blickes in die Tiefe entbehrt? Die bestürzenden Bilder von Bosch und Brueghel könnten den Skeptiker eines anderen belehren: die Welt der Dämonen ist eine grausige Realität, sie macht dem Menschen aller Zeiten zu schaffen. Selbst in der Gegenwart wird er von ihnen durch alle Abgründe der Hölle geschleppt. Der heutige Mensch allerdings gibt dem Geschehen einen verhüllenden Namen, weil er das Dämonische nicht überdenkt und nicht sehen will. Nach den «Sprüchen der Väter» begegnete der Teufel einst Makarius und wollte ihn schlagen, vermochte aber sein Vorhaben nicht auszuführen. Da meinte der Satan: «Von dir geht eine große Kraft aus, Makarius, denn ich vermag nicht gegen dich anzukommen. Sieh, was du tust, das tue auch ich: du fastest – ich auch; du wachst – und auch ich schlafe nicht. Nur in einem bist du mir überlegen.» Da fragte Abbas Makarius: «Und was ist das?» Jener antwortete: «Deine Demut. Und deshalb komme ich nicht gegen dich an.» [12]

Vor allem aber war Makarius mit der oberen Welt verbunden. Darüber gibt es einen wundervollen Bericht: «Eines Tages, als Makarius in seiner Zelle war, schaute er nach rechts, und er sah. Da war ein Cherub mit sechs Flügeln und vielen Augen, der groß neben ihm stand. Und da Makarius anfing, ihn zu betrachten und so zu sprechen: ‹Was ist das? Was ist das?› Da, vom Glanz und der Klarheit seiner Glorie, fiel er aufs Gesicht, der heilige Abbas Makarius, und war wie tot.» [13] Das ist einfach großartig gesagt, es ist nicht zu überbieten; vor dem Glanz des Cherub kann der Mensch nur tot zur Erde sinken. Sogar der rationalistisch eingestellte Lacarrière sieht sich genötigt, seine Bewunderung vor diesem «kurzen, bündigen, direkt zupackenden Stil, diesem überraschend ehrlichen Ton» einzugestehen. «In der folgenden Nacht war der ganze Ort plötzlich hell erleuchtet wie zur Stunde des Mittags an Sommertagen, und Abbas Makarius wußte, daß es der Cherub war, der wieder zu ihm kam.» [14]

Solche Erlebnisse gehören auch zur Buße: sie besteht nicht nur in kärglicher Nahrungsaufnahme, sie kann Vorstufe eines einmaligen Ereignisses sein. Engelbesuche zählen zu den innersten Erfahrungen der Büßer. Der moderne Mensch ist diesen Vorgängen gegenüber noch ablehnender eingestellt als gegenüber den Dämonen. Für ihn gibt es keine Engel mehr; er betrachtet sie im besten Fall als folkloristische Schilderungen. Die Engelblindheit bedeutet jedoch eine Verarmung und Verfinsterung des Daseins. Bernanos läßt seinen Landpfarrer in sein «Tagebuch» schreiben: «Man betet nie genug zu den Engeln.»

Makarius war ein Mann des Gebets. Doch darf man sich nicht vorstellen, daß er unaufhörlich die gleichen Worte gesprochen habe. Er war kein Freund der langen Gebete; seiner Meinung nach braucht man nicht viele Worte zu sprechen; schon Jesus hat dies in seiner Bergrede unzweideutig abgelehnt. Makarius antwortete auf die Frage, wie man beten solle: «Es ist nicht nötig, viel zu reden, sondern ihr sollt die Hände ausbreiten und sprechen: ‹Herr, wie du willst und weißt, erbarme dich!› Wenn die Versuchung anstürmt: ‹Herr hilf!› Er weiß, was uns nottut und erweist uns sein Erbarmen.» [15] Kann man etwas Besseres über das Gespräch mit Gott sagen? Es ist darin alles ausgedrückt: das innerliche heimliche Hinneigen, das Wellenschlagen und die Wünsche des Herzens.

Trotz seiner Abgeschiedenheit war Makarius für andere Menschen von einer unwiderstehlichen Anziehungskraft. Junge Menschen suchten ihn auf und wünschten von ihm das eremitische Leben zu erlernen, wie er es einst von Antonius erlernt hatte. Zwischen Meister und Schüler wurden nur die notwendigsten Worte gewechselt. Die zur Probe angenommenen Schüler prüfte er zuerst mit einer ungewöhnlichen Methode: er schickte seinen Schüler auf einen Friedhof und befahl ihm, die Toten in den Gräbern zu beschimpfen. Der Schüler gehorchte, führte den Befehl des Makarius aus und kehrte hierauf zu seinem Meister zurück. Der fragte ihn, was die Toten auf seine Beschimpfungen geantwortet hätten. «Nichts», sagte der Schüler. Dann befahl Makarius, nochmals hinzugehen und die Toten mit überschwänglichen Worten zu loben. Auch diesem Befehl kam der Schüler nach, und als Makarius ihn fragte, wie die Toten auf die Ruhmesworte reagiert hätten, erwiderte er: «Sie sagten wiederum nichts.» Da sprach der Altvater: «Du weißt, wie sehr du sie geschmäht hast, und sie haben dir nichts geantwortet, und wie sehr du sie lobtest, und nichts haben sie dir gesagt: so auch du, willst du gerettet werden, werde ein Toter! Erwäge weder die Ungerechtigkeit der Menschen noch ihre Rühmerei, genau wie die Toten! So kannst du gerettet werden.» [16] Die Anweisung mag im ersten Augenblick merkwürdig erscheinen, aber hinter der befohlenen Symbolhandlung steht eine Forderung zur Überwindung allen eitlen Geltungsdranges wie auch eine Anlei-

tung zur seelischen Unerschütterlichkeit. Der Einsiedler überwindet die Unausgeglichenheit im Innern. Makarius selbst hatte
sich völlig in der Hand und führte seine Schüler ebenfalls der
inneren Meeresstille entgegen. Er leitete sie zum Frieden mit sich
selbst an, denn ihm schwebte der vollkommene Mensch vor der
Seele, die Hesychia, wie das erhabene Ziel im Griechischen
heißt.

Eine ganze Reihe solcher Schülerbelehrungen sind überliefert.
Makarius kam einst aus der Kirche und sagte zu den Schülern:
«‹Flieht, Brüder!› Da fragte ihn ein alter Mönch: ‹Wo sollen wir
anders hinfliehen als in die Wüste?› Er aber legte seinen Finger
auf den Mund und sprach: ‹Dies sollt ihr fliehen!› Und er ging in
sein Kellion, verschloß die Türe und setzte sich nieder.» [17] Die
Äußerung zeigt, daß Makarius die Einsamkeit mehr innerlich als
äußerlich verstand; man tut ihr nicht Genüge, wenn man in die
Wüste geht und dort redet. Schweigen muß man, dann ist man
auch in der Welt in der Wüste. Im Schweigen liegt die Kraft, und
das Schweigen ist die Sprache der kommenden Welt. Makarius
überschätzte das Mönchsleben nicht; nach ihm stehen Weltleute,
die ihre Standespflicht aus Liebe zu Gott gewissenhaft erfüllen,
vor Gott höher als viele Mönche. «Es ist in Wahrheit weder eine
Jungfrau noch ein Eheweib, weder ein Mönch noch ein Welt-
mensch, sondern Gott sieht nur auf den Vorsatz und teilt allen
den Geist des Lebens mit.» [18] Makarius sah das anachoretische
Leben in keinem falschen Licht; nur zu scharf beobachtete er das
routinemäßige Tun vieler Einsiedler, das ihn mit Kummer erfüllte. Abba Poimen bat ihn unter Tränen: «Sage mir ein Wort,
wie ich gerettet werde!» Da gab der Altvater ihm zur Antwort:
«Das, um was du bittest, ist heutzutage von den Mönchen weg-
gegangen.» [19] Diese Worte sprach Makarius schon im vierten und
nicht erst im zwanzigsten Jahrhundert, wo die Auflösungserscheinungen innerhalb des Mönchtums stärker sind als beim
Weltklerus und wo sich viele Mönche ihres monastischen Lebens
schämen!

Zu Makarius kamen auch Menschen aus der Welt und begehrten
seinen Rat. Eine höchst bedeutsame Geschichte erzählt Palla-

dius: Ein Mann kam mit seinem Pferde zu Makarius in dem Augenblick, da «eben die Brüder die Zelle des Makarius umstanden. Sie zankten ihn und sagten: ‹Was führst du diese Stute her?› Der Mann sagte: ‹Damit sie Barmherzigkeit finde.› Sie fragten: ‹Was fehlt ihr denn?› Er sagte: ‹Sie war mein Weib und ward in ein Pferd verwandelt und heut' ist schon der dritte Tag, daß sie keine Nahrung nimmt!› Da brachte man sie vor den Heiligen, der in seiner Zelle war und betete; denn ihm war die Sache schon offenbart worden, und er betete für sie. Makarius sagte zu ihnen: ‹Ihr seid Pferde, denn Augen habt ihr wie Pferde. Sie ist ja ein Weib und ist gar nicht verwandelt; so scheint sie nur jenen, die sich täuschen lassen.› Und er segnete Wasser, goß ihr es unter Gebet auf den Scheitel und bewirkte dadurch, daß sie sofort allen wieder ein Weib schien.»[20] Es ist erstaunlich, welche Erkenntnistheorie in der Begebenheit liegt. Der Mensch sieht die Dinge nicht, wie sie wirklich sind, sondern wie sie ihm erscheinen. Makarius hat kein Wunder getan, er hat nicht im geringsten eine Stute in eine Frau zurückverwandelt, sondern er hat den Menschen die Augen geöffnet und ihnen den wahren Blick geschenkt, den sie so selten haben. Der Wüstenvater sah die Dinge am richtigen Ort.

Auch Rufinus erzählt von ihm ein Vorkommnis, das nicht vergessen werden darf. «Es wurde eine Mordtat verübt und dieser ein Unschuldiger bezichtigt, der zu Makarius floh. Mit einem Eid beteuerte er, er habe mit dem Verbrechen nichts zu tun. Danach kamen auch die Leute zu Makarius, die ausgesandt waren, den angeblichen Mörder zu verhaften. Makarius ging mit allen zusammen zum Grabe des Ermordeten, fiel auf die Knie und rief den Toten an: ‹Ich beschwöre dich bei dem Glauben Christi, uns zu sagen, ob dich der Mensch getötet habe, der hier angeklagt wird?› Hierauf gab der Ermordete mit heller Stimme aus dem Grabe zur Antwort, dieser habe ihn nicht getötet! Alle erstaunten, warfen sich Makarius zu Füßen und baten ihn, er möchte doch noch fragen, von wem er dann getötet worden ist. Makarius erwiderte jedoch auf dieses Ersuchen: ‹Um dieses werde ich ihn nicht fragen. Mir genügt schon, wenn der Unschuldige befreit wird, es ist aber nicht meine Pflicht, den Schuldigen zu verraten.›»[21] Die heutigen Menschen halten sich darüber auf, daß Makarius angeblich Tote reden gemacht habe, weil dies doch eine unmögliche Sache sei. Doch die Toten reden mehr in das Leben hinein, als angenommen wird; sie tun es zwar mit leiser Stimme, die Menschen achten selten auf ihr Flüstern. In der erwähnten Begebenheit ist nicht auf das Wunderbare das Gewicht zu legen. Bedeutsam ist einzig, daß Makarius der Unschuld zu ihrem Recht verholfen hat. Dies allein war ihm wichtig. Die Verfolgung der Schuldigen betrachtete er nicht als seine Aufgabe, sie ist Sache des Staates, der Justiz und keineswegs der Christen. Auch hierin hat Makarius die richtige Perspektive gesehen. Oft wurde seine milde Sanftmut erwähnt, denn er hat niemanden gerichtet. Als ihn ein Schüler um ein wegweisendes Wort bat, antwortete Makarius: «Tue niemandem Unrecht und verurteile niemanden! Das beobachte, und du wirst leben.»[22] Welch schlichter Ratschlag, und wie schwer ist er zu erfüllen. Der Eremit hat mit seiner Liebe die Menge der Sünden zugedeckt. «Er sieht sie, als sähe er nicht, er hört sie, als höre er nicht», wurde von ihm gesagt. «Eines Tages, als er in seine Höhle zurückkehrte, ertappte er Diebe dabei, wie sie seine Zelle plünderten und ihre Kamele beluden. Er beeilte sich, ihnen zu helfen, ja, läuft ihnen sogar noch nach, um ihnen ein Paar Sandalen nachzutragen, die sie hatten liegen lassen.»[23] Von wem kann man Ähnliches berichten?

Zahlreiche Menschen haben Makarius aufgesucht, und für jeden hatte er ein passendes Wort. Aus alten Berichten über ihn geht hervor, daß er von seiner Zelle aus einen unterirdischen Gang gegraben hatte, der in eine Höhle mündete. Dorthin floh er, wenn der Andrang der Besucher zu groß wurde und ihm die Einsamkeit zu rauben drohte. Doch ist nicht diese Einrichtung bedeutsam, so wenig wie sein Charisma der Heilungen oder der Geist der Weissagungen. In hellem Glanz leuchtet seine Seelsorgertätigkeit, da er aus eigener Erfahrung Verständnis hatte für die Verfehlungen der Menschen. Weil Makarius seine eigene Vergangenheit bewältigt hatte, war er auch imstande, anderen

Menschen hierin behilflich zu sein. Sein Büßertum hatte Früchte getragen und war keine egozentrische Haltung.

Sechzig Jahre lebte Makarius ein Leben der Entsagung und der Heiligung. Eine Krankheit trat nun an ihn heran und führte den Greis seinem Ende entgegen. Die näheren Umstände seines Todes sind nur dürftig überliefert. Sein hohes Alter beweist, daß das büßende Leben die Gesundheit des Menschen nicht untergräbt. Makarius hat das ganze vierte nachchristliche Jahrhundert miterlebt und gehört daher zu den Zeugen, die nicht einfach dem Zug der Zeit folgten, sondern den urtümlichen Kräften zum Sieg verhelfen wollten. Er hat für die Sünden seines Jahrhunderts Abbitte getan. Das war seine ungewöhnliche Leistung.

Makarius hinterließ ein Werk, die «Fünfzig Homilien». Lange Zeit wurden sie als Dokument von ihm gelesen, und bis in die neueste Zeit gibt es Forscher, die von der Echtheit dieses Werkes überzeugt sind. Nun wird auch dieses Schrifttum vom Zweifel untergraben, und heute pflegt die gelehrte Welt von den Pseudo-Homilien zu reden. Steht Makarius so plastisch vor den modernen Historikern, daß sie mit wissenschaftlicher Bestimmtheit sagen könnten: Dies hat der Wüstenvater gesagt, und dies kann er nicht gesagt haben? Auch bei dem Echtheitsproblem von Makarius' Homilien ist es angebracht, an das witzige Wort von Bernhard Shaw zu erinnern, der sagte, die Werke von Shakespeare seien nicht von Shakespeare geschrieben worden, sondern von einem Mann, der Shakespeare hieß! Die Äußerung des irischen Schriftstellers ironisiert die törichte Sucht der modernen Hyperkritik, die in ihrer Blindheit zu ganz unfruchtbaren Ergebnissen gelangt. Mit der unerfreulichen Streitfrage über Echtheit oder Unechtheit hat man auch das Interesse an Makarius untergraben. Bis dahin beschäftigte man sich mit ihm, dann stellte man ihn in die Ecke, wie es Dionysios Areopagita widerfahren ist. Ein Ergebnis jedoch ist nur wertvoll, wenn es eine Gestalt lebendig macht, und nicht, wenn es sie seelisch auslöscht. Ob die Homilien von Makarius selbst niedergeschrieben oder aus seiner Schule hervorgegangen sind, ist nicht die entscheidende Frage. Bedeutsam allein ist, daß sie den Geist des eremitischen Büßertums enthalten. In diesem Dokument ist die Spiritualität des Mönchsvaters festgehalten, und als solches ist es ein zeitloses Vermächtnis.

Der Höhenflug des ehemaligen Hirten ist nicht verwunderlich, denn dieser ist nicht auf der Stufe des Fellachen stehengeblieben. Neben der Studienausbildung gibt es einen oft viel bedeutsameren inneren Aufstieg, und der hat bei Makarius stattgefunden. Er gehörte zu den Visionären, und das Gebet erhebt den Menschen ebenfalls auf eine andere Ebene. Man pflegt nicht in der Wüste eine beständige Zwiesprache mit Gott und bleibt in religiöser Beziehung eine primitive Seele. An sich sind Makarius' Ausführungen in einfachem Rahmen gehalten, er denkt in Bildern, blitzartige Erleuchtungen wurden ihm zuteil, und es finden sich bei ihm ungewöhnliche Formulierungen. Er selbst erwähnt in den Homilien Stufen: «Wir sagen: es gibt viele Stufen und Unterschiede und Grade in demselben Reich und in derselben Hölle.» Nach Makarius sind alle im Irrtum, die da behaupten, «es gibt nur ein Reich und eine Hölle und es gibt keine Abstufungen»[24].

Eine straffe Gliederung innerhalb der Homilien läßt sich nicht feststellen, auch fehlt eine innere Ordnung, was für Predigten spricht. Die verschiedenartigsten Gedanken sind aneinandergereiht, deshalb spürt man, daß nicht ein Mann der Literatur die Homilien geschrieben hat. Wiederholungen deuten auf wirklich gehaltene und nicht fingierte Predigten hin, auf Reden, die von der stoischen Naturphilosophie beeinflußt sind. Stoische Gedanken lagen damals in der Luft. Warum sollte sie Makarius nicht ohne weiteres übernommen haben? Sie waren für seine Zwecke gut geeignet, daher legte er sie seiner christlichen Verkündigung zugrunde.

Makarius lebte in der Schrift. Vor seinen Augen stand Jesus Christus, und er wußte, daß der Mensch der Hilfe des Herrn bedarf. «So kannst du ohne Jesus nicht erlöst werden», schreibt Makarius[25]. Der Christ ist ganz und gar an das Kreuz Christi geheftet. Er weiß, daß der Leib der Seele nahe ist, «aber noch viel näher ist ihr der Herr. Er kommt und öffnet die verschlossenen Herzenstüren und schenkt uns den himmlischen Reichtum.»[26] Makarius vermochte das büßerische Leben in der Wüste nur mit Christi Hilfe zu ertragen, stand er doch in lebendiger Beziehung zu ihm. «Überall ist er: Unter der Erde, über dem Himmel, oder in uns, kurz, er ist überall.»[27] Für ihn war Christus der Arzt des inneren Menschen.

Christus stand im Mittelpunkt von Makarius' Gedankenwelt, und entsprechend kreisen seine Ausführungen vorwiegend um die Haltung des Christen. Vom Christsein denkt er überaus ernst. «Die Christen sind von einer Welt», und nach ihm müssen sie «die richtige Mischung haben von Milde und Strenge, von Weisheit und Unterscheidung»[28]. Für Makarius war das Christsein ein Kosten der Wahrheit, ein Essen und Trinken aus der Wahrheit. «Der Gläubige muß Gott um Sinnesänderung mittels Herzenswandlung bitten. Dieses soll sich aus Bitterkeit in Süßigkeit verwandeln.»[29]

Die christliche Lebensführung ließ ihn die Würde des Menschen stark hervorheben. Der Einsiedler sprach eindrücklich von der hohen Würde, mit der der Christ alle Geschöpfe überragt: «Bedenkst du das nicht, erkennst du nicht deinen Adel?»[30] fragt Makarius den Leser. Mehrfach ermahnte er den Menschen, auf seine Würde und seinen Adel zu blicken. Er konnte sogar sagen, «vergöttlicht wird der Mensch»[31]. Die Würde des Menschen ist darin begründet, daß er ein Bruder Christi und eine Braut des himmlischen Bräutigams ist. Freilich ist mit der Würde die Demut verbunden, sie ist für ihn das Kennzeichen des Christentums. «Der Demütige fällt nie. Von welcher Höhe könnte er auch fallen, da er unterhalb aller ist.»[32] Das Geheimnis des Christentums ist der Welt fremd, aber Makarius ist in dieses eingedrungen. Ihm ging es darum, demütig zu sein und sich für nichts zu halten.

Makarius erwähnte fortwährend des Christen Seele. Sie ist ein «herrliches, hohes und wundersames Geschöpf, ein schönes Gleichnis und Bild Gottes»[33]. Die unsterbliche Seele beschäftigt ihn Tag und Nacht. Nach ihm ist sie ein intelligentes und reichbegabtes, ein hohes und wunderbares Geschöpf Gottes. Die Seele hat das Licht Gottes in sich, meistens aber ist das menschliche Herz ein Grab. Doch fügt Makarius sofort hinzu: «Gott zerbricht die schweren Steine, die auf der Seele liegen, öffnet die Totengrüfte, weckt den wahrhaft Toten auf und entläßt aus dem finsteren Kerker die eingeschlossene Seele.»[34] Wenn der Mensch von Adam hört, sollte er seine Gedanken nicht abschweifen lassen, sondern erkennen, daß er in seinem Inneren dieselben Wunden hat. Die Seele steht zwischen zwei Wesen in der Mitte, sie ist ein kleines Gefäß, und doch sind Drachen und giftige Tiere darin, rauhe und unebene Wege gibt es in ihr, ja Schluchten; aber auch Gott ist darin und die Engel. Die Seele ist beständig vom Bösen bedroht. Man wird des Bösen nicht Meister, wenn man nur einige Enthaltsamkeiten übt, weil sich die Bosheit im Geiste befindet: «Die Enthaltung vom Bösen ist noch nicht die Vollkommenheit. Du mußt vielmehr in deinen befleckten Geist eindringen und die Schlange töten, die im Innern deines Geistes und in den Tiefen deiner Gedanken in den sogenannten Kammern und Gemächern deiner Seele lauert, um dich zu morden. Denn ein Abgrund ist das Herz.»[35] Das ist die eine Seite, und die andere bedeutete für Makarius, in seine eigene Seele hineinzuschauen und dort Gott, die Engel und das Himmelreich zu finden.

Diese Wahrnehmung führte Makarius dazu, vom inneren Kampf, einem seiner Hauptanliegen, zu reden. Immer wieder betont er, man müsse auch mit den Gedanken Kampf und Krieg führen. Unablässig fordert er die Leser seiner Homilien auf, den Kampf aufzunehmen und gegen die verborgenen Gedanken zu Felde zu ziehen. «Der ganze Kampf des Menschen muß sich in den Gedanken abspielen.»[36] Es gibt keine Buße ohne Kampf, und im inneren Kampf besteht die Buße. Das Ziel wird nur nach jahrelangen geduldigen Kämpfen erreicht. Das Heil erlangen ist keine leichte und schon gar nicht eine selbstverständliche Sache. Makarius gehört zu den Christen, die um den unsichtbaren Kampf gewußt und sich ihm gestellt haben. Nicht kämpfen um des Kampfes willen, sondern darum, die «Vereinigung mit dem Herrn zu einem Geiste» zu erlangen. «Zu dieser Stufe kann die Seele nicht auf einmal und ohne Bewahrung gelangen. Nein, erst durch viele Mühen und Kämpfe, erst nach langer Zeit und durch eifriges Streben, unter mannigfachen Prüfungen und Versuchungen erlangt sie das geistige Wachstum und schreitet fort bis zum Vollendungsziele der Leidenschaftslosigkeit.»[37] Der Christ darf im innern Krieg und Kampf nicht nachgeben, und Makarius wird nicht müde zu betonen: «Der Seele steht indessen ein gewaltiger Kampf bevor.»[38]

Der innere Kampf nimmt bei Makarius einen zentralen Platz ein, deshalb findet sich bei ihm die hohe Wertschätzung der Askese. Ein Anachoretendasein ohne Askese ist nicht denkbar. Die Entsagung gehört dazu, das asketische Leben ist ein Leben in der Wahrheit, und die asketische Tat des Verstandes ist der Glaube. Den Besitz seiner Seele kann nur der Christ erlangen, der sich von den Dingen dieser Welt losmacht. «Allem muß er entsagen, alle materiellen, irdischen Hindernisse entfernen, sich von fleischlicher Liebe und von der Anhänglichkeit an Eltern oder Verwandte losmachen.»[39] Ohne den rauhen, engen und schmalen Weg ist es nicht möglich, in die Stadt der Heiligen einzugehen. Makarius war sich durchaus klar, daß die Askese nicht eine äußerliche Angelegenheit ist, sondern daß die innere Abtötung dazu gehört. Seine Askese war ohne Ausschweifung, er hielt in ihr Maß, war aber der Meinung: Reinigung ist Heiligung. «Zuweilen setzen sich selbst Heilige des Herrn ins Theater und schauen den Trug der Welt an. Allein, ihr innerer Mensch redet mit Gott, während ihr äußerer Mensch mit seinen Augen die Vorgänge in der Welt zu verfolgen scheint.»[40] Die Loslösung vom Irdischen dient einzig und allein dem Aufstieg zum Göttlichen. Zur Askese rechnete Makarius auch die Verfolgung, denn die Wahrheit muß verfolgt werden. Das Ziel der Askese ist die Leidenschaftslosigkeit. Sie bedeutete Makarius die Vollendungsstufe. Davon zu reden steht nach ihm wenigen an. In der Leidenschaftslosigkeit besteht die wahre Ruhe der Seele. «Darum müssen die Christen in jeder Hinsicht kämpfen, dürfen durchaus nicht über jemand richten, nicht über eine öffentliche Dirne, nicht über zügellose Menschen, vielmehr müssen sie mit arglosem Sinn und reinem Blick alle anschauen. Das soll ja einem gleichsam zur zweiten Natur werden, niemand zu verachten, zu richten, zu verabscheuen oder zu kritisieren.»[41] Der asketische Mönch warnt auch den Christen vor aller Geltungssucht, die dem Menschen unweigerlich zum Fallstrick wird und dessen seelische Ausgeglichenheit stört. «Liebst du Menschenruhm, willst du angebetet sein, suchst du Erquickung, dann bist du vom Wege abgekommen. Denn du mußt mitgekreuzigt werden mit dem Gekreuzigten.»[42]

Dem Wesen nach vertrat Makarius eine mystische Frömmigkeit[42]. Der mit sich kämpfende Mensch gelangt zur Vereinigung mit Gott. Daraus geht hervor, daß die Askese bei Makarius nicht Selbstzweck war, sondern einer höheren Bestimmung diente. Sein Büßertum war keine unfruchtbare Selbstzerfleischung, es erstrebte die Wiedervereinigung mit Gott. Darauf legte er das Hauptgewicht. Die Seele muß wieder zu ihrem Schöpfer gelangen, nicht erst in der Ewigkeit, sondern schon hier. Nur so hat der Mensch sein Dasein bewältigt. Makarius war Mystiker, und nach Johannes und Paulus gehört er zu den ältesten Mystikern der Christenheit. Bei ihm mündet Buße in Mystik aus; er ist an einer praktischen und nicht an einer spekulativen Mystik interessiert. Das Umdenken des Makarius ist eine mystische Erhebung zu Gott, und darin hat er das unerschaffene Licht gesehen.

Makarius war ein großer Nachhall beschieden. Nicht nur unmittelbar in Ägypten, wo er von seinen Zeitgenossen als «der Große» angestaunt worden ist und wo er viele Menschen dazu bewogen hat, sich von der verflachenden Zeitströmung nicht fortreißen zu lassen, sondern Buße zu üben für sich und für die andern. Die Nachwirkung reichte bis zur beginnenden Neuzeit und darüber hinaus bis in die evangelische Christenheit hinein, wo sie zu einer «protestantischen Thebais» führte[44]. Johann Arndt, der Verfasser des «Wahren Christentums», lernte ganze Homilien des Makarius auswendig. Gottfried Arnold fühlte sich dem erleuchteten Eremiten besonders verpflichtet, er hat sich ihm anvertraut und ihm einen Ehrenplatz unter der «Wolke der Zeugen» angewiesen. Der Verfasser der «Unparteiischen Kirchen- und Ketzer-Historie» und des «Geheimnisses der göttlichen Sophia» ließ es nicht bei bloßen Beteuerungen seiner Liebe zu Makarius bewenden, er übersetzte die «Homilien» ins Deutsche. Nach Gottfried Arnold wird der Leser von Makarius' Homilien «von allem unnützen Geschwätz dieser Welt abgezogen und nach dem Himmel gelenkt und wofern es ihm ein echter Ernst ist um sein Wohlsein, wird er nächst der Heiligen Schrift leichtlich keine herrlichere Anweisung durch die Kraft des Heiligen Geistes dazu finden»[45]. Makarius verstand es, den Einfältigen die tiefsten Geheimnisse verständlich zu machen; darum bedauerte es Arnold, daß das teure Kleinod so wenig bekannt ist. Es ist nicht angebracht, hierüber viele Worte zu machen, schließen wir mit dem Satz, den Arnold seiner Homilien-Übersetzung als Nachwort beigegeben hat: «Lieber Leser, halte allhier ein wenig inne und gehe stracks in dein Herz, nachdem du dich in diesen Zeugnissen umgeschaut hast. Sei stille und merke, was sich in deinem Inwendigen rege.»[46]

ICH HABE DICH
ZUR FLAMME GEMACHT:
MARGARETA VON CORTONA

Es beginnt wie ein Roman, doch das Leben schreibt elementarere Romane als die heutigen Literaten. Bei Margareta von Cortona fängt es sittsam an, dann aber nimmt ihre Geschichte bald schon alles überflutende Formen an. Ihr erster Biograph, Giunta Bevagnati, getraute sich nicht, die Jugend von Margareta auch nur flüchtig zu skizzieren. Für seine erbaulichen Zwecke war der Stoff ungeeignet. Die Hagiographen des neunzehnten Jahrhunderts beschrieben das Leben der jungen Margareta von Cortona aus der Sicht einer Institutsvorsteherin; dem Leser kommt es vor, als werde ihm ein kalt gewordener Hirsebrei eingelöffelt. In Wirklichkeit wies ihr Leben eine äußere und eine innere Dramatik von großer Spannung auf, die selbst einen lethargischen Menschen nicht gleichgültig läßt. Sie lebte in einer Zeit, da Cölestin V. auf die Tiara verzichtete und Thomas von Aquino lehrte, Dante die «Göttliche Komödie» dichtete und Giotto seine Fresken malte, die Geißlerzüge Italien durchzogen und die Kämpfe zwischen Welfen und Ghibellinen das Land zerrissen. In diesem bewegten Jahrhundert brachen starke Gegensätze in den Menschen auf, und Margareta von Cortona war ein anschauliches Beispiel dafür.

Niemand hätte dem kleinen Kindchen eine bestürzende Zukunft vorausgesagt. In der Landschaft Umbrien, unweit des Trasimenischen Sees, wurde Margareta in dem Dorf Laviano geboren. Sie war die Tochter armer, arbeitsamer Bauersleute. Die Mutter lehrte sie beten – «O Herr Jesus, ich bitte dich, gib allen denen, für die du willst, daß ich beten soll, die ewige Seligkeit» –, sie lehrte sie noch vieles andere, aber Margareta verlor ihre Mutter im Kindesalter. Der als Pächter arbeitende Vater verheiratete sich wieder; doch das Kind fand sich mit der neuen Situation nicht zurecht: Margareta schloß sich der neuen Mutter nicht an. Die junge Gattin verstand den seelischen Widerstand des Mädchens nicht und reagierte mit Gleichgültigkeit und Eifersucht. Es entstand eine schwierige Lage, der die primitiven Menschen nicht gewachsen waren. Die junge Margareta war sich mehr oder weniger selbst überlassen. Schließlich verblaßten in dem eigensinnigen und unruhigen Kinde auch die religiösen Eindrücke, die ihr die verstorbene Mutter vermittelt hatte.

Das junge Mädchen wuchs nach der ältesten Vita zu einer außergewöhnlichen Schönheit heran. Wahrscheinlich trug ihre besondere Anmut zur Abneigung ihrer zweiten Mutter bei, denn Schönheit weckt Neid und Mißgunst. Zwar ist Schönheit ein Abglanz des Göttlichen, vor dem der Mensch staunend steht; sie schlägt ihn in Bann. An einem schönen Antlitz kann man sich nicht satt sehen. Seit eh und je hat die Schönheit, die natürlich erblühte Schönheit, die Menschen beschäftigt und sie in ein Traumland entführt. Hamlet, von der aus den Fugen geratenen Welt aufgewühlt, führte ein ironisches Gespräch über die Schönheit mit Ophelia. Der Prinz billigt der süßen Ophelia ihre Schönheit zu. Als sie verwirrt fragt, was er damit meine, sagt er: «Daß, wenn Ihr tugendhaft und schön seid, Eure Tugend keinen Verkehr mit Eurer Schönheit pflegen muß.» Die arglose Ophelia erwidert mit der Gegenfrage: «Könnte Schönheit wohl besseren Umgang haben als mit der Tugend?» Darauf gibt Hamlet die Antwort: «Ja freilich; denn die Macht der Schönheit wird eher die Tugend in eine Kupplerin verwandeln, als die Kraft der Tugend die Schönheit sich ähnlich machen kann.»[1] Die Aussage Hamlets ist nach seinen eigenen Worten paradox, aber bedeutsam, ebenso wie sein Rat an die an ihrer Liebesverwundung zugrunde gehende Ophelia: «Geh in ein Kloster!» Die Schönheit scheint Rätsel, Macht und Leid in sich zu schließen; sie berückt den Menschen derart, daß er den verschlungenen Zusammenhang nicht einsieht und sich sein klares Denken verwirrt. Es bleibt eine Frage, ob Schönheit ein Gottesgeschenk oder eine Falle ist.

Margareta war schön, ungewöhnlich schön. Ihre blendende Schönheit ist gut bezeugt. Sogar ein Franziskaner schreckte vor ihrem Anblick zurück, er wagte nicht, ihre Seelenleitung zu übernehmen, und antwortete ablehnend: «Du bist zu schön.» Die Schönheit wurde Margareta zum Fallstrick, denn sie lieferte sie der Zerstreuung und der Eitelkeit aus. Soll man den ersten Teil ihres Lebens mit den Worten überschreiben: Warnung an allzu leidenschaftliche Mädchen? Mahnungen auf diesem Gebiet haben allezeit wenig genützt, sie werden vom Winde des Lebens verweht. Die junge Margareta wurde von der großen Welle erfaßt, sie ließ sich von ihr beinahe willenlos hochtragen. Nur eine glühende Seele kann eine derartige Bereitschaft für den Durst nach Liebe aufbringen, daß sie ihr alles opfert: Kindespflicht und Mädchenehre. Abenteuer der modernen Zeit vermögen kaum von einer stärkeren Leidenschaft durchtost sein, als sie Margareta empfand; ein leidenschaftlicher Gefühlssturm hat sie fortgewirbelt und machte sie vollends blind. Die Leidenschaft verleitet zu einem unerklärlichen Verhalten, das allem rationalen Verstehen spottet. Es wohnt ihr ein gefährliches Element inne, aber auch eine prachtvolle Glut. «Ist die Vernunft allein getauft? Sind die Leidenschaften Heiden?» fragte Young. Ein leidenschaftsloser Mensch gleicht einer lauwarmen Suppe ohne Salz, während ein leidenschaftliches Herz zündet. Leidenschaft ist eine ungemein starke Kraft, es fragt sich nur, wofür ein Mensch sie empfindet. Der Herr von Montepulciano lernte die siebzehnjährige Margareta kennen. In diesem Alter sind die südländischen Mädchen am schönsten; der junge Edelmann vermochte der berückenden Schönheit nicht zu widerstehen und verführte Margareta. Es bedurfte wenig betörender Worte, denn Margareta war ein nach Liebe dürstendes Mädchen, das ein Bedürfnis hatte, grenzenlos geliebt zu werden. Über die Einzelheiten der Verführung erzählen die alten Berichte nichts Näheres. Es wird so zugegangen sein, wie es auf der ganzen Welt zugeht: der adelige Herr lockte Margareta auf seine Burg, und damit war sie ihm verfallen. «Komm auf mein Schloß mit mir, es ist gar nicht weit von hier», sprechen die Don Juans aller Jahrhunderte zu den Mädchen mit den feurigen Augen, die ihr Herz schlagen hören und zitternd schwanken, ob sie es wagen sollen oder nicht. Margareta folgte ohne Zögern ihrem Verführer, war sie doch des unerfreulichen Zusammenlebens mit der Stiefmutter längstens überdrüssig. Der Roman ihres Herzens leuchtet in wenigen Bildern auf. Keineswegs trat sie in die Welt der Nichtigkeiten ein, die notwendig mit Enttäuschung endigen mußte. Gewiß liegt im Glück auch Schwermut verborgen, aber stets ist es ein Erdbeben, wenn die Liebe in das Dasein eines Menschen eintritt. Es zeugt von geringem Verständnis für junge Mädchen, wollte man sich über die Liebesphase in Margaretas Leben moralisch entrüsten. Lieben und Geliebtwerden heißt den Frühling des Daseins erfahren – der Mensch erlebt eine Verzauberung und sieht die Welt mit anderen Augen an. Margareta hatte sich noch in keinen schalen Liebeständeleien verausgabt, und wie jede Liebende glaubte auch sie, so habe noch niemand auf der Welt geliebt. Der Eros ist eine Erinnerung an das Paradies und eine Steigerung der Schöpfungswonne. Vom Pfeil der Liebe getroffen, erfuhr Margareta die Wonnen der Sinnlichkeit, die Schönheit des Leibes und die Freuden der wilden Umarmungen. Es war nicht nur ein kurzer, verwirrender Rausch der Sinne; die Geschichte ihrer großen Liebe dauerte volle neun Jahre.

Ein Tropfen Wermut fiel auch in den Becher ihrer Liebe. Äußerlich war alles wohl geordnet. Margareta ging in kostbaren Gewändern gekleidet einher, die Haare waren mit Goldfäden durchflochten, in der Öffentlichkeit zeigte sie sich zu Pferde, stolz den Reichtum des Geliebten zur Schau tragend, so daß die Edelfrauen sich von dem Prunk übertroffen sahen. Aber die hoffärtige Pracht konnte nicht darüber hinwegtäuschen, daß Margareta nur die Geliebte und nicht die Gattin des Mannes war. Mochte er sie als Gemahlin ansprechen, in den Augen der Welt war sie bloß seine Mätresse. Warum vollzog er die Heirat nicht? War es der Standesunterschied zwischen dem adeligen Geschlecht und dem bäuerlichen Mädchen, das der legitimen Verbindung im Wege stand? Hatte er ihr die Vermählung versprochen und sein Wort nicht gehalten? Wir wissen es nicht. Das

Ungeordnete ihrer Beziehung verletzte ihr Selbstgefühl, es wirkte sich gleich einem geheimen Stachel in ihrem Gewissen aus: Margareta war eine mittelalterliche Christin, die an Gott, an die Gebote und an die Kirche glaubte. Sie aber lebte im Zustand schwerer Sünde und nicht in einer sakramentalen Ehe. Gelegentlich mag sie ihre Lage als eine Beleidigung Gottes empfunden haben. Manche Menschen haben sich angewöhnt, zweierlei Gewissen zu besitzen; doch verspüren auch diese in ihrem Innersten einen Vorwurf. Margareta litt unter der Verworrenheit ihres Verhältnisses, aber das Leben in Wollust, Eitelkeit und Stolz bedeutete ihr gar viel, so daß sie es nicht lassen konnte. Verschlungen sind alle Wege der Liebe. Ist es tatsächlich wahr, daß «die Frau, die so geliebt sein möchte, wie sie selbst liebt, gegen den Plan Gottes verstößt»?[2] Margareta unterdrückte alle aufkeimenden Bedenken und teilte nach wie vor das Lager mit ihrem Geliebten. Sie gebar ihm ein Söhnchen, das das Band der Liebe noch enger knüpfte. Wenn eine Frau die Liebe je in ihrer Schrankenlosigkeit erlebte, so war es Margareta: sie schenkte sich mit einer außergewöhnlichen Hingabefähigkeit.

Auf dem Gipfel des Glücks erfolgte jedoch der jähe Absturz. Er kam so unvermittelt und unerwartet, daß er Margareta völlig unvorbereitet traf. Nicht daß der Geliebte ihrer überdrüssig geworden wäre, dazu war sie zu schön. Doch eines Tages ging der Herr von Montepulciano seinem Jagdvergnügen nach und kehrte am Abend nicht auf die Burg zurück. Margareta harrte umsonst auf seine Rückkehr. Düstere Ahnungen stiegen in ihr auf, und schauerliche Vorstellungen ängstigten ihre Phantasie. Nach einigen Tagen bangen Wartens kehrte der Hund allein zurück, winselte kläglich und zerrte Margareta an ihrem Kleid. Margareta machte sich in Begleitung des Tieres auf die Suche. Der Hund führte sie in den nahen Wald und fing bei einem Reisighaufen zu bellen an. Zu ihrem maßlosen Entsetzen fand sie unter den Zweigen den Leib des ermordeten Geliebten. Eine Welt schien ihr einzustürzen, es wurde ihr schwarz vor den Augen, und sie fühlte den Boden unter den Füßen weichen. Der Burgherr war von Räubern überfallen und getötet worden, dahingerafft inmitten «der Sünden Blüte». Der Geliebte war ihr für immer entrissen. Alles war unwiderruflich zu Ende, übrig blieb nichts. Der Sturz in die Tiefe hätte nicht grausamer sein können. Zur ganzen Dramatik gesellte sich Margaretas Sorge um die ewige Seligkeit des Geliebten.

Nach der alten Lebensbeschreibung war «die Hand des Herrn» über sie gekommen. Margareta empfand den plötzlichen Tod ihres Buhlen durchaus als ein Gericht. Der Edelmann war nicht mit ihr in den ehrwürdigen Stand der Ehe getreten. Sie hatten miteinander nur wilde Lust genossen, in sinnlichem Verlangen sich gegenseitig erhitzt, und dafür fühlte sie sich von Gott durch das schreckhafte Ende des Geliebten bestraft. Diese innere Anklage machte ihre Trauer noch trauriger. Aus dem Abgrund ihres seelischen Elends schoß die Reue wie ein heißer Strahl empor und begrub alle Illusionen unter sich. Zum Schmerz über den Scherbenhaufen ihres Glücks kam noch die Angst vor dem ewigen Richter. Margareta war bis in die Grundfeste erschüttert, weil Gott die Wonne ihres Daseins zertrümmert hatte. Sie fühlte sich von der Hand des Allmächtigen dermaßen zerschmettert, daß die Siebenundzwanzigjährige laut aufschrie: «Alles geht über mich her, und nichts bleibt mir erspart!»

Unter dem Donnerschlag des Himmels zuckte Margareta zusammen und saß zunächst verloren auf der Burg, die für sie zur Marterkammer geworden war. Sie versuchte, den schmerzhaften Zusammenbruch zu verarbeiten, aber ihre Unerfahrenheit in seelischen Dingen ließ sie zu keinem Resultat gelangen. Ihr Bleiben im Hause war unmöglich geworden. Sie hatte auch keine Rechte geltend zu machen, da sie nicht die legitime Erbin war. Margareta legte ihr Geschmeide ab, zog schwarze Kleider an, nahm das Söhnchen an die Hand und wanderte, zerschlagen an Leib und Seele, von der Burg fort.

Grenzenlos verzweifelt lenkte sie die Schritte dem Elternhaus zu. Sie hatte es einst heimlich verlassen, als der Verführer mit ihr die verlockende Verabredung traf. Margareta erwartete kein glückliches Wiedersehen, aber in ihrer Trauer hoffte sie wenigstens auf einen stillen Zufluchtsort. Wo anders sollte sie ihn finden als in ihrem elterlichen Heim? Sie war bereit, eine Strafpredigt über sich ergehen zu lassen, und wollte um Verzeihung bitten. Aber es wartete ihrer eine Bitternis ohnegleichen. Der Vater wäre noch willens gewesen, die verlorene Tochter wieder aufzunehmen, doch die Stiefmutter kannte keine Barmherzigkeit. Nach ihrem Dafürhalten hatte Margareta durch ihr ausschweifendes Leben auf der Burg Schande über die Familie gebracht, weshalb sie sie nicht unter dem gleichen Dach duldete. Zwischen Mann und Frau kam es darüber zu einem Streit, und schließlich siegte die harte Unnachgiebigkeit der zweiten Mutter über die väterliche Bereitschaft. Die Unglückliche harrte vor verschlossener Tür, war eine Verstoßene und wußte, daß Elternhaus und Burg für sie nicht mehr existierten.

Margareta setzte sich unter den vor dem Hause stehenden Feigenbaum. Das ganze Elend lastete zentnerschwer auf der Verworfenen. Man weiß im einzelnen nicht, was Margareta in ihrer grenzenlosen Verlassenheit alles gedacht hat. Bestimmt kam sie sich als das unglücklichste Wesen der Welt vor. Trotzdem war das Sitzen unter dem Feigenbaum von schicksalhafter Bedeutung, denn während dieses seelischen Zusammenbruchs fiel die endgültige Entscheidung über ihr Leben. Auf der Burg hatte sie dumpf über das ihr widerfahrene Unglück gebrütet. Es war ein nutzloses Vor-sich-Hinstarren gewesen. Unter dem Feigenbaum zerriß der Schleier der Täuschung endgültig. Bei diesem Nachdenken kam ihr überdeutlich zum Bewußtsein, daß sie trotz des physischen Erschöpfungszustands und des sich quälenden Herzens ihre Vergangenheit bewältigen müsse. Sie durfte nicht länger hadern und in ohnmächtiger Zerknirschung verbleiben. Den Gedanken, erneut von der Schönheit ihres jugendlichen Antlitzes Gebrauch zu machen, verwarf sie sogleich. Allzu deutlich hatte der Ewige in ihr Leben hineingesprochen, deshalb mußte sie ein für allemal mit der Vergangenheit brechen. Der Heimatlosen wurde klar, einen endgültigen Entschluß zu fassen, und es stand für sie außer Frage, ihn durchzuführen. Ratlos war sie unter dem Feigenbaum zu Boden gesunken, innerlich gewappnet erhob sie sich. Es gibt im Dasein des Menschen seltene

Stunden, in denen ihn die Klarheit wie ein Blitz durchzuckt: Du mußt den entgegengesetzten Weg gehen, oder du verfehlst dein Ziel für immer!

Margareta machte sich auf den Weg zu den Minderbrüdern, von denen sie eine Wegleitung aus ihrer scheinbar ausweglosen Situation erhoffte. Sie klopfte an die Klostertür, der Pförtner erschien – und war betroffen vom Anblick. Ein Weib stand vor ihm, wie er noch nie eines gesehen hatte. Die schwarze Gewandung umrahmte die Blässe von Margaretas Antlitz und erhöhte ihre Schönheit. Der Mönch empfand die Frau wie eine leibhaftige Versuchung. Jedenfalls fürchtete er sich, mit ihr auch nur kurz zu sprechen. Selbst als sie die Worte flüsterte, sie begehre ein Leben der Buße zu führen, erfüllte ihn die Angst. «Zu jung und zu schön», erwiderte er kopfschüttelnd, schloß schnell die Pforte und ließ Margareta vor der Türe stehen. Die Schönheit hatte ihr einst den Weg zum Manne geebnet – für ein Büßerleben dagegen erwies sie sich als Hemmnis. Das Verhalten des Pförtners entsprach nicht dem Geiste des Franziskus, der als Büßer von Assisi vor der jungen, erblühten Klara nicht erschrocken zurückgewichen war. Nicht alle Franziskaner sind auch vom Geist des Franziskus erfüllt. Margareta war selbst im Trauergewand von ergreifender Schönheit, der gegenüber der Minderbruder sich zu wenig gefestigt fühlte. Er spürte nicht einmal das Verwandtschaftliche zwischen dem jungen, nach Buße sich sehnenden Weibe und dem Frühling der franziskanischen Bewegung, die sich ebenfalls der Pönitenz verschrieben hatte.

Traurig machte sich Margareta wieder auf den Weg, das Knäblein an der Hand. Es ist eine bittere Erfahrung, wenn man einen neuen Weg beschreiten will und dabei nur auf argwöhnische Ablehnung stößt. Aber eine Büßerin muß auch eine Zurückweisung auf sich nehmen können. Wer nach dem ersten Anlauf aufgibt, ist nicht vom Willen erfüllt, alles durchzustehen. Schweren Gemüts und mit gesenktem Haupte wanderte Margareta Cortona zu, dem etruskischen Städtchen in der Toskana, das bis zum heutigen Tag seinen reizenden mittelalterlichen Charakter bewahrt hat. Ebenfalls aus Cortona stammte der ehrgeizige Bruder Elias, der Franziskus den Orden aus den Händen gewunden und in eine falsche Richtung gedrängt hatte. Margareta war es bestimmt, den Schaden des Elias gleichsam wiedergutzumachen und Cortona für immer mit ihrem Namen zu verbinden; sie ist als Margareta von Cortona in die Geschichte eingegangen. Doch davon hatte die bedrückte Frau an jenem verhüllten Tag nicht die geringste Ahnung. Schleppenden Ganges schritt sie durch die schmalen, steilen Gassen von Cortona. Zwei vornehme Damen, Frau Marinaria Moscari und deren Schwiegertochter Raneria, begegneten ihr. Die beiden Frauen bemerkten den zögernden Schritt des bekümmerten Weibes, standen still, sprachen es an und anerboten ihm ihre Hilfe. Margareta schilderte ihre Lage, worauf die Damen sie kurzerhand in ihr Haus nahmen und ihr ein Gemach zur Verfügung stellten, damit sie ihr Leben der Buße beginnen könne. Nun stand sie wenigstens nicht mehr auf der Straße und hatte für die erste Zeit ein Dach über ihrem Haupte.

Margareta begann ihr Büßerleben auf eigene Faust, da ihr jede Anleitung versagt blieb. Sie tat das, was ihr das unruhige Herz eingab, was allerdings nicht den üblichen Vorstellungen entsprach. Margaretas Bußexistenz ist nicht ohne weiteres zu begreifen, ihr außerordentliches Tun stellt einige Anforderungen an unser Verständnis. Es gibt ein Problem Margaretas; es war für sie eines, und es ist für uns eines. Ihre pönitierende Existenz darf nicht mit den heutigen Maßstäben gemessen werden.

Unter Buße verstand Margareta zunächst, nicht mehr sich selbst zu leben, sondern den Mitmenschen zu helfen. Sie sah in Cortona die Armen und Kranken, an denen die Menschen teilnahmslos vorübergingen. Früher war Margareta ebenfalls, hoch zu Pferd und stolz, an den Menschen vorbeigeritten, hatte hochmütig auf sie niedergeschaut und sich erhaben gefühlt. Zu oft sind wir bereit, gegenüber unseren Mitmenschen herzlos zu sein und ein Gehaben an den Tag zu legen, das jeden Wohlwollens entbehrt. Das ist eines der Grundübel der Menschen und ist viel sündhafter, als den Versuchungen des Fleisches zu erliegen. Margareta brachte die kalte Gleichgültigkeit gegenüber dem Nächsten nicht mehr auf. Sie sah in den Kranken mehr als nur Hilfsbedürftige; nach mittelalterlicher Vorstellung nahm sie in ihnen den verborgenen Christus wahr. Dies veranlaßte sie zu sagen: «Wenn ich könnte, so gäbe ich gerne mein Herz fort an die Armen.»[3] Es drängte die Büßerin, ein Hospital zu gründen. Sie ließ sich von diesem Gedanken nicht abhalten; alle Einwände, der Plan übersteige ihre Kräfte, wies sie von sich. Sie führte ihre Absicht durch und richtete ein einfaches Spital für die Armen ein, das erste Hospital dieser Art in Italien; sie nannte es Santa Maria della Misericordia. Man nannte Margaretas Helferinnen «die kleinen Armen»; sie selbst hatte den Armen in Armut gedient, indem sie viele Stunden des Tages im Hospital arbeitete. Es genügte ihr nicht, ein Wohltätigkeitswerk ins Leben zu rufen und dann ihre Aufgabe als erfüllt zu betrachten. Solche ideenreiche Gründergestalten gab und gibt es in der Christenheit viele, die im Eifer etwas anfangen und die Weiterführung dann andern Menschen überlassen. Für einen phantasiebegabten Menschen ist es nicht schwer, Anregungen zu geben – sie selbst zu verwirklichen, erfordert jedoch größere Kraft. Margareta begann selbst, arbeitete stets mit und hielt auch durch. Die Armen- und Krankenpflege gehört zu ihrem Büßerdasein. Ihr Christentum war von der Nächstenliebe, von der Anteilnahme am Schicksal der Armen und Kranken geprägt.

Diese Tätigkeit veranlaßte Margareta, als Tertiarin in den Franziskanerorden einzutreten. Nachdem man sie drei Jahre hatte warten lassen – aus Mißtrauen gegenüber ihrer Schönheit –, händigte man ihr die Bußtracht aus. Sie war Tertiarin in großem Stil, war es mit Leib und Seele und erfaßte mit ihrem weiblichen Instinkt den ursprünglichen Gedanken des Dritten Ordens. Der Poverello verstand unter Buße ein Leben der Umkehr, das sich von der Welt ab- und Gott zuwendet. In gleicher Weise begriff Margareta ihre Aufgabe, wollte bewußt eine Bußschwester sein; daher die so leidenschaftliche Tertiarin. Die Glut, mit der sie einst ihren Geliebten umfangen hatte, brachte sie in geläuterter Form der Armut entgegen. Margareta gehört neben Elisabeth von Thüringen zu den leuchtenden Tertiariergestalten. Sie gab sich dem Ideal mit ganzer Seele hin, mit einem solchen Eifer, um nicht zu sagen Übereifer, daß Franziskus vielleicht auch ihr das härene Hemd und den Bußgürtel weggenommen hätte, wie er es nach den «Fioretti» einmal gegenüber einigen Brüdern getan hatte. Der Tertiariergedanke ist heute verblaßt. Einst aber war er in der Christenheit von strahlender Kraft, weil er dem Umstand Rechnung trug, daß nicht alle Christen als Nonnen und Mönche in den Klöstern leben können. Es muß auch bewußte Christen in der Welt geben, Menschen, die in ihren Familien bleiben und alles Gewicht darauf legen, gerade im weltlichen Alltag dem Evangelium gemäß zu leben. Nicht verschämt und zurückhaltend, sondern offen und bekennend. Das Tertiariergewand war einst ein Ehrenkleid. Erst in der heutigen Verwirrung wollen manche Mönche keine Kutte mehr tragen und ziehen es vor, in roten Pullovern einherzugehen. Wie weit ist die Gegenwart doch von ihrem Ziel abgekommen! Margareta dagegen stand ihm noch ganz nahe, so nahe, daß sie sich mit dem Franziskus-Ideal identifizierte.

Niemals hat sie in ihrer karitativen Tätigkeit die Wohltäterin herausgestrichen. Den Anschein einer «guten Frau» wollte sie um alles in der Welt vermeiden. Sie fühlte sich als eine schändliche Sünderin, die sich in jungen Jahren der Sinnenfreude hingegeben hatte. Dieses Vergangenheitsbewußtsein klebte wie ein Aussatz an ihr. Um dafür Buße zu tun, demütigte sie sich selbst recht auffällig. Etwa, wenn sie nachts auf das Dach des Wohnhauses stieg und mit lauter Stimme in das Dunkel hinaus rief: «Sehet, welch große Sünderin hier steht!», bis die Einwohner ob dem Geschrei erschreckt aus dem Schlafe fuhren und nachsahen, was sich da ereigne. Es geschah auch, daß sie barfuß und mit einem Strick um den Hals wie ein zum Tode verurteilter Verbrecher in die Kirche trat, um die Strafe zu symbolisieren, die sie verdient hätte – eine in der heutigen Zeit undenkbare Handlung, die, nicht wörtlich, aber im Geiste vollzogen, nachahmenswert ist. Margaretas Demutshandlungen weisen einen exzentrischen Zug auf, gewiß. Unwillkürlich denkt man aber bei solchen auffälligen Symbolhandlungen an die Pathetik, mit der etwa Opernsängerinnen Gefühle in gesteigerter Singstimme in den Theaterraum hinausschmettern, denen jede Innerlichkeit fehlt. Die Gedankenverbindung ist nicht zufällig. Es wäre unrichtig, die Parallele zu unterdrücken, weil sich damit eine Empfindung des Unbehagens verbindet. Man muß die Einwände anführen, denn auch Margareta hat gesagt, was sie dachte. Es ist durchaus wahr: die Tertiarin von Cortona überschritt manchmal die Grenze der Schicklichkeit und sprengte den gewöhnlichen Rahmen, denn ihre entflammte Natur trieb sie dazu. Der Beichtvater hatte oft Mühe, ihre unberechenbaren Überwallungen einzudämmen. Man mag sich fragen, ob die aus dem bürgerlichen Benehmen herausfallenden Taten aus ihrem südländischen Naturell zu erklären sind, welches in seiner Gestikulation immer weiter geht als das der verhaltenen Nordländer. Entsprachen sie dem italienischen Temperament, das sich zudem im Mittelalter noch viel ungehemmter verausgabte als heutzutage? Margaretas Demutshandlungen sind durch ihren exaltierten Anflug nicht entwertet. Verschiedene religiöse Menschen haben solche Symboltaten ausgeführt, und selbst der Prophet Jeremia erschien mit einem Joch auf dem Nacken unter den Menschen. Ebenso verursachte das Benehmen der viel zuwenig beachteten christlichen Narren einigen Anstoß. Ging nicht auch Franziskus mit seiner Entkleidung bei der Gerichtsverhandlung vor dem Bischof zu weit? Margareta gehört zu ihnen, deren Taten die gewohnten Frömmigkeitsübungen in den Schatten stellten. Die «schreckliche Macht der Demut» verspürt in sich den Drang zur Erniedrigung und kann nicht tief genug hinabsteigen. Wer meint, nur so ein bißchen das Knie beugen zu müssen, verwechselt die Demut mit einer artigen Bescheidenheit. Margareta wollte in den Abgrund der Demut hinabsteigen, mit einem Mut, der vor nichts zurückschreckt. Auch die Menschen von damals empfanden das Außerordentliche von Margaretas Demutshandlungen und staunten maßlos darüber: «In den Häusern ringsumher wurden die Leute bis zu Tränen gerührt vor Bewunderung, Mitleid und Erbauung.»[4]

Margaretas Demutshandlungen wurden einzig noch durch ihr körperliches Büßertum übertroffen. Unerbittlich führte sie einen Kampf gegen den eigenen Körper. In früheren Jahren war er ihr Stolz gewesen; jetzt empfand sie ihn als ihren Feind. Sie haßte ihn geradezu, weil nach ihrem Dafürhalten er daran schuld gewesen war, daß sie sich so besinnungslos einem unwürdigen Leben hingegeben hatte. Deshalb wollte sie ihren Körper mit aller Gewalt niederringen. Früher pflegte sie sich, um bewundert und begehrt zu werden; jetzt bestrich sie ihr Gesicht mit Ruß, damit man ihren wundervollen Teint nicht mehr sehe. Sie unterwarf sich einem harten Fastenregime, um die vollen Formen zu verlieren und hager wie ein klapperndes Skelett zu werden. Sie aß keinen Käse, keine Eier, kein Fleisch mehr, ernährte sich von Brot und Wasser und nahm nur gelegentlich einige Mandeln zu sich. Nicht einmal Feigen wollte sie essen, weil sie diese so gerne an der Tafel ihres einstigen Geliebten genossen hatte. Rücksichtslos züchtigte sie ihren zarten Leib mit einer Bußgeißel, bis er schließlich mit Wunden und Narben bedeckt war. Sie spürte ein förmliches Verlangen, den eigenen Körper zu zerstören. Allen Ernstes dachte sie daran, ihr Gesicht zu verstümmeln, damit niemand mehr zu ihr sagen konnte: «Zu jung und zu schön.» Doch ihr Beichtvater verbot ihr radikal das selbstzerstörerische Vorhaben. In ihrem rasenden Kampf gegen sich selbst überschritt sie alle vernünftigen Grenzen. Voll Ingrimm sagte sie zu ihrem Leib: «Du hast mich besiegt, jetzt werde ich dich besiegen.»[5] Sie tat es so gewalttätig, daß ihr Beichtvater einen baldigen Tod befürchtete.

Margareta war eine leidenschaftliche Natur. Was immer sie tat, führte sie mit Leidenschaft aus. Nichts vollbrachte sie halb oder lahmherzig. Die heftigen Leidenschaften beherrschten auch die Tertiarin und machten ihr bis zum Lebensende zu schaffen. Der Körper hatte sie einst zu hemmungsloser Sinnlichkeit gelockt, und noch jetzt spürte sie, welch starke Anziehungskraft ihr schönes Antlitz ausstrahlte. Auf dem neuen Weg der Sühne empfand sie den Leib als Widersacher, nicht als Bundesgenossen; sie kämpfte einen schweren Ringkampf mit ihm. Er sollte zum zweiten Male in ihrem Leben ihr willenloses Werkzeug werden, diesmal aber in der entgegengesetzten Richtung: «Zwischen meiner Seele und meinem Leibe muß Krieg auf Leben und Tod sein bis zum äußersten, und ich kann keinen Waffenstillstand mit meinem Fleische schließen.»[6]

Der heutige Mensch ist entsetzt, wenn er Margaretas schonungsloses Vorgehen verfolgt. Der brave Konvertit Jörgensen konnte sein Unbehagen nicht verbergen: «Man fühlt sich ihr gegenüber im ganzen ein wenig ungemütlich – schmutzig und verwahrlost saß sie in ihrer düsteren Zelle, mit einem Kopftuch, bei dessen Anblick man bange werden könnte.»[7] Eine seufzende Mißbilligung ist jedoch keine Antwort auf das Verhalten Margaretas, die mit allen bürgerlichen Vorstellungen gebrochen hatte. Der Mut, die Kraft und die Ausdauer Margaretas sind beispiellos und anerkennenswert. Trotzdem erheben sich einige Fragen, die nicht unterdrückt werden dürfen; Bedenken gegen die Vergewaltigung des Leibes lassen sich nicht zerstreuen und müssen offen ausgesprochen werden.

Liegt Margaretas Wüten gegen sich selbst nicht eine geheime Selbstquälerei zugrunde? Man glaubt festzustellen, der ingrimmige Körperhaß verrate eine masochistische Komponente, oder zum mindesten sei sie der Leiblichkeit verhaftet geblieben. Ist sie etwa, ohne es selbst zu merken, auf die Bahn des Manichäismus geraten, der das Böse mit dem Körperlichen identifizierte? Das Gift der manichäischen Auffassung ist in das Christentum eingedrungen und bis heute nicht völlig ausgeschieden worden, so unvereinbar Christentum und Manichäismus sind.

Der Mensch der Gegenwart fragt zu Margaretas unerbittlicher Askese noch ernsthafter: Ist die Unterdrückung aller natürlichen Regungen imstande, den Geist eines Menschen wirksam umzuwandeln? Ist die Askese nicht mit einem Rasiermesser zu vergleichen, das wohl die Barthaare entfernt, nicht aber ihre Wurzeln? Das Problem ist in der christlichen Geistesgeschichte immer wieder aufgetaucht und von ernsten Christen dahin beantwortet worden: Alle Gewaltmaßnahmen gegen den Körper überwinden höchstens die Auswirkungen des Fleisches und nicht das Fleisch selbst. Diese Wahrheit ist auch im Buch der Büßer, und gerade in ihm, offen auszusprechen. Wesentlicher als die äußere Abtötung ist der Sieg über das innere Begehren. Dies vermag kein Bußgürtel und keine Kasteiung. Die schweren Selbstzüchtigungen brachten auch Margareta keine letzte Ruhe. Nie vermochte sie ihre Sinnlichkeit völlig aus der Welt zu schaffen. Asketische Leistungen sind eine unerläßliche Vorarbeit, aber die Erlösung bringt nur die geistige Wiedergeburt des Menschen.

Schließlich erhebt sich eine letzte Frage: Ist der Körper wirklich ein Versprechen, das nie eingelöst werden kann, oder ist er nur die «Verwesungsstätte der Seele»? Bedeutet er dem Christen nicht auch das Kleid der Seele? Wenn man Margaretas erregende Gespräche mit ihrem Körper belauscht, spürt man immer wieder, daß auch sie unter der Zwiespältigkeit zwischen Leib und Seele litt. In Tränen ausbrechend sagte sie zu ihrem Körper: «O mein Leib, warum hilfst du mir nicht, dem Schöpfer und Erlöser zu dienen?»[8] Warum gelang es ihr nicht, ihn zu einem edlen Werkzeug zu gestalten? Inmitten ihrer Raserei gegen die Bedürfnisse des Körpers entrang sich ihr das Wort: «Mein Körperchen.»[9] Wie zärtlich und ungewohnt der Diminutiv aus Margaretas Mund klingt! Ist er nur ironisch gemeint? Erinnert er nicht an eine ihr entschwundene Wahrheit? Es gibt zwischen dem götzendienerischen Körperkult der modernen Zeit und dem wütenden Körperhaß des Mittelalters noch ein drittes Wissen, nämlich daß Gott den Körper des Menschen geschaffen und ihn ausdrücklich in jenen Segen eingeschlossen hat, den der Allmächtige nach der Erschaffung von Adam und Eva ausgesprochen hat. Des Menschen Bestimmung ist die Harmonie zwischen Seele und Leib, die auch im Einklang miteinander stehen können, was so selten geschieht und doch so überaus wohltuend sich auswirkt. Die Wahrheit von der harmonischen Übereinstimmung vom seelischen und leiblichen Verhalten ist durch den Sündenfall unterbrochen, aber durch die Erlösung wiederhergestellt worden. «Wäre der Körper verächtlich, Gott würde ihn nicht auferstehen lassen», schrieb ein christlicher Dichter[10]. Margareta ging nicht den Weg der Harmonie; aller Wahrscheinlichkeit nach hat sie ihn wegen ihrer Vergangenheit nicht einschlagen können. Die Büßerin von Cortona mußte einen Ausnahmepfad beschreiten, dem nicht allgemein verpflichtende Vorbildlichkeit zukommt. Hier stößt man auf ihre Grenze, die man bei allem Respekt nicht übersehen darf. Allein, Büßer sind nicht nach dem Maßstab des gesunden Menschenverstandes zu beurteilen, ihr schmaler Pfad sprengt die üblichen Vorstellungen.

Noch befremdender als die harten Bußübungen wirkt Margaretas Verhalten gegenüber ihrem Kinde; die früheren Biographen hatten es auf unstatthafte Weise übergangen. Sie führte den kleinen Knaben an der Hand, als sie die Burg des toten Geliebten verließ. Sie sah zunächst keine andere Möglichkeit, als ihn auf ihrem schweren Weg mitzunehmen. Das Söhnlein war in ihren Augen ein fortwährender Vorwurf, war es doch aus den zügellosen Umarmungen mit dem Edelmann hervorgegangen. Es war das Kind ihrer Sünde. Sein Aussehen erinnerte sie beständig an den Geliebten, dessen Andenken sie mit allen Mitteln auslöschen wollte. Margareta überhäufte deswegen das Kind nicht mit mütterlichen Liebkosungen, hielt es streng und wollte es vor allen Sünden bewahren. Von einer unbeschwerten und frohen Jugend war keine Rede. Allzu lange behielt sie den Knaben nicht bei sich, sondern übergab ihn den Franziskanern zur Erziehung. Dort fühlte er sich verlassen und allein. Es entstand sogar das Gerücht, er habe sich, von kindlichem Kummer überwältigt, in einen Brunnen gestürzt. Nach irgendeinem unschuldigen Knabenstreich überhäufte Margareta den Sohn mit Scheltworten. Sie schrieb ihm einen Brief, aus dem nur Mahnung und Strenge spricht, ohne jedes zärtliche Wort. Besorgt stellte Bruder Giunta fest: «Sie kümmerte sich so wenig um den Jungen, als ob sie nicht seine Mutter wäre.» Eine schreckliche, unverständliche Feststellung, die aber zeigt, daß auch Heilige fehlerhafte Menschen bleiben. Es ist etwas nicht in Ordnung, wenn das Christliche mit dem Menschlichen nicht übereinstimmt. Mutter und Kind gehören zusammen; das Christliche überhöht, aber zerstört nicht das Menschliche. Mauriac gab in seiner trefflichen Margareta-Monographie dem Knabenkapitel die Überschrift:

«Das Martyrium eines Kindes». Damit ist das Anstößige beim richtigen Namen genannt. Ich komme über Margaretas unmütterliches Verhalten gegen ihren Sohn nicht hinweg; es trübt ihr strahlendes Bild, das ich sonst so liebe.

Gehört Margaretas Leben unter den Aspekt von Aktion und Reaktion, von Sinnenlust und Leibesverneinung? Dann müßte ihr Büßertum als unfruchtbar bezeichnet werden. Ihr schroffes Asketentum ist jedoch nur ein Teilausschnitt aus dem neuen Weg. Allzulange wurde er ungebührlich als der wichtigste bewertet. Dabei bildet er nur die der Welt sichtbare Vorderseite, die man entweder bewunderte oder sich darüber entrüstete. Beides sind unzulängliche Einstellungen. Das Entscheidende in Margaretas Leben spielte sich im Hintergrund ab; davon bekamen die Zeitgenossen nur wenig zu sehen. Das Unvergängliche war aber gerade das, was sich den Blicken der Menschen entzog und alle Abtötungen in den Schatten stellte.

Margaretas mystisches Leben war der Kern ihres Büßertums. Die vermeintliche Absonderlichkeit entsprang nicht einer weiblichen Laune, es war viel mehr: Margareta gehorchte einer inneren Stimme. Sie gehörte zu den Visionären der Christenheit, erlebte sie doch immer wieder ein ekstatisches Schauen. Sie sank manchmal nach dem Empfang der Kommunion ohnmächtig hin und sah wie tot aus. Die Augen weit geöffnet, lag sie starr da, und der Leib schien entseelt zu sein. Wenn sie aber wieder zu sich kam, glaubte sie, ihre Seele sei größer geworden als die ganze Welt. Margareta suchte die Entrückungen nicht, sie kamen einfach über sie, ob sie wollte oder nicht.

Margareta führte in der Entrückung lange Gespräche mit Gott. Erregend ist es, den Dialog zwischen Gott und ihr zu belauschen. Es ist der Höhepunkt in ihrem Leben und bringt die letzte Spannung hinein. In diesen mystischen Gesprächen wallte ihr weibliches Gefühlsleben stark auf. Die ganze Skala, angefangen bei der tiefsten Betrübnis bis hinauf zu unbeschreiblichen Freudenausbrüchen, ist darin wahrzunehmen. Ihre Gespräche mit Gott waren ein Versuch, vor Gott durchsichtig zu werden. Margareta war eine Liebende: Zuerst liebte sie den Edelmann, und dann wiederholte sich ihre Liebe auf einer viel höheren Ebene. Sie bekam die Trunkenheit der Liebe derart zu fühlen, daß sie darüber nicht zu reden imstande war. Mehrfach fragte der Ewige sie in ihrer Ekstase: «Was willst du, kleine Arme?» Das war der richtige Name für sie. Margareta war eine kleine Arme, ein winziges Geschöpflein. Das Bewußtsein der Kleinheit gehört zu ihrem Büßertum. Klein, arm, verlassen, geschändet kam sie sich vor, aber in aller Nichtigkeit wollte sie etwas; sie wollte es leidenschaftlich und gab wie eine eigensinnige Frau nicht nach. Was aber wollte die kleine Arme? Sie begehrte mit ihrer Vergangenheit fertig zu werden, mit dieser früheren Zeit, unter der sie litt und die sie nicht einfach wie ein altes Kleid ausziehen konnte. Die Befleckung machte ihr seelisch viel zu schaffen. Sie fühlte den Schauder Petri: «Geh aus von mir, denn ich bin ein unreiner Mensch.» Die Büßerin erinnerte sich aber auch an die Worte Christi an seine Jünger: «Ich sage hinfort nicht, daß ihr Knechte seid... Euch habe ich gesagt, daß ihr Freunde seid...»[11] Sie aber fühlte sich als Magd des Herrn und wünschte, nicht nur als niedrige Magd im Hause des Herrn geduldet zu sein. Mit Tränen flehte sie um eine nähere Beziehung, bis endlich der Tag kam, an dem Christus sie in einer Ekstase Tochter nannte. «O lang ersehntes Wort, mit brünstigem Geiste erfleht, o Wort der festen Zuversicht und freudigster Erinnerung! Meine Tochter, sagte er, mein Gott. Meine Tochter, sagte er, mein Christus.»[12] Margareta faßte es kaum vor überströmender Glückseligkeit und empfand mit allen Fasern ihres Wesens die unendliche Süßigkeit dieses Wortes. Dieses grandiose, überwältigende Wort läßt alles Vorstellbare hinter sich und reicht in Tiefen hinab, die sich jeder psychologischen Durchdringung entziehen, weil es im Übernatürlichen beheimatet ist. Das Tochtererlebnis war die große Stunde in ihrem Leben. Darin besteht das Wesentliche ihres Büßertums und nicht im Kampf gegen den Leib. Natürlich ist auch das Wort «Tochter» in diesem Zusammenhang als Symbol zu verstehen, da das Symbol der Sprache des Glaubens entspricht. Aber es ist ein realistisches Symbol, in dem die versöhnte Gemeinschaft mit Gott unmißverständlich enthalten ist. Das Symbolwort «Tochter» verletzt die unumgängliche Schranke zwischen Gott und Mensch nicht. Aber es sagte Margareta für alle Zeiten: Es ist gut, es ist Ja, es ist alles in Ordnung. Alle quälenden Erlebnisse ihrer Vergangenheit verblaßten vor dem Tochterwort. In der visionären Tochtererfahrung lag die höchste Steigerung; darüber hinaus war keine Entwicklung mehr möglich. Eine unbeschreibliche Seligkeit durchflutete ihre Seele. Die Kasteiung war nur Vorbereitung zu diesem Höhepunkt. Die wesentliche Substanz Margaretas ist das Tochtergefühl; dadurch konnte sie das, was die Durchschnittschristen gewöhnlich nicht können, nämlich Gott lieben, ihn über alle Maßen lieben, nicht nur mit beteuernden Worten, sondern mit ihrem ganzen Gemüt und mit aller Kraft. Das Tochtererlebnis bildet das zentrale Thema ihrer Visionen. Sie hörte Christi Worte: «Du sagst, meine Tochter, daß ich auf dem Boden des Abgrundes dieser Welt gesucht und daß ich dort dich, das elendeste aller Geschöpfe, gefunden habe. Aber das habe ich gerade getan, um die Kleinen groß, die Sünder gerecht und die Verächtlichsten und Elendesten zu den Herrlichsten zu machen.» [13] Erst als Margareta die Worte «du bist meine Tochter» vernahm, war die Unruhe dieser Frau beruhigt, war der Friede Gottes über sie gekommen und aller Hunger nach Gerechtigkeit gestillt. Mit dem Tochterwort fühlte sie sich frei von ihrer Vergangenheit und wußte, jetzt war sie bewältigt und verwandelt; es war alles überwunden und vergeben. Der Mensch vermag von sich aus, allen Bußübungen zum Trotz, mit der Schuld seines Lebens nicht fertig zu werden. Er bedarf des Wortes der Vergebung, denn nur die Hilfe von oben ist imstande, alles im Nu in Ordnung zu bringen.

Das Tochtererlebnis war nicht etwa eine rein persönliche Angelegenheit. Das Wort war ihr gesagt worden, «du bist meine Tochter», weil damit ihre Sendung unlöslich zusammenhängt. Margareta war ein Mensch mit einer Sendung. Es war ihr aufgetragen, was Christus selbst mit den Worten umschrieb: «Ich habe dich zu einer Flamme für die Kalten gemacht.» [14] Die prachtvolle Formulierung strahlt wie eine Sonne. Alle Mittelmäßigkeit, alles Langweilige, alles Ratlose war mit einem Schlag ausgelöscht, und an seine Stelle war das Erhellende, das Vibrierende und das Lebendige getreten. Margareta hat nicht wie Nietzsche ausgerufen: «Flamme bin ich sicherlich», sie glühte und verzehrte sich nicht selbst. Ihre Flammenwerdung war für die Kalten, die in ihrer Gleichgültigkeit dahinvegetieren, bestimmt. Es war ihre Aufgabe, sie aufzurütteln, zu erleuchten, zu erwärmen und von ihrer verdorrenden Indifferenz zu befreien. Margaretas Bestimmung kann nicht trefflicher umschrieben werden, als es in dieser visionären Mitteilung geschehen ist. Sie ist ihrer Aufgabe getreulich nachgekommen. Sie war eine Flamme, die brannte und wärmte; an ihr vermochten sich all die nüchternen und trockenen Mitmenschen zu entzünden. Kein Wunder, daß sie wie ein helles Licht in das Dunkel ihrer Zeit hineinleuchtete. Sie lebte mit einer gesteigerten Intensität, in der sie bereit war, auch für ihre Brüder alle Strafen auf sich zu nehmen. Sie verstand sich als ein Wesen «in den Lustgarten des seligen Franziskus gepflanzt» und empfand seinen Segen als den «Ausguß eines Stromes, durch welchen ihr Herz ganz mit Liebe erfüllt und auch der Leib so gewaltig berührt wurde, daß ihre Nerven zu schwach schienen, es zu ertragen. Alle Fibern ihrer Natur wurden zur Freude und zum Jubel angeregt, und es war ihr unmöglich, die Ausbrüche der Freude zurückzuhalten. Sie, die so häufig weinte, konnte sich jetzt unmöglich des Lachens enthalten.» [15] Man kennt Margareta nicht richtig, wenn man nicht auch aus ihrem von Bedrängnissen heimgesuchten Leben dieses unwiderstehliche Lachen heraushört – das übrigens auch bei anderen Heiligen anzutreffen ist –, das Freude und nochmals Freude bedeutet. Buße war nicht Trübsinn, Buße war für sie Lachen und Fröhlichkeit.

Wahrscheinlich rufen die Ausführungen über Margaretas mystische Gespräche mit Gott im Leser eine starke Skepsis hervor. Damals geschah dies schon und heute erst recht. Die Visionen wurden selbst von den Zeitgenossen nicht kritiklos hingenommen. Die Minderbrüder hegten einige Zweifel und fragten sich, ob Margaretas Gespräch mit dem Ewigen nicht leere Einbildungen oder gar bloße Erdichtungen seien. Sie wendeten ein, ihr Reden mit Christus sei allzu ichbezogen. Auch der Beichtvater hat ihr den egozentrischen Charakter ihrer Ekstasen vorgehalten. Er hat versucht, Margareta von der Ichbezogenheit zu befreien, indem er ihr die verfängliche Frage vorlegte, ob sie bereit wäre, sowohl auf allen inneren Trost als auch auf jene unaussprechliche Süßigkeit zu verzichten, wenn sie damit eine mit Sünden beladene Seele vom ewigen Untergang erretten könnte. Margareta erwiderte darauf, sie wolle keine Antwort auf diese Frage geben, weil sie tatsächlich, nach allen Seiten bedacht, nicht beantwortet werden könne. Sie sei höchstens rangmäßig zu ordnen, aber niemals mit einem Entweder-Oder zu lösen.

Margareta dachte nicht nur immer an sich selbst. Schon ihre Gründung des Hospitals widerlegt ihre angebliche Ichbezogenheit. Ihr Tochtererlebnis zeigt vollends, daß die Sendung, «Flamme für die Kalten zu sein», keinem egozentrischen Menschen überbunden werden konnte. Die mystischen Gespräche mit Gott erzeugten eine starke Anziehungskraft auf die Menschen, wiewohl diese um die tieferen Hintergründe gar nicht Bescheid wußten. Besucher drängten sich in Scharen zu Margareta, um von ihr ein wegweisendes Wort zu hören. Sie gab ihnen gelegentlich auch anklagende Worte, indem sie von der fortlaufenden Kreuzigung Christi sprach, sich über die Simonie aufhielt und der Kirche große Drangsale weissagte. Doch spürten die Besucher immer wieder ihre tiefe Verbundenheit mit der oberen Welt und die Liebe zu den Menschen. Sie betete für alle Menschen ohne Einschränkung, betete auch für die Sarazenen, weil sie wußte, daß Christus für alle gekommen und für alle gestorben ist. Stets hatte sie ein helfendes Wort bereit, vergaß keinen Besucher und schickte alle zu Bruder Giunta zur Beichte. Der Minderbruder war über den Zulauf nicht erfreut und sagte ihr einmal ärgerlich, er könne unmöglich so viele «Ställe an einem Tag reinigen». Sie aber belehrte ihn, er habe nicht Ställe auszumisten, sondern unsterbliche Seelen für das Wohnen in Christus vorzubereiten.

Die letzten Jahre ihres Lebens verbrachte Margareta in einer Einsiedelei. Schon lange wogte in ihr eine Auseinandersetzung zwischen dem Gebot, sich dem Nächsten zu widmen, und dem

Drang, sich ganz in die Einsamkeit zurückzuziehen. Es kam darob zu einer Meinungsverschiedenheit zwischen ihr und dem Beichtvater. Der Minderbruder hinderte sie lange daran, als Einsiedlerin zu leben. Endlich erzwang sich Margareta die Erlaubnis und bezog im Frühling 1288 die kleine Zelle oben auf dem Berg unter der Burg La Rocca. Das brennende Verlangen nach Einsamkeit hatte alle Widerstände überwunden. Margareta wollte von den Menschen entfernt wohnen und durch keine Besuche mehr gestört werden. Sie hatte nur noch eine geringe Verbindung mit der Welt. Kaum sah sie Menschen, dermaßen zurückgezogen und verborgen lebte sie. Noch ein letzter Zweifel schlich sich in ihr Herz: Hatte sie durch ihre Zurückziehung in die Einsamkeit nicht Gott gekränkt? Sie wurde jedoch einer Antwort gewürdigt: «Du kränkst mich nicht, denn du fliehst die Geschöpfe, weil du nach mir dürstest und weil du deine eigene Schwachheit kennst.»[16] Die Minderbrüder freilich straften sie, indem sie ihr den Beichtvater entzogen. Nun war sie allein auf das Gespräch mit Gott angewiesen. Damit entschwindet sie den Blicken der Menschen. Niemand weiß, was sie in jenen Jahren gedacht und gesprochen hat. Alle Überlieferungen brachen damals ab. Sie ist ins Geheimnis entflohen und entzog sich dem menschlichen Urteil. Die letzten, in völliger Abgeschiedenheit zugebrachten Jahre gehören nur noch Margareta und ihrem Gott. Damit ist sie zur Büßerin im höheren Sinne geworden, von der Pater Lechner sagt, daß wir sie zu bewundern nicht aufhören können, sie nachzuahmen aber zittern müssen.

Neun Jahre später erkrankte Margareta. Bruder Giunta kam von Siena zurück und erkannte das bevorstehende Ende. Schon nahm sie keine feste Speise mehr zu sich, und der Leib war vom Geist verzehrt. Bei Sonnenaufgang lag sie auf dem Boden ihrer Zelle, als der himmlische Bräutigam kam und die Fünfzigjährige zur ewigen Hochzeit rief.

Nach dem Tode wurde ihre Leiche wieder nach Cortona zurückgebracht. Man wollte sich die Reliquie der Heiligen nicht entgehen lassen. Es handelte sich auch um eine Kostbarkeit, denn es trat keine Verwesung ein. Noch heute, nach bald siebenhundert Jahren, bildet sie die große Sehenswürdigkeit von Cortona. Ein nach dem Leichnam verfertigtes Porträt zeigt ein verklärtes Antlitz. Ihr Nachruhm verklang nicht, denn an ihrem Grabe geschahen Wunder; ein Biograph bemerkte dazu: «Das größte Wunder aber bleibt immer ihr Leben.»[17]

Margareta vollbrachte eine Vergangenheitsbewältigung, wie sie wenigen Menschen beschieden ist. Mit ihrer erotischen Leidenschaft stellte sie das Leben des Durchschnittsmenschen in den Schatten, dann löschte ein Bußeifer ihr ungeordnetes Liebesleben aus, und mit ihren mystischen Gesprächen überstieg sie die asketische Bestrebung. Von Stufe zu Stufe stieg sie empor; alle Phasen ihres Lebens faßte Julien Green dahin zusammen: «Das Leben der heiligen Margareta läßt erkennen, daß es nur in Windungen aufwärts geht zum Höchsten, daß der Fuß unsicher stockt und nur voll tiefsten Bangens höhersteigt.»[18] Mit ihrer Person Buße zu predigen war der ihr von Gott erteilte Auftrag: «Ich habe dich als ein Spiegel für die Sünder zur Buße berufen.»[19] Es war ihr Bestimmung, ein erhobenes Banner zu sein, unter dem sich die Missetäter versammelten, um auf dem Weg der Buße sich heimzufinden. Mit Nachdruck hat sie die Menschen aufgefordert, umzudenken. Vor allem aber tat sie selbst Buße und machte die große Umwandlung des Christen an sich selbst sichtbar. Der Mensch wird in das verwandelt, was er selbst erstrebt, eine Wahrheit, die Margareta auf eine unwidersprechliche Art verkörperte. Ihr tiefstes Bußmerkmal war die Liebe und nicht die Angst. Sie ist unter dem Namen «die Büßerin» in die Geschichte der Christenheit eingegangen, wenn auch darüber die Mystikerin nicht vergessen werden darf. Unmittelbar vor ihrem Tode sah sie in einer Vision Maria Magdalena und hörte dabei die Worte Christi: «Mein ewiger Vater sagte über mich zum Täufer: Das ist mein geliebter Sohn! Ähnlich sage ich über Magdalena: Das ist meine geliebte Tochter.»[20] Durch die Verbindung von Buße und Mystik verdiente sich Margareta den Ehrennamen «die zweite Magdalena».

DIE GEISSEL GOTTES IST NAHE:
HIERONYMUS SAVONAROLA

«Ein junger Mensch ging von Hause fort und begab sich an einen Hafen am Meer; und als er so dahinging und ins Wasser des Meeres schaute, da sah er die Fischlein, und es kam ihm das Verlangen zu fischen, und er begann so ein wenig die Angel auszuwerfen und ein paar Fische herauszuziehen. Und wie ihm nun die Lust und der Wille zum Fischen wuchs, gab ihm einer eine Barke, ein kleines Schiff, damit er darin weiter könnte. Schließlich führte der Herr dieses Schifflein des jungen Menschen aufs hohe Meer hinaus, und er fischte weiter, so daß er – wie er nun zum Hafen zurückkehren wollte und um sich schaute und schaute – nichts mehr von Gestade erblickte. Da fing der junge Mensch an, sich sehr über den Schiffsherrn zu beklagen, der ihn aufs hohe Meer hinausgeführt hatte, so weit, daß er nirgends mehr den Hafen erblickte, um dorthin zurückkehren zu können.»[1] Mit diesen Worten porträtierte sich Savonarola selbst. In aller Bescheidenheit ist es eine eindrucksvolle Selbsterfassung. Aus jedem Wort spürt man das Außerordentliche seiner Natur. Savonarola war der junge Mensch, der sich aufs hohe Meer hinauswagte und plötzlich keine festen Ufer mehr erblickte; er hatte in dieser Erzählung eine deutliche Vorahnung dessen, was seiner wartete. Wenn auch der Herr seine Jünger aufgefordert hatte, «fahret auf die Höhe hinaus», so wußte der Mönch von San Marco, daß der Fischfang ein lebensgefährliches Abenteuer war; es galt, einen Kampf auf Leben und Tod zu kämpfen. Mit einer Barke auf hoher See, wo er sich an kein sicheres Gestade mehr halten konnte, fand er den Untergang. Dies war Sendung und Schicksal in einem. Der Christ kann nur durch Unterliegen siegen.

Der mutige Schiffer war mit seiner Zeit verflochten und wuchs aus ihr heraus. Verbunden mit dem Jahrhundert, in dem er lebte, überschritt er es. Die Einordnung einer Gestalt in den geschichtlichen Zeitraum bedeutet keine Relativierung, wohl aber eine Konkretisierung. Sie gleicht nicht mehr einer bloß schönen Idee, die im luftleeren Raum schwebt, sondern übt die ihr von der Vorsehung bestimmte Funktion in der Welt aus.

Verführt durch Jakob Burkhardts ästhetische Beschreibung, sah die Neuzeit die Renaissance in einem bengalischen Licht und richtete den Blick fast ausschließlich auf die prachtvollen Gemälde und Bauten jener Zeit. Die zeitliche Entfernung rückt alles in eine idealisierende Beleuchtung. Von einer andern Seite aus betrachtet, ergibt sich eine viel realistischere Sicht.

Nach dem 12. Jahrhundert regten sich in Italien die Anfänge der Renaissance, die zunächst ein neues Erwachen des christlichen Geistes bedeutete. Zu ihren Urhebern gehören Joachim von Fiore, Franz von Assisi, der Maler Ducca und einige andere. Die christliche Renaissance war ein Aufbruch, der das Christliche elementar erlebte und sich nicht mit der bloßen Schale begnügte; ein Aufbruch, der dem Göttlichen unmittelbar begegnete. Sie zählt zu den geistig hochstehenden, Licht und Freude ausstrahlenden Bewegungen. Ein milder Glanz, mit nur wenigen Epochen vergleichbar, ist über die christliche Frührenaissance ausgebreitet.

Im Laufe der Zeit jedoch kamen andere Elemente hinzu, und die Menschen orientierten sich mehr und mehr an den Quellen des Altertums. Die christliche Renaissance wurde unmerklich vom religiös neutralen Humanismus überdeckt, der sich nach dem antiken Ideal ausrichtete und die schöpferischen Kräfte im Menschen freilegte. Die Verschiedenheit der beiden Bewegungen ist nicht zu übersehen: die christliche Frührenaissance hatte den geistlichen Menschen im Auge, während es dem Humanismus um den natürlichen Menschen ging. Die Humanisten vollzogen keinen scharfen Bruch mit dem Christentum; doch der heidnische Einschlag wurde immer stärker, führte aber zu keiner Rückkehr zum Altertum. Das vom farbigen Abglanz der Welt erhellte Werk des unausdeutbaren William Shakespeare ist hiefür eines der anschaulichsten Beispiele: Die religiösen Gedanken des unerschöpflichen Dichters können nicht eindeutig bestimmt werden.

Schließlich klafften christliche und heidnische Bestrebungen im Menschen auseinander, wodurch dieser in eine Zwiespältigkeit hineingeriet. Nach Florensky tragen die Renaissancemenschen eine geheime Qual mit sich herum: «Nicht umsonst ist das rätselhafte und verführerische Lächeln aller Personen auf den Gemälden des Leonardo da Vinci, welches den Skeptizismus, den Abfall von Gott und den Starrsinn des menschlichen ‹ich weiß› zum Ausdruck bringt, in Wahrheit ein Lächeln der Verlorenheit: sich selber haben sie verloren, und das ist besonders anschaulich bei der ‹Gioconda›. Eigentlich ist es ein Lächeln der Sünde, der Versuchung und der Verführung – ein buhlerisches und verderbtes Lächeln, welches nichts Positives ausdrückt – eben darin liegt seine Rätselhaftigkeit – es sei denn eine innere Bestürzung, einen inneren Aufruhr des Geistes, aber auch eine Verstocktheit.» [2]

Die dunkle Seite der Renaissance wird in ihrer verwirrenden Sittenlosigkeit sichtbar. Nachdem die christlichen Werte in den Hintergrund gedrängt worden waren, trat an ihre Stelle ein nachchristliches Heidentum. Dieses lieferte die Menschen einer Gottlosigkeit aus, wie sie dem vorchristlichen Heidentum unbekannt war. Theoretisch wurde das Verhalten mit der Natürlichkeit des Menschen gerechtfertigt, in Wirklichkeit aber brach das Bestialische im Menschen los. Diese Feststellung hat nichts mit der Klage eines Moralisten zu tun, wohl aber mit der Einsicht in die ethischen Grundlagen jeder Kultur. Ehebruch, Räuberei, Götzendienst usw. wurden zu Selbstverständlichkeiten. Unnatürliche Laster bewirkten eine Wiederkehr von Sodom und Gomorra – dies ist wahrhaftig keine zimperliche Phrase. Die Menschen wußten nicht mehr, ob sie Christen oder Heiden waren; es gab Leute, die Venus und Christus zugleich im Munde führten. Man übte Verrat an den christlichen Grundlagen des Abendlandes, und der Sturz in die Tiefe blieb nicht aus. Das Zeitalter der stolzen Renaissance hat auch zerstörende Kräfte entfesselt: ein Hexenkessel wurde damals auf das Feuer gestellt.

Allezeit war die Welt verwirrt. Schlimm wird es, wenn die Orientierungslosigkeit in den Raum der Kirche eindringt. Es gibt nichts Bestürzenderes, als wenn der Ort, von dem das Licht ausgehen sollte, selbst von der Finsternis eingehüllt wird. Auflösende Tendenzen überschwemmten die schwankende Kirche, ihre Mauern wurden unterhöhlt, das Dach drohte einzufallen. Die Geistlichkeit beteiligte sich an den dekadenten Bestrebungen, und etliche Kirchenmänner machten sich sogar zu deren Wortführern: «Unsere heutigen Prälaten und Prediger eignen sich mit sehr geringer Ausnahme viel eher zur Zerstörung als zur Auferbauung und Bewahrung des christlichen Lebens.»[3] Die Kirche wurde mehr von Astrologen als von Theologen regiert. Die Priester befaßten sich mit Dichtungen, und die Nonnen schwatzten den ganzen Tag am Gitter mit jungen Männern. «In der Urkirche waren die Kelche aus Holz und die Vorsteher aus Gold; heute hat die Kirche Vorsteher aus Holz und Kelche aus Gold.»[4] Die Simonie war an der Tagesordnung, und Verbrechen ereigneten sich während der Gottesdienste. Wenn Christus damals nach Rom gekommen wäre, hätte man für ihn nicht nur ein Kreuz gezimmert.

Die schlimmen Zustände waren überall verbreitet, besonders ausgeprägt in Florenz. Die gegen hunderttausend Einwohner zählende Stadt war ganz dem Geist der heidnischen Renaissance verfallen. Florenz war das Babel des 15. Jahrhunderts: die oberen und die unteren Volksschichten waren gleicherweise verdorben, alle Zucht war verschwunden, die Menschen in Lastern versunken. Politisch beherrschte die Familie Medici die Stadt, deren ungekrönter Fürst Lorenzo war. Seine Tyrannis war eine Vorwegnahme der modernen Diktaturen.

Savonarola kam in diese Stadt. In seiner Person ereignete sich der Aufstand der christlichen Renaissance gegen die heidnische. Der Vorgang umreißt das eigentliche Savonarola-Problem. Er war kein Florentiner, sondern stammte aus einer angesehenen Familie Ferraras. Schwere Enttäuschungen und die Predigt eines

Augustinermönches veranlaßten den Zwanzigjährigen zum Eintritt in den Dominikanerorden. Er erklärte sich bereit, «die demütigsten Dienste zu verrichten, um Buße für seine Sünden zu tun»[5], studierte und wurde ein eifriger Mönch, der es mit seinen Pflichten sehr ernst nahm.

Der junge Savonarola ergab sich einer intensiven Bibellektüre, was in der damaligen Zeit ein ungewöhnliches Interesse verriet. Viele Jahre hindurch las er fast nichts anderes als die Heilige Schrift; er studierte sie mit dem Herzen und nicht bloß mit dem Verstand. Die Bibel prägte seine Sprache und leitete ihn an, in Bildern zu denken. Sie durchdrang alle seine Gedanken; von ihr aus beurteilte er alle Dinge, wie es dem Gedankengut der christlichen Renaissance entsprach. Savonarola war kein Humanist, sondern ein Mann der Bibel, der von der Heiligen Schrift her zu verstehen ist und nicht von den Schriften Joachim von Fiores. Die Offenbarungen der Birgitta von Schweden kannte er nicht. «Das Evangelium, ihr Christen, müßte jeder bei sich haben; ich sage nicht das Buch, sondern dessen Geist. Christi wahre Bücher sind die Apostel und die Heiligen; sie lesen heißt ihr Leben nachahmen.»[6]

Zu der intensiven Bibellektüre gesellten sich Erleuchtungen und Stimmen. Der Prior von San Marco sank in den Verzückungszuständen wie leblos zu Boden. Er war eine seherische Natur; erschreckende Gesichte wurden ihm zuteil, echte Visionen, die nicht aus einem bloßen Ahnungsvermögen abgeleitet werden können. «Ich sah in der Nacht vor meiner letzten Adventspredigt eine Hand am Himmel mit einem Schwerte.»[7] Hinzu kam ein apokalyptisches Weltgefühl, war er doch von der Gewißheit erfüllt, daß schwerwiegende Ereignisse bevorstünden. Nach ihm «fangen die Dinge zu kochen an»[8]. Er vertiefte sich deswegen in die Apokalypse des Johannes, deren aufstachelnde und unheimliche Bilder ihn noch vollends erregten. Die Apokalyptik war in ihm aufs neue erwacht, und er glaubte, in den letzten und schmerzlichsten Zeiten zu leben.

Der Dominikanerorden entsandte Savonarola nach Florenz, wo er seine Predigttätigkeit begann. Die ersten Versuche fielen infolge seiner schwachen Stimme wenig glücklich aus. Auch war ihm das Predigeramt noch unvertraut, er fand mit seiner Zuhörerschaft den richtigen Kontakt nicht. Er war alles andere als ein geborener Volksredner, weil er gegen beträchtliche Sprachschwierigkeiten anzukämpfen hatte und ihm alle rednerischen Kunstgriffe zuwider waren. Aufmerksam versuchte er, sich auf den Inhalt zu konzentrieren, und arbeitete sich mühsam, unter großer Selbstüberwindung, in sein Amt ein. Er begehrte weder eine Rolle zu spielen noch sich in den Mittelpunkt zu stellen. Der Mann, der das Schiff auf das hohe Meer steuerte, wußte um die Schwierigkeit der Aufgabe. Er sprach nicht aus Neigung zu dem Volke, sondern es lag ein höherer Zwang auf ihm: «Wenn ich nicht predige, so kann ich nicht leben», stöhnte er, «das Wort Gottes brennt mir wie Feuer im Herzen, und wenn ich ihm nicht Luft mache, so verbrennt es mir Mark und Bein im Innern.»[9]

Savonarola war nicht darauf bedacht, in seinen Predigten dem verfeinerten ästhetischen Geschmack der Florentiner entgegenzukommen und mit Zitaten aus Aristoteles, Plato und Petrarca ihre Ohren zu kitzeln. Vielmehr mahnte er mit seiner rauhen, trockenen Stimme die Zuhörer zur Gewissensüberprüfung und nahm den Kampf gegen den herrschenden Zeitgeist auf. Damit wollte er wieder an die ursprüngliche christliche Frührenaissance anknüpfen. Savonarola war ein geistiger Widerstandskämpfer im großen Stil. Den dreifachen Grundgedanken seiner Predigten faßte er selbst in die Worte zusammen: «Daß die Erneuerung der Kirche in unseren Tagen erfolgen werde, daß Gott vor solcher Erneuerung eine schwere Züchtigung über ganz Italien verhängen werde; daß beides bald geschehen werde.»[10]

Die bevorstehende Züchtigung stand im Vordergrund seiner Reden. Immer wieder kam er auf das Thema zu sprechen, Gott werde mit der Geißel seine gefallene Kirche erneuern. «Im Alten wie im Neuen Bunde erneuerte Gott seine zerfallene Kirche stets mit der Geißel, und dasselbe ist jetzt zu erhoffen.»[11] Eindringlich sprach Savonarola: «Die Geißel Gottes ist nahe»[12]; man hörte sie in seinen Predigten knallen. Statt Geißel gebrauchte Savonarola auch das Wort «Schwert», das er schon über der Stadt schweben

sah. «Glaub mir, daß das Schwert Gottes kommen wird.»[13] Geißel und Schwert sind Symbole für die hereinbrechende, unheil-
schwangere Heimsuchung. Savonarola sah sie direkt bevorste-
hend und nicht in ferner Zukunft. Mit der Botschaft von der
Nähe der Züchtigung Gottes stellte er die Menschen vor eine
unausweichbare Entscheidung. Der Mönch von San Marco lebte
in der Nah-Erwartung; anders ist noch nie existentiell vom Gericht Gottes geredet worden. Das Aufgeben der Nah-Erwartung
bedeutet in jedem Fall Glaubensschwäche, mag sie noch so sehr
mit theologischen Argumenten getarnt werden. Für Savonarola
standen Trübsale und Heimsuchungen unmittelbar vor der
Türe, es war für ihn nur noch eine Frage von Wochen und
Monaten bis zum Einbruch der Drangsale. Diese Erwartung
brachte die große Spannung in sein Leben hinein und enthob ihn
mit einem Schlag aller Vorläufigkeiten. Diese erregende Aus-
sicht legte dem Propheten von Florenz immer schärfere Worte in
den Mund: «Weil Ihr schlaft, schlägt er – voll Verlangen nach
Eurem Heil – Euch, um Euch aufzuschrecken. Tut also die
Augen auf.»[14] Der Zerfall der Kirche und das Gericht Gottes
standen für ihn in einem ursächlichen Zusammenhang. Der
Sturm kam über die Kirche, weil sie nachlässig, modisch und
zeitgemäß geworden war. Unmißverständlich verkündete er
das kommende Gewitter: «Eine Stimme spricht: rufe! Und was
rufest du? Geistlichkeit, Geistlichkeit, Geistlichkeit! Um deinet-
willen ist dieser Sturm entfesselt! O Geistlichkeit, du bist der
Hauptgrund dieser Übel, um deines schlechten Wandels willen
bricht dieser Sturm los.»[15] Diese Worte haben nichts mit Anti-
klerikalismus zu tun, Savonarola selbst war ja Priester. Er litt unter der verdorbenen Geistlichkeit, und deshalb überschlugen sich
seine Worte in den Anklagen gegen die Kirche. Sie steigerten
sich zu einem wahren Angriff auf die Christenheit. Selten sind in
einer christlichen Kirche dermaßen scharfe Sätze ausgesprochen
worden: «Kirche, zu dir muß ich sprechen. Tritt her, verruchte
Kirche! Ich hatte dir, spricht der Herr, schöne Gewänder verlie-
hen, du aber hast Götzendienst damit getrieben. Die Gefäße hast
du zur Hoffart mißbraucht, die Sakramente zu Simonie. In der

Wollust bist du zur schamlosen Hure geworden, jedermann kennt deine Sünden. Zum Teufel bist du geworden, zum Tiere hast du dich erniedrigt, zum abscheulichen Ungeheuer. Nach allen deinen Schändlichkeiten wird Gefangenschaft dein Los sein. Wehe den Häuptern! Wehe den andern! Wehe allen. Wehe, nichts als Wehe steht dir bevor!»[16] Nach dem Frate muß man das Faule ausschneiden aus diesem Apfel; das Faule ist die Geistlichkeit, und darum bedarf es der Geißel und des Schwertes. Savonarola erging sich nicht in Vermutungen über die Zukunft – dieser müßigen Raterei huldigten die Pseudopropheten damals und heute. Die Zukunft beschäftigte ihn nur soweit sie in die Gegenwart hereinragte, und keinen Schritt weiter.

Der Mensch muß sich eindeutig entscheiden, weil er der Geißel Gottes gegenüber gar nicht gleichgültig bleiben kann. Savonarola rief den Florentinern zu: «Solange die Welt in Blüten stand, gab es keine Tränen; heute aber brauchen wir Ströme von Tränen. Alles geistige Leben ist verweht, die Trübsale sind im Anzuge, da ist es geboten, sein Leben zu ändern.»[17] Man sieht, wie emotionell und keineswegs bloß intellektualistisch sein Bußruf begründet war. Der Predigtinhalt Savonarolas gleicht einer Ellipse – der eine Brennpunkt ist die drohende Geißel Gottes und der andere die Umkehr, zu der er mit leidenschaftlichen Worten aufforderte. Savonarolas Reden drehen sich um die Buße, und nochmals um die Buße und zum drittenmal um die Buße. «Ich höre nicht auf zu rufen, tut Buße... Nichts anderes kann dir nutzen außer der Buße; die Buße ist das einzige Heilmittel; und wenn ihr nur wahre Buße tut, so werdet ihr einen großen Teil der Drangsale wegräumen.»[18] Man hört Savonarolas Herz in seinen Bußpredigten schlagen: «Jetzt ist die Zeit der Buße», sagte er und fügte hinzu: «Italien, ich habe dir gesagt, daß du Buße tust; Rom, ich habe dir gesagt, tue Buße... es gibt kein Heilmittel außer der Buße... Wenn Rom und Italien Buße tun, wird nichts von dem Übel, das ich vorher gesagt habe, geschehen, aber wenn sie nicht Buße tun, wird alles, was ich gesagt habe, kommen.»[19] Savonarola sprach nicht nur das einzelne Individuum an, seine Rede richtete sich an die Städte, an das ganze

Land. Er dachte immer an das Ganze und war überzeugt davon, daß die Christenheit durch die Buße allein ein Unglück abzuwenden vermag. «Es ist Zeit, sage ich, Buße zu tun, damit nicht große Drangsale kommen.»²⁰ Dabei verstand Savonarola unter Buße nicht etwa Kasteiungen, sondern Umkehr und Neuanfang: «Man muß sich auf Gott zurückziehen… schafft also ein neues Leben. Erneuert euch zuerst in eurem Innern, wenn ihr euch nach außen erneuern wollt.»²¹ Der wuchtige Prediger nannte auch die Zeichen der wahrhaften Buße: «Das erste Zeichen ist die jubelnde Freude des Sinnes; man sieht den wahren Büßenden immer und in allen Dingen fröhlich und geduldig bleiben.»²² Savonarola sprach von der Erneuerung der Kirche, aber er meinte damit nicht Modernisierung und Anpassung an die Zeitströmungen. Das ist eine verächtliche Haltung, aus der unmöglich etwas Großes hervorgehen kann. Noch nie haben Menschen, die mit den Wölfen heulten, eine starke Leistung hervorgebracht. Erneuerung der Kirche hat nichts mit Bequemlichkeit zu tun. Für Savonarola bedeutete Kirchenreform Besinnung auf den Ursprung. Die Kräfte des Anfanges müssen mobilisiert werden, es bedarf eines größeren Ernstes und nicht eines leichtfertigen Geredes, das zu nichts führt. «Ich verstehe unter Kirchenreform eine Erneuerung der Seelen und der christlichen Lebensführung nach dem Muster der apostolischen Urzeit», schrieb Savonarola²³.

Zunächst predigte er in der Kirche zu San Marco, und als sich der Raum als zu klein erwies, stellte man ihm den Dom zur Verfügung. Die Zuhörer spürten es deutlich, daß Savonarola nicht Menschenweisheit verkündete. Eine magnetische Kraft zog sie unter die Kanzel des Domes. Man kann das prachtvolle Gebäude noch heute nicht bewundern, ohne zugleich an Savonarola zu denken, der hier das aufrüttelnde Wort der Buße predigte. Die Menschen strömten jeweils Stunden vor Beginn des Gottesdienstes in die Kirche. Ein seltsames Gefühl zwischen Bewunderung und Schauer erfüllte die gespannt lauschenden Zuhörer. Savonarola sagte weder Schmeicheleien noch führte er ein rhetorisches Feuerwerk auf. Wie Keulenschläge prasselten seine Anklagen auf sie nieder. Er kannte keine Schonung. Der furchtbare Schrei: «Gieße aus Deinen Zorn über die Völker», entrang sich seiner Kehle – man zuckt unwillkürlich zusammen beim Anhören dieses durch Mark und Bein gehenden Wortes[24]. Was gesagt werden mußte, das sagte Savonarola, und schonte niemand, besonders nicht die lauen Kirchengänger. Er sprach im Auftrag Gottes, der ihm die zornigen Worte auf die Lippen legte. Die Bußpredigt war bei ihm wieder lebendig geworden. Eine Vorstellung davon bekommen wir heute noch, wenn wir Savonarolas Predigten lesen, obschon das schriftliche Wort nicht über den gleichen Klang wie die mündlich vorgetragene Rede verfügt. Savonarolas erschütternden Bußpredigten war eine seltene Durchschlagskraft beschieden. «Viele Frauen und mitunter Männer wurden während seinen Predigten von Weinkrämpfen befallen, andere wiederum blickten stumm, bewegungslos, und erstarrt vor Entsetzen.»[25] Es ereigneten sich mannigfache Bekehrungen und keineswegs nur unter dem einfachen Volk. Auch Gebildete gingen in sich und änderten ihre Lebensweise. Savonarola sprach nicht in jenem salbungsvollen Kanzelton, der die Stimme effektvoll zu heben und zu senken weiß. Er traf mit seiner Geißel die Zuhörer in ihrem Gewissen, und deswegen sanken viele auf die Knie. Gestohlenes Gut wurde zurückerstattet und jahrelange Feindschaften wurden beglichen. Oft brach das Volk während der Predigt in Tränen aus und flehte lautjammernd um Barmherzigkeit. Nicht nur einige alte Weiblein fühlten sich in ihren Anschauungen bestätigt, auch bedeutende Männer konnten ihm nicht widerstehen. Der junge Michelangelo stand wie gebannt unter den Zuhörern und ließ sich kein Wort von dem flammenden Mönch entgehen. Er vermochte später die Propheten auf so kongeniale Art an die Decke der Sixtinischen Kapelle zu malen, weil ihm Savonarola eine plastische Vorstellung vom prophetischen Wort vermittelt hatte. Savonarolas Predigten waren für Michelangelo eine Quelle der Inspiration. Bis in sein hohes Greisenalter hörte Michelangelo – nach eigener Aussage – die Stimme des Frate wie einen ferne rollenden Donner in seinen Ohren. Auch in Botticellis Seele senkten sich Savonarolas Worte so tief ein, daß er schließlich seinen Pinsel weglegte, obschon er eine mit Mozarts Musik vergleichbare Malerei schuf. Botticellis Leben nahm durch Savonarolas Reden die Wendung zu einer Tragödie, die man nicht trockenen Auges verfolgen kann. Das prophetische Wort wirkt sich stets wie ein Felsen zerschmetternder Hammer aus. Wer die religiöse Dramatik nicht in Kauf nimmt, versteht nichts von der Geißel der Bußpredigt. Savonarola rang mit letztem Einsatz um die Seele der Stadt Florenz und versuchte unter Aufbietung aller Kraft, die Menschen vom Abgrund zurückzurufen. Allein, es taten nicht alle Florentiner Buße; Lorenzo de' Medici beugte sich nicht, obwohl Savonarola zu seinen Mitbrüdern sagte: «Gehet hin und meldet dem Lorenzo de' Medici, er möge Buße tun für seine Sünden, denn Gott wolle ihn strafen, ihn und die Seinigen.»[26] Der Tyrann kam der Aufforderung nicht nach. Zur Strafe für seine Weigerung wurde er wenige Wochen darnach vom Tode hingerafft.

Durch Savonarolas Predigertätigkeit kam es zu der bekannten Verbrennung der Eitelkeiten in Florenz. Sie darf nicht überschätzt werden, zudem steht sie in der Geschichte nicht als einmaliges Ereignis da. Auch andere Prediger haben die Zuhörer zu einem derartigen Tun aufgefordert. In Florenz war es vorwiegend ein Werk der Jugend. Die Predigt gegen den Luxus der Florentinerinnen stand nicht hinter der Anklage des Propheten Jesaja über die Hoffart der Töchter Zions zurück, die angesichts der sozialen Not des Volkes eine unverantwortliche Kleiderpracht entfalteten. Savonarola prangerte die prunkhaft aufgeputzten Frauen an und bedrängte sie, ein tugendhaftes Leben in Güte und Rechtschaffenheit zu führen. Bei der öffentlichen Verbrennung der Eitelkeiten darf man nicht nur an die Bilder denken, die den Flammen zum Opfer fielen. Gewiß wurden neben dem törichten Tand auch wertvolle Gemälde mitverbrannt, das ist bedauerlich. Die Verbrennung der Eitelkeiten verlangt nach einem tieferen Verständnis. Sie war ein eindeutiges Zeichen, das weiterum leuchtete und auch als solches verstanden wurde. Das Vorkommnis glich einer Selbstreinigung der Stadt im großen Stil, und wie nach einem Gewitterregen war die Luft erfrischt und die schwüle Atmosphäre verschwunden. Doch sei auch an die Deutung von Nikolaus Sementovsky-Kurilo erinnert: «Nachdem über den verbrannten Eitelkeiten die Flammen erloschen waren, sah sich der Prior von San Marco von einem Dunkel umgeben, aus dem er nicht mehr in das Licht des tätigen Tages zurückfinden sollte.»[27]

Die Verbrennung der Eitelkeiten war zunächst ein negativer Akt. Oft müssen unhaltbare Zustände beseitigt werden, damit freier Raum für Luft und Licht entsteht. Savonarola war kein verneinender Geist; ihm ging es durchaus um einen Aufbau. Unter dem Einfluß seiner mächtigen Bußpredigt und nach dem Tode Lorenzo de' Medicis schritt die Stadt zu einer Neuordnung des Gemeindewesens. «Die Gemeinde will nicht, daß du dir selbst, sondern allen insgesamt dienest, und darum darf sich deine Liebe nicht in dir erschöpfen, sondern sie muß auf das Gemeinwohl gehen; wer daher das Gemeindewohl nicht liebt, der ist kein wahrer Christ, denn er hat sein Endziel nicht im Auge.»[28]

Die Tyrannenherrschaft der Medici wurde gebrochen – das allein schon war eine große Tat – und eine auf demokratischer Grundlage aufgebaute Ordnung eingeführt. Es ist Verleumdung, wenn behauptet wird, Savonarola habe sich zum Herrscher der Stadt aufgeschwungen. Er beteiligte sich aktiv an der Ausarbeitung der neuen Verfassung, doch blieb für ihn die religiöse Erneuerung stets das primäre Ziel, dem er alles unterstellte. Ihm schwebte eine Theokratie vor – eine Staatsform, die nach den geschichtlichen Erfahrungen stets mit mannigfachen Fragwürdigkeiten verbunden ist. Der Umschwung in Florenz beweist, daß sich Savonarolas Bußpredigten nicht in kraftvollen Reden erschöpften. Das Wort kehrte nicht leer zurück, es richtete seine Botschaft aus und bewirkte eine Neugestaltung des Gemeindewesens. Die Verbindung mit den politischen Entscheidungen war für Savonarola eine Notwendigkeit. Der Christ kann sich schwerlich aller Politik enthalten. Eine säuberliche Trennung von Religion und Politik gibt es nicht, wohl aber eine vorsichtige Zurückhaltung. Es wohnt der Politik auch eine gewisse Eigengesetzlichkeit inne; Savonarola ließ sich mit ihr ein, ja, er mußte sich mit ihr einlassen, und dies wurde ihm zum Verhängnis. Die unausweichliche Verquickung bildet die Tragik in Savonarolas Leben.

Seine Wirksamkeit in Florenz rief nach einer Antwort der Zeitgenossen. Neben der positiven gab es auch eine negative Erwiderung. Denn nicht alle Florentiner waren von Savonarolas Predigten überwältigt. Zahlreiche Kreise der Stadt fühlten sich durch seine Reden eingeengt und nicht beeindruckt. Die Unbußfertigen traten als Gegner auf. Savonarola verstand sich nicht auf das demagogische Spiel mit den breiten Massen, die zu allen Zeiten ein unzuverlässiges Gebilde waren.

Die Gegner allein hätten Savonarola wahrscheinlich nicht zu Fall gebracht, aber sie gewannen in der Person des Papstes Alexander VI. einen einflußreichen Bundesgenossen. Alexander VI., der «formlose Sohn des Chaos», war durch Bestechung und Verrat auf den Heiligen Stuhl gekommen. Über die Verunehrung der päpstlichen Würde durch Alexander VI. ist die Nachwelt genau unterrichtet. «Die Religion spielte im Leben des Papstes nur die Rolle der Phrase, die Kirche bedeutete ihm nur eine Kostümfrage. Von der Dämonie Cesares getrieben und versunken in seiner pathologisch anmutenden Erotomanie, steuerte er auf die völlige Säkularisierung des Papsttums zu, das ihm nur Mittel zur Herrschaft seiner Familie war.»[29] Ehrenrettungen zu schreiben ist eine edle Sache, aber sie müssen angebracht sein. Alexander VI. als einen guten Papst hinzustellen und Savonarola als «Wahnsinnigen» zu brandmarken, wie es Ferrara in seiner Monographie getan hat, ist eine nicht zu rechtfertigende Verdrehung der Wahrheit[30]. Es ist töricht, Alexander VI. zu rehabilitieren, denn keine Mohrenwäsche kann ihn reinigen – es bleibt immer eine schmutzige Brühe. Das schwere Problem Alexanders VI. besteht vielmehr in dem Eindringen des absolut Bösen in die Kirche: er war «der Mensch der Sünde», der sich in den «Tempel Gottes gesetzt hat»[31]. Das ist ein Phänomen von metaphysischer Tragweite, das mit Entrüstung über das Scheusal nicht beantwortet wird, sondern eines der schwersten Rätsel bildet. Der unchrist-

lich lebende Papst fühlte sich durch Savonarolas Predigten ange-
griffen, und, verletzt in seinem Gewissen, war er nicht gewillt,
sich zurückrufen zu lassen. Alexander VI. wurde der stärkste Widersacher Savonarolas. Mit allen Mitteln, mit List und Tücke,
ging er gegen den Frate vor und behielt nur das eine Ziel im
Auge, den unbequemen Bußprediger mundtot zu machen. Da es
ihm mißlang, verhängte er die Exkommunikation über ihn.
Diese Strafe erschütterte Savonarola schwer, doch setzte er ihr
die großartige These entgegen: «Auf die Liebe ist die ganze
Theologie eingestellt, auf die Liebe das kirchliche, auf die Liebe
das staatliche Recht. Wer also wider die Liebe befiehlt, unseres
Gesetzes Erfüllung, der sei im Banne! Exkommuniziert sei von
Gott, wer wider die Liebe gebietet!»[32]
Durch den Bann geriet Savonarola in eine harte Gewissensnot:
Mußte er dem päpstlichen Erlaß gehorchen oder nicht? Die Gestalt Savonarolas verkörpert eines der schwersten Gewissenspro-
bleme, ja sie bildet eine wahre Gewissenstragödie. In einer Zeit,
da das christliche Gewissen beinahe zum Verstummen gebracht
worden war, erlebte Savonarola seine totale Wirklichkeit. Die
Gewissensstimme war in ihm erwacht; es schien ihm unmöglich,
sich ihren gebieterischen Forderungen zu entziehen. Das Problem des Gehorsams gegenüber dem Gewissen empfand er als
eine fundamentale Frage. Der Gehorsam ist, religiös gesehen,
eine Forderung Gottes. Leuchtend steht das Wort Samuels in der
Bibel: «Gehorsam ist besser als Opfer.»[33] Welch große Gehor-
samsleistung haben die Heiligen vollbracht! Ein blinder Kada-
vergehorsam aber kann den Menschen in die tiefste Sünde stürzen. Viele sind zu Fall gekommen, weil sie einem verbrecherisch
gesinnten Diktator Gehorsam leisteten, ohne sich zu fragen, ob
solche Befehle ethisch zu verantworten seien. Man darf nie ohne
Gewissensbefragung gehorchen; diese Einsicht lehrt uns das
Drama Savonarolas. Er entschied: «So bin ich zu jedem Gehorsam gegenüber der römischen Kirche entschlossen, ausgenom-
men, wenn sich ihre Befehle gegen Gott oder gegen die Liebe
richten sollten.»[34] Der Frate ist beim Durchdenken seines Kon-
flikts zum Ergebnis der Apostel gelangt: «Man muß Gott mehr

gehorchen als den Menschen.»[35] Das sind Worte eines an Gott gebundenen Gewissens. Savonarolas Entscheid bezeugt, daß man auch in der Kirche eine ehrliche Sprache gegen die Oberen führen darf, ein Zeugnis, das im Interesse der Kirche liegt.

Savonarola ist den von Gott vorgeschriebenen Weg gegangen, er ließ sich nicht einschüchtern und verkündete nach wie vor Buße. Alexander VI. aber beschloß, Savonarola zu beseitigen; er sandte ein Schreiben nach Florenz, das seinen Tod forderte. Es kam zur Verhaftung und zum atembeklemmenden, von einer namenlosen Düsternis eingehüllten Prozeß gegen Savonarola, in welchem man nicht vor den gröbsten Verfälschungen zurückschreckte. Unter dem Druck der entsetzlichen Folterungen legte Savonarola die gewünschten Geständnisse ab, die er aber alle nach der Tortur widerrief, da sie erpreßte Aussagen waren.

Wie es in den dunklen Tagen in Savonarolas Seele aussah, geht aus den Meditationen über den dreißigsten und fünfzigsten Psalm hervor. Er schrieb sie nieder, während er mit ausgerenkten Gliedern auf einem Häuflein Stroh lag. Es ist eine existentielle, keine wissenschaftliche Exegese. In diesen Ausführungen, niedergeschrieben in großer Einsamkeit, spricht eine Seele mit ihrem Gott. Jetzt befand sich Savonarola ganz draußen auf dem Meer, er hatte sich weit hinaus gewagt und sah nichts mehr vom Ufer. Die Kerkermeditationen zeigen Savonarolas Herz und die Reinheit seiner Gesinnung. Von jeher war er ein großer Beter gewesen. Seine Auslegungen der beiden Psalmen reihen sich an die Zeugnisse, die der Prophet Jeremia im Block ablegte. Ein letztes Rufen aus der Tiefe entrang sich der vom Schmerz verwundeten Seele: «Wo sind jetzt die Versprechungen deiner Hoffnung? Wo der Trost? Wo deine Befreiung? Was haben dir die Tränen genützt? Was haben deine Gebete vom Himmel erreicht? Du hast gerufen und niemand hat dir geantwortet. Du hast zu Gott gefleht, er aber schwieg.»[36] So hat auch Hiob gestöhnt.

Die Hinrichtung also war eine zum voraus beschlossene Sache. Der päpstliche Kommissar meinte: «Wir werden ein schönes Feuer machen; ich habe das Urteil schon bei mir», ohne zu bedenken, daß das lustige Feuerlein einen Menschen bei lebendi-

gem Leib verbrennen hieß [37]. Savonarola und seine zwei Lei-
densgenossen Fra Domenico da Pescia und Fra Silvestro Maruffi
nahmen das Todesurteil wortlos entgegen. Unmittelbar vor der
Vollstreckung des Urteils wurde Savonarola noch das Ordens-
kleid abgenommen; dazu sagte er: «O heiliges Gewand, wie sehr
habe ich dich begehrt! Gott hat dich mir gegeben, und bis zu
dieser Stunde habe ich dich unbefleckt bewahrt, und ich würde
dich jetzt nicht lassen, aber du wirst mir genommen.» [38] Als der
Bischof die Verurteilungsformel sprach und sich in seiner Verwirrung dahin verhaspelte, daß er die drei Delinquenten von der
streitenden und triumphierenden Kirche scheide, unterbrach ihn
Savonarola: «Monsignore, Sie irren sich, Sie haben nämlich nur
zu sagen ‹von der streitenden›, ‹von der triumphierenden›, das
steht bei Gott.» [39] Sein früher geäußerter Wunsch: «Ich will keinen roten Hut, keine großen oder kleinen Mitren. Ich will nichts,
als was Du Deinen Heiligen gabst, den Tod. Einen blutigen Hut,
den begehre ich» [40], hat sich erfüllt. Wenn der Mensch fleht:
«Nur um die eine Gnade bitte ich dich: laß mich nicht im Bette
sterben, sondern laß mich mein Blut für dich vergießen, wie du
es tatest für mich» [41], so erhöht Gott das Gebet. Die auf dem Platz
der Signoria vollzogene Hinrichtung ertrug Savonarola mit
einer von Gott geschenkten Standhaftigkeit. «So sah die Kultur
der Renaissance in der Nähe aus! Savonarola am Galgen, ein
Scheusal wie Borja oben auf dem Stuhle des heiligen Petrus – das
war die Lage der Christenheit!» [42] kommentiert Joseph Schnitzer
in seinem großen Savonarola-Werk die damalige Situation.
Angesichts des Todes sind alle Worte unangebracht. Auf dem
großen Platz in Florenz bezeichnet eine Steinplatte den Ort, da
Savonarola seinen Geist dem Schöpfer zurückgab. Am 25. Mai
1952 bat der Bürgermeister von Florenz, Giuseppe de la Pira, an
dieser Stätte Savonarola öffentlich um Verzeihung für das damals begangene Unrecht. Die Einsicht hat lange auf sich warten
lassen; doch späte Reue ist besser als keine Reue. Auch durch das
zu einem Museum umgewandelte Kloster San Marco zittert
noch ein Hauch von Savonarolas Geist.
Die Diskussion über Savonarola zieht sich von seinen Lebzeiten

bis zum heutigen Tag hin. Voreingenommenheit mischte sich in die Auseinandersetzung, indem man Savonarola der Übertreibung beschuldigte, ihm vorwarf, er könne nicht Maß halten, und in seiner selbstgeschaffenen Einsamkeit habe man ihn nie lachen gesehen. Statt derartige Vorurteile zu übernehmen, müßte man sich das von Fra Bartolomeo gemalte Bild Savonarolas anschauen. Welch ein Gesicht! Ein echter Italiener, ohne Falschheit und mit feurigem Temperament. Die blauen Augen unter den roten Brauen verleihen dem lebhaften Antlitz einen ungewöhnlichen Ausdruck. Der glühende Blick schaut dem Ewigen direkt entgegen. Er ist auf das Eine gerichtet und kennt keine Ablenkung. Das Bildnis ist die Widerlegung jener Auffassung, die vom kalten Feuer spricht, das in Savonarola gebrannt haben soll. Wer sich aber lange in sein Antlitz vertieft, wird von der Seele Savonarolas gegrüßt und erkennt ihn als «eine Persönlichkeit von hohem christlichem Rang»[43].

Die erste, schon während seiner Wirksamkeit aufgeworfene Frage geht dahin: War Savonarola ein Prophet? Diese Frage beschäftigte ihn selbst, und immer wieder dachte er darüber nach: «Ich will nicht als Prophet gelten, da dies ein schweres und gefährliches Amt ist, welches den Menschen in heftige Unruhe versetzt.»[44] Freilich ist in seinen Aussagen darüber keine einheitliche Linie festzustellen. «Ich sage dir damit nicht, noch habe ich es dir jemals gesagt, daß Gott zu mir spreche. Ich sage dir weder ja noch nein.»[45] Das ist eine Äußerung, die man ihrer Unentschiedenheit wegen nicht gerne hat. Trotzdem war ein prophetisches Element in Savonarola vorhanden, denn er gestand, «Eingebungen Gottes» erfahren zu haben[46], sprach hellsichtig vom «inneren Licht der Gnade»[46] und bekannte zuletzt unmißverständlich, «Gott spricht mit mir»[47]. Bei dieser Äußerung blieb Savonarola eingedenk der Erkenntnis: «Die Prophetie ist etwas Großes» und die «der Kirche geschenkten Propheten sind die Mittler zwischen Gott und der Menschheit»[48]. Nach Savonarola steht der prophetische Geist auch den Propheten nicht immer zur Seite, sondern er kommt und geht ohne das Zutun der Menschen. Aber Savonarola beteuert, daß Florenz nicht ihn, sondern

Gott gehört habe, als er auf der Domkanzel sprach. Damit gab er zu verstehen, seine Ausführungen seien nicht seinem Gehirn entsprungen, sondern im Auftrage Gottes erfolgt; er habe so sprechen müssen, weil Gott es so wollte. Er behauptete, auf höheren Befehl und durch Erleuchtung gesprochen zu haben, «keine Erleuchtungen durch Träume, sondern offene und klare, im Wachzustand, mit aller Gewißheit»[49]. Savonarola hat Kommendes geweissagt, das eingetroffen ist. Dies kann nicht in Abrede gestellt werden und ist auch keineswegs dadurch erklärt, wenn man sagt: «Im prophetischen Wort Savonarolas fließen Jahrhunderte christlicher Ängste zusammen.»[50] Die von ihm vorausgesagte Erneuerung der Kirche hat in der Reformation und Gegenreformation eingesetzt. Zwar traf nicht alles ein, wie etwa seine Weissagung, «daß sich die Türken und Mohren in unseren Zeiten zum Christentum bekehren werden»[51]. Doch teilt Savonarola dieses Schicksal mit den alttestamentlichen Propheten. Prophetische Weissagungen sind keine starren Angelegenheiten, weil Gott seine Drohungen ausführen oder zurücknehmen kann, je nachdem die Menschen darauf antworten.

War Savonarola ein Ketzer? Diese Beschuldigung stellte man auf, um ihn zu verbrennen. Er war es gewiß nicht. Savonarola gehört nicht in die Ketzergeschichte. Er vertrat weder neue Lehren noch eine Auflehnung gegen die Kirche. Auch sind keine ketzerischen Elemente bei ihm zu entdecken. «Reformator im Sinne Luthers, Zwinglis oder Calvins war Savonarola jedenfalls nicht», stellt Schnitzer fest[52]. Er trennte sich nie von der Kirche, er focht keine ihrer Dogmen an und wollte im Unterschied zu Luther nicht die Lehre – was nur zu ideologischen Streitigkeiten führt –, sondern das Leben der Christen ändern – eine unendlich schwerere Sache. Das Verbrennungsurteil wegen Häresie ist deshalb ungerecht. Savonarola vertrat die Innerlichkeit gegen die bloße Äußerlichkeit: «Jene Zeremonien haben ohne die Reinheit des Herzens keinen Wert, und das christliche Leben besteht in ganz anderen als in Äußerlichkeiten.»[53] Nach Savonarola hat aller kirchliche Dienst keinen Wert, wenn das Innere nicht daran beteiligt ist. Diese Auffassung war dem Renaissancemenschen fremd, sie entspricht aber der echten Frömmigkeit des Christentums. Savonarola predigte selten über Maria – weil die Schrift so selten von ihr spricht –, er nahm seine Zuflucht ganz zu Christus: «Du bist mein Vorgesetzter, du bist mein Pfarrer, du bist mein Bischof, du bist mein Papst.»[54] Die besten Söhne und Töchter der katholischen Kirche haben in der Weise gedacht. Dem verdorbenen Papst, und nicht dem Papsttum an sich, galt Savonarolas Kampf. Auch seine Gehorsamsverweigerung bedeutet keine Häresie. Nach Thomas von Aquin darf der Christ nicht einem Wort nachkommen, dessen Befolgung ihm das Gewissen verbietet. Die Gewissensinstanz muß respektiert werden. Savonarola teilte das Credo der römischen Kirche, er hat sich ihr stets unterstellt und ist in seinem Herzen stets Mönch geblieben[55]. Was immer er auch predigte, er war bereit, alles der Korrektur der Kirche zu unterwerfen.

War Savonarola ein Heiliger? Diese Frage warf nicht erst die Gegenwart auf, die es liebt, alle Dinge umzudrehen. Schon Philipp Neri malte in seiner Begeisterung für den Hingerichteten einen Heiligenschein um das Bildnis Savonarolas. Er betrachtete ihn als Vorbild und betete innig, dessen Schriften möchten nicht auf den Index kommen[56]. Auch die heilige Katharina von Ricci versuchte mit allen ihr zu Gebote stehenden Mitteln, die Verehrung Savonarolas zu fördern[57]. Das Urteil der beiden Heiligen wiegt mehr als dasjenige der Theologen. Der Lebensführung nach war Savonarola ein Heiliger; doch das Urteil der Kirche über die angestrebte Rehabilitierung steht noch aus und wird aller Wahrscheinlichkeit nach noch längere Zeit auf sich warten lassen. Zwar wurde auf dem Generalkapitel der Dominikaner von 1955 der Antrag angenommen, Savonarola an die erste Stelle zu setzen und seine Seligsprechung in Angriff zu nehmen, weil «die Stunde Savonarolas angebrochen ist»[58]. Wie das Urteil auch ausfallen mag – Savonarola gehört zu den unkanonisierten Heiligen. Es gibt Heilige, die nicht im Kalender stehen, und die es doch sind. Die unbekannten Heiligen sind zahlreicher, als man annimmt, und gehören zu den schönsten Gestalten. Savonarola ist eine von ihnen. Er selbst sprach: «Ich will Bruder sein und nichts sonst.»[59] Ein Augenzeuge schrieb: «Wie oft haben wir ihn gesehen, wie er in übergroßem Jammer zerfloß! Wie oft haben wir ihn gesehen, wie er – in Tränen aufgelöst und gleichsam ein wahres Brandopfer – von der Glut Gottes verzehrt wurde.»[60] Auch Savonarolas Ausführungen über das Gebet verraten den Heiligen! Das Gebet macht den Menschen immer froh, und die betenden Christen haben stets heitere Gesichter. Savonarola verteidigte das innere Gebet, das er dem mündlichen überordnete, was nur ein in Gott versunkener Mensch tun kann. Nach Pater Gieraths bestehen «keine Bedenken gegen die Annahme, daß Savonarola ein Heiliger ist»[61].

Das Thema Savonarola muß jedoch von der damaligen und der heutigen Fragestellung wieder auf den ursprünglichen Tatbestand zurückgeführt werden: Der Mönch von San Marco war einer der großen Bußprediger der Christenheit. Von daher kommt auch der viel beanstandete Rigorismus, der seiner Verkündigung anhaftete. Er läßt sich von der Bußpredigt nicht ablösen, weil diese Strenge dem Bußernst entspricht. Keineswegs ist Savonarola lieblos, wie schon behauptet wurde. Natürlich besaß er nicht jene Heiterkeit, die Haydn bei seiner Arbeit empfand, dem allemal das Herz froh wurde, wenn er an Gott dachte. Humor ist wohl eine Gabe Gottes, sie ist aber nicht jedem Menschen gegeben. Der Bußernst hat eine andere Funktion. Alle Dinge auf Erden haben ihre Zeit, traurig sein und froh sein, lieben und hassen. Auch die Bußpredigt hat ihre Zeit, und in gewissen geschichtlichen Situationen ist sie das, was not tut. Savonarola war sie aufgetragen. Er kam dieser Sendung bis zur Erschöpfung nach, indem er mit der Stadt Florenz rang und um ihre Seele kämpfte. Die von der heidnischen Renaissance überflutete Stadt hatte es wahrhaftig nicht nötig, daß man die Schönheit ihrer Bauten und das elegante Auftreten ihrer Einwohner rühmte. Solche Schmeichelei wäre eines christlichen Predigers unwürdig. Savonarola hat das Gebot der Stunde verstanden: Florenz brauchte in diesem Moment nur eines, die Bußpredigt. Die Stadt hatte das Bußwort nötig; Savonarola kam dieser Verpflichtung nach. Er verkündete es schonungslos und frei von aller Menschenfurcht und schloß auch sich selbst mit ein. Dem von heiligem Zorn erfüllten Mann war es gleichgültig, ob ihm seine unbeliebten Worte in Florenz viele Feinde und wenig Freunde schafften; er richtete seinen Auftrag aus, den man Buß-predigt als Charisma bezeichnen kann.

Es ist unrichtig, Savonarolas Bußpredigten abzuwerten, indem man ihn einen Fanatiker nennt. Er war kein blinder Eiferer, wie die Ästheten ihn bezeichneten, zumal nach Savonarolas Ansicht «der Eifer nichts anderes ist als eine starke Liebe, die im Herzen des Gerechten lebt»[62]. Savonarolas Bußpredigt entsprach einer unumgänglichen Notwendigkeit. Florenz war eine verdorbene Stadt. Schon Dante hatte sich darüber aufgehalten, daß die Da-men mit ausgeschnittenen Kleidern, die die runden Brüste frei-gaben, durch die Gassen von Florenz wandelten. Zu Savonarolas Zeiten war es noch schlimmer. Die Renaissance hat nicht nur eine Wiedergeburt der Antike heraufbeschworen, sondern auch der Sittenlosigkeit Tür und Tor geöffnet. Bei aller Kunstliebe muß man auch das sehen. Die Normen hatten sich aufgelöst: die Menschen taten in ihrer niederen Gesinnung, was sie wollten. Kein Sittengesetz hielt sie in Schranken. Das Auftreten Savona-rolas war ein Akt der Vorsehung. Gott selbst hatte ihn in diesen Sündenpfuhl hineingestellt. Er mußte mit aller Kraft dagegen auftreten und durfte sich nicht mit zimperlichen Worten begnü-gen oder ängstlich auf die allgemeine Volksmeinung achten. Klangen seine Worte zuweilen auch hart und waren sie objektiv nicht immer völlig ausgewogen, es schadete nicht.

Savonarola übte keine bloße Gesellschaftskritik. Zwischen Bußpredigt und Zeitkritik besteht ein wesentlicher Unterschied. Zeitkritik ist beliebt; die modernen Schriftsteller leben zum gro-ßen Teil davon, kennen nichts anderes mehr und haben eine Meisterschaft entwickelt. Die Massenmedien und auch die Büh-nen sind von der Zeitkritik beherrscht. Die Gebrechen der Zeit springen in die Augen, alles und jedes läßt sich anprangern; doch dies ist bei aller witzigen Form keine große Kunst. Es ist zu leicht, die Geschehnisse lächerlich zu machen. Man tut es auch gern, weil es nicht viel kostet. Die Zeitkritik ist ansteckend, heutzutage leicht zu handhaben, wenn man nicht ganz auf den Kopf gefallen ist, und obendrein ist man des Beifalls der Masse sicher. Die reifere Jugend ist der Gesellschaftskritik mit Haut und Haar verfallen. Man kann dieser Kritik nicht jede Berechtigung absprechen, aber sie bleibt im Negativen stecken und erschließt keinen neuen Anfang. Savonarolas Predigten unterscheiden sich außerdem von aller Satire und Ironie. Der Prediger von Florenz war kein Satiriker wie Sebastian Brandt in seinem «Narrenschiff».

Statt Zeitkritik predigte Savonarola christliche Buße, und das ist etwas grundsätzlich anderes. Jede Bußpredigt enthält die Aufforderung, sich selbst zu ändern. Sie schneidet ins eigene Fleisch. Savonarola geißelte mit seinen Worten das unverantwortliche Tun der Menschen. Ihr Lachen verstummte, wenn er in seinen Predigten zum Angriff überging. Im Alten Testament spricht der Prophet Nathan zu David: «Du bist der Mann, der sich der schweren Sünde schuldig gemacht hat», und das gleiche Wort bekamen die Zuhörer in Florenz zu hören. Es war ihnen nicht möglich, die Schuld auf die Nebenmenschen abzuwälzen oder sich selbst freizusprechen. Die Bußpredigt besaß eine aktuelle Note, jeder mußte sie auf sich beziehen, sie war eine einzige Illustration zu dem Bußwort von Johannes dem Täufer: «Schon ist die Axt an die Wurzel der Bäume gelegt; jeder Baum, der nicht gute Früchte bringt, wird umgehauen werden und ins Feuer geworfen.»[63] Die Axtschläge hallten bei ihm durch den Dom und sind bis in unsere Zeit hinein zu hören.

Es ist falsch, wenn man gegen Savonarolas Bußpredigt einwendet, es fehle ihr das christliche Erbarmen, sie strecke den Menschen nieder und kenne das Verzeihen nicht, es herrsche ein bloß alttestamentlicher Geist in ihr, und man finde Christus nicht, der zu den Sündern gesagt hat: «So will auch ich dich nicht verurteilen.» Der Einwand besteht in dieser Form zu Unrecht, denn Savonarola war zu verzeihen bereit, sofern Reue vorhanden war. Es ist nicht ratsam, mit solchen Bedenken die Bußpredigt abzuwerten. Sie entsprach damals einer Notwendigkeit, und auch in der Gegenwart wird man auf sie zurückkommen müssen. Mit einer bloß informatorischen Verkündigung ist keinem

Menschen geholfen. Savonarola legte das Gewicht auf die Umkehr, und er hätte gewiß der Auffassung zugestimmt, wonach um eines Menschen willen, der die Umkehr vollendet hat, der ganzen Welt verziehen werde.

Es besteht ein Unterschied zwischen einem Büßenden und einem Bußprediger. Bei Savonarola jedoch verringert sich der Graben zwischen den beiden Haltungen beträchtlich, weil er selbst mit eigenem Beispiel vorangegangen ist und nicht nur andern mit hinreißenden Worten gepredigt hat. Aus dem Bußprediger wurde ein Büßer. Er hat mit seinem Tod den Blutzoll für seine Bußpredigten bezahlt. Diese entscheidende Tat rückt das ganze Geschehen nochmals in ein neues Licht. Der Mönch von San Marco hat für seine Bußworte das Martyrium erlitten. Vor seinem Blutzeugnis beugt man sich. Er sprach nicht nur Worte, alles wurde bei ihm zur vollen Existenz, zur bedrängenden und zeitlos gültigen Wahrheit.

Savonarola steht mit seiner Bußpredigt nicht allein da. Er hatte Vorläufer und Nachfolger. Die Geschichte der Christenheit ist nicht ohne Bußprediger zu denken. Immer wieder treten sie auf, erheben ihre Stimme, damit die Menschen nicht an innerer Fäulnis zugrunde gehen. Ihre Worte wirken wie das Salz der Erde.

Eine letzte Frage erhebt sich: Wo bleibt der Bußprediger von heute? Gibt es in der Gegenwart einen Menschen, der so zu uns spricht, daß seine Worte uns zur Besinnung bringen und uns mehr als «ein interessanter Beitrag zur Diskussion» bedeuten? Wo finden wir den Mahner, der uns im Gewissen trifft, so trifft, daß wir nicht mehr ausweichen können? Er fehlt, weil man die Kirche nur umstrukturieren will; weil man nicht begriffen hat, daß nichts so schwer ist, wie echte Buße zu predigen. Aber er wird wieder kommen, freilich wird er nicht ein Savonarola sein. Wiederholung gibt es in der Geistesgeschichte nicht. Er wird eher dem Pfarrer von Ars ähnlich sein, der, ebenfalls ein scharfer Bußprediger, in einem Gespräch mit seinen Amtskollegen über die Anwendung der sakramentalen Buße seine Ansicht dahin zusammenfaßte: «Ich gebe den Beichtkindern eine kleine Buße, den Rest leiste ich selber für sie!»[64]

EINE DONNERSTIMME WAR ES:
ABBÉ DE RANCÉ

«Trink Trappistenbier!» lautet eine Aufschrift, die man in Tramwagen und auf Plakatsäulen in Holland lesen kann. Erstaunt fragt man sich, was das heißen soll. Fordern in diesem Lande die Mönche zum Bierkonsum auf? Oder ist es einfach einer jener von Werbeagenturen ersonnenen Slogans, die zum Kauf verlocken? Tatsächlich stammt das holländische Bier aus dem Trappistenkloster in Tilburg, dem Kloster, in dem sich der erschütternde «Erste Kreuzweg» von Albert Servaes befindet. Arbeiter stellen dieses Bier außerhalb der Klausur her, und das Kloster lebt von diesem Ertrag. Aber keine Angst, es wird in den folgenden Ausführungen keine Propaganda für das Trappistenbier gemacht. Es gibt ein anderes Trappistengetränk, das nur wenige kennen. Von einer geistigen Tranksame wissen die Trappistenmönche paradoxerweise durch ihr Schweigen etwas zu erzählen. Dieses schweigsame Anliegen ist viel eindrücklicher als alle Worte zusammen, denn es ist nicht zufällig, daß die Trappisten durch jahrelange Bemühungen hindurch so unvergleichliche Gestalten des Gebetes geworden sind.

Die Trappistenklöster sind im Frankreich des siebzenten Jahrhunderts entstanden, in einer Zeit, die durch starke Gegensätze gekennzeichnet war. In der Geschichte nennt man diese Epoche die Zeit des Sonnenkönigs, der mit verschwenderischer Pracht ein Leben der Sinnenlust, der Macht und der Äußerlichkeit führte. Die furchtbare Katastrophe trat in einer späteren Generation ein. Doch ist dies nur die eine Seite des französischen Lebens jenes Jahrhunderts. Allezeit gab es neben dem mondänen Frankreich, dem vielfach gehuldigt wurde, das Frankreich der Kathedralen und der Heiligen, das die gläubige Seele des Landes

in sich schließt. Henri Brémond schilderte in seinem essayisti-
schen Werk «Histoire littéraire du sentiment religieux en France»
meisterhaft, wenn auch allzu elegant, die französische Mystik,
die unendlich viel wertvoller ist als das ganze nach außen ge-
wandte absolutistische Königtum. Man kennt Frankreichs Herz
nicht, wenn man nichts vom christlichen Humanismus mit seinem Charme weiß. In der mystischen Bewegung des siebzehnten Jahrhunderts findet sich eine erstaunliche Tiefe, eine Innerlichkeit und ein seelischer Reichtum, die noch heute wegleitend
sein können. Die französische Spiritualität tendierte auf innere
Scheidung von der Welt ohne äußeren Standwechsel und hul-
digte der Losung: Weil die Natur von Gott ist, wollen wir sie
bestehen lassen und sie nicht zerstören.

In diesen mächtigen Strom der christlichen Frömmigkeit ist
auch der Gründer des Trappistenordens einzureihen: Armand
Jean le Bouthillier de Rancé. Der außerordentliche Mann war
ein Zeitgenosse von Descartes und Pascal, von Corneille und
Racine. Obwohl Rancé neben diesen Persönlichkeiten durchaus
bestehen kann, ist er heutzutage beinahe vergessen. Warum ist es
um den rätselvollen Rancé so still geworden, weshalb redet man
kaum von ihm? Ist daran die wenig glückliche Literatur über
Rancé schuld, die entweder allzu panegyrisch oder dann satirisch
geschrieben ist und dadurch die wahre Gestalt verfehlt? Vertrat
er eine Haltung, die der Gegenwart nichts mehr zu sagen hat?
Das letztere wäre abwegig, besonders gegenüber dem Mönch
Rancé, der die Stille liebte. Nein, man schob Rancé auf die Seite,
weil er ein Büßer war! Die Neuzeit will von den stürmischen
Büßern, die das Himmelreich mit Gewalt an sich reißen, nichts
wissen; sie erfaßt nicht einmal deren Grundgedanken und interessiert sich einzig für das Nützliche, das Sensationelle, das Ephe-
mere. Doch was geht uns eigentlich das an, was die Welt interessiert oder nicht interessiert? Sie läuft ohnehin nur der augenblicklichen Mode nach, die im nächsten Moment schon wieder
von einer neuen Torheit abgelöst wird. Bei diesem Haschen nach
Wind verlieren die Menschen den Blick für die Perspektiven, für
das Bleibende und das Substantielle. Hierüber flüstert der bü-

ßende Rancé auch dem heutigen Christen ein leises Wort zu, das freilich nur der hört, der noch nicht vom Strudel der Zeit verschlungen und religiös taub geworden ist.

Rancé wurde als Sohn einer altfranzösischen Adelsfamilie geboren. Von frühester Jugend an verwöhnt, erhielt das in reichen Verhältnissen erzogene Patenkind Kardinal Richelieus stets das, was sein Herz begehrte. Der frühreife Rancé zählt seiner ungewöhnlichen Begabung wegen zu den Wunderkindern, die, bestaunt und mit Beifall überschüttet, meist auch verdorben werden. Es wird übersehen, daß Wunderkinder fast immer unglückliche Kinder sind, denen ein schweres Schicksal bevorsteht. Wenige Wunderkinder meistern jene Klippe, die im Übergang zum Erwachsenendasein vorhanden ist. Der Höhepunkt ihres Lebens fällt somit in die frühen, statt in die späteren Jahre, und die darin verborgene Tragik wird von der Umwelt nicht einmal geahnt. Rancé ist dem traurigen Schicksal entgangen, indem er unerwartet einen anderen Weg einschlug.

Die glänzende Jugendzeit Rancés ist durch eine dreifache Fesselung bestimmt, die ihn daran hinderte, die Täuschungen der Welt zu bemerken.

Sein Vater war einzig und allein darauf bedacht, dem Sohne ein großes Besitztum zu hinterlassen. Er ließ dem elfjährigen Knaben die Tonsur geben und verstand es, die Dinge so einzurichten, daß Rancé schon im jugendlichen Alter in den Besitz von großen Benefizien kam. Ohne einen Finger zu rühren, bezog der Jüngling ein kirchliches Einkommen von über zwanzigtausend Franken im Jahr, was für die damalige Zeit eine enorme Summe war. Er wurde Kommendatarabt von fünf Klöstern und kassierte deren Einkünfte, dachte jedoch nicht daran, sich in ein klösterliches Leben einzugliedern. Rancé war Priester und Domherr an der Notre-Dame zu Paris. Nach dem Tode des Vaters erbte er dessen Schloß und verfügte über ein großes Vermögen. Der junge Rancé vermochte seine Einkünfte stetig zu vermehren, geriet dabei aber völlig in den Bann des Geldes. Nichts dörrt die Seele eines Menschen sicherer aus, als wenn er ein Knecht des Mammons wird. Damals wurden die oberen

Schichten durch das Geld verdorben, heute werden die breiten Massen davon ausgehöhlt. Natürlich fand Rancé dieses Rennen nach Geld sehr interessant – was wird unter dieser Bezeichnung nicht alles bejaht! In Wirklichkeit ist das Wörtchen «interessant» eine listige Falle, in der sich die Menschen verfangen. Unmerklich war auch Rancé vom «goldenen Würfel» [Guggenheim] erdrückt worden, weil er nicht die Kraft gefunden hatte, ihn dort zu versenken, wo das Meer am tiefsten ist.

Eine zweite, subtilere Fesselung lag in seiner außerordentlichen Intelligenz. Rancé übersetzte früh Homer, wußte die griechischen und lateinischen Poeten auswendig und gab mit dreizehn Jahren schon ein Buch heraus. Der hochbegabte Jüngling studierte Theologie, die zu jener Zeit noch kein Aschenbrödeldasein führte, sondern die klügsten Geister beschäftigte. Rancé arbeitete sich in den Stoff ein und schloß an der Sorbonne mit einer glänzenden Doktordisputation ab. An den theologischen Studien Rancés ist jedoch nicht die geistvolle Art auffallend, mit der er alle Hürden gleichsam im Galopp nahm; das haben andere auch getan. Darin ist lediglich ein Zeugnis seiner intellektuellen Fähigkeiten zu sehen, die ihm in die Wiege gelegt worden waren, Gaben, die gerne aufblähend wirken. Fataler war, daß die geistsprühende Intelligenz ihm zum Fallstrick wurde, in den ihn der Teufel verwickelte. Rancé studierte Theologie, ergab sich der Gottesgelehrtheit und doktorierte in diesem Fach, ohne auch nur von einem Hauch des Christentums berührt zu werden. Lag dies an der jugendlichen Oberflächlichkeit? Waren seine Lehrer nicht imstande, ihm ernsthafte Eindrücke zu vermitteln? Wurde in ihm der priesterliche Geist gar nicht geweckt, obschon ihn der heilige Vinzenz von Paul auf die Weihen vorbereitete? Sind Christentum und Theologie am Ende gar nicht so eng miteinander verbunden, wie es den äußeren Anschein hat? Ist die gänzliche Beziehungslosigkeit zum Christentum während des theologischen Studiums bei Rancé ein Ausnahmefall? Vielleicht hat sie sogar in der Gegenwart bestürzende Parallelen. Man ist bis dahin diesen unbequemen und unerledigten Fragen ausgewichen, doch erheischen sie eine Antwort.

Die dritte Fesselung hängt mit Rancés rauschendem Lebenswirbel zusammen. Er verkehrte in der mondänen Gesellschaft, verstand es, sich elegant zu benehmen und brillant zu sprechen. Rancé nahm am Leben der vornehmen Welt teil. Er schaute nicht nur vom Rande aus neugierig zu, sondern stürzte sich kopfüber in den Strudel. Seinem Äußeren nach «war er von mittlerer Statur, hatte eine geistreiche Physiognomie, erhabene Stirn, funkelnde Augen und einen schön geformten Mund; sein Gesicht war, obwohl ein wenig massig, voll Adel und Anmut»[1]. Sein sorgfältig frisiertes Haar war gepudert, zwei große Smaragde glänzten an seinen Manschetten und ein kostbarer Diamant am Finger. Verwöhnt wie er war, erwärmte man ihm im Winter nicht nur die Leintücher, sondern auch die Bettstellen. Rancé liebte die mondäne Gesellschaft mit ihren Vergnügungen und Spielen, er liebte die Visiten und die Träumereien, und es gab wohl keine Torheit, die ihm nicht in den Sinn kam. Nebst der Astrologie ergab er sich vor allem der Jagd, obwohl sie den Klerikern kirchengesetzlich verboten war. Der Schall des Jagdhorns und das Gebell der Hunde elektrisierten ihn geradezu. Er liebte es, am Morgen zu predigen wie ein Engel und am Nachmittag zu jagen wie ein Teufel. «Degen, Flinte, Jagd, Theologie, alles zusammen gewiß eine seltsame Verbindung», aber Rancé empfand keinen Widerspruch zwischen ihnen. Dabei hätte er einen Hasen, den man ihm auf den Tisch legte, nicht einmal angeschaut. «Es ist nur die Jagd und nicht die Beute, was sie suchen», kommentierte Pascal[2]. Rancé frönte der Jagd mit ungestümer Leidenschaft. Er überließ sich hemmungslos dem galoppierenden Vergnügen, denn es lenkte ihn von sich selbst ab. Nicht nur Rancé erging es so, sondern alle Menschen, die sich dem Lebenstaumel bis zur Trunkenheit überlassen, kennen diese Vergnügungssucht – ob sie sich dies nun eingestehen oder nicht. Deshalb darf man Rancé nicht auf die Seite schieben und sagen: Was geht uns dieser Mann an, das ist doch alles längst vorbei. Natürlich gehört er der Vergangenheit an; aber mit seiner eitlen Zerstreuungssucht ist er der Prototyp des lebensgierigen, sich betäubenden Menschen, wie er zu allen Zeiten anzutreffen ist, gestern, heute und morgen. Der unersättlich lebenshungrige Mensch stirbt nie aus, er kehrt in veränderter und doch immer gleicher Form wieder. Das Leben des jungen Rancé ist ein Spiegel: in ihm kann sich der von seinen Vitalstürmen fortgewirbelte moderne Mensch erkennen.

Rancé, ein eleganter Weltmann, bewegte sich sicher und gewandt in der vornehmen Gesellschaft. Mit Gräfinnen und Herzoginnen pflegte er geistreiche und lockere Wortspiele, die zu den bekannten erotischen Neckereien und Naschereien führten. Er hätte mit Mozart singen können: «Diese Locken, diese Bänder, diese seidenen Gewänder.» Liebesverhältnisse gehörten zu den Lustbarkeiten, und nur Voreingenommenheit behauptete, Rancé sei vor dem letzten Schritt zurückgewichen. Wenn Rancé mit den Damen nur einige artige Plaudereien ausgetauscht hätte, wäre nicht einzusehen, warum er später das starke Bedürfnis hatte, sein früheres Leben zu sühnen. Er stand der Herzogin von Montbazon besonders nahe. Sie war eine junge Witwe von bezaubernder Schönheit, die den Männern den Kopf verdrehte. Kardinal Retz schrieb, daß er nie eine im Laster versunkene Dame gesehen habe, die so wenig Achtung vor der Tugend besaß wie die Herzogin von Montbazon. Rancé wurde bald ihr Vertrauter. Daß Madame de Montbazon einige Jahre älter war als er, ist kein Argument gegen ein Liebesverhältnis. Die beiden vermieden es ängstlich, miteinander in der gleichen Chaise auszufahren, und in ihren öffentlichen Begegnungen beachteten sie sorgfältig alle Regeln des Anstandes. Doch spricht dieses Gebaren eher für als gegen die intime Beziehung. Wären sie nicht eng miteinander verbunden gewesen, hätten sie nach außen nicht so überaus vorsichtig sein müssen. Rancés häufige Besuche bei Madame de Montbazon sind nur mit dem Bedürfnis nach weiblichen Zärtlichkeiten zu erklären. Die Sinnlichkeit ist eine glimmende Glut, die plötzlich zur hellen Flamme auflodert und den Menschen versengt, der sich mit ihr einläßt. Dies soll das Bild von Rancé nicht verdunkeln. Im Gegenteil. Offensichtlich mußte er durch dieses Stadium hindurch; ohne diese ausgelassene Periode wäre der spätere Rancé nicht zu denken. Auch auf ihn darf das Wort des kabbalistischen Rabbi Eliahu di Vidas angewendet werden: «Wer nie die Kraft der leidenschaftlichen Liebe zur Frau kennengelernt hat, der wird auch die Liebe zu Gott nicht erreichen.»[3]

Die Zeitgenossen haben sich für die Beziehungen zwischen Rancé und Madame de Montbazon lebhaft interessiert. Es ist immer beliebt, mit brennender Neugierde in Klatschgeschichten herumzuschnüffeln, um dafür ein Alibi für das eigene Verhalten zu finden. Welchen Wert aber hat das Wühlen in fremden Liebesverhältnissen? Es bleibt doch alles im Bereich der bloßen Vermutungen. Rancé selbst hat darüber nichts gesagt; er gab die nähere Beziehung zur Herzogin von Montbazon weder zu, noch bestritt er sie mit einem Wort. Er hatte kein Bedürfnis, wie Casanova mit seinen Liebschaften zu prahlen. Rancé schwieg konsequent über seine Jugend und verbrannte absichtlich alle diesbezüglichen Briefe. Nicht ein einziges Wort kam über seine Lippen, sein gesamtes weltliches Leben nahm er mit sich ins Grab. «Vor einem solchen Mann muß man zittern», rief Chateaubriand aus, dem eine kleine Ahnung von der Größe dieses Schweigers aufging. Daß sich Rancé nichts über seine wilde Vergangenheit entlocken ließ, ist ungewöhnlich. Doch braucht man deswegen das Dasein des jungen Rancé nicht vorschnell zu übergehen, weil man sonst das spätere Opfer nur schmälert.

Mitten im süßen Liebesleben wurde die Herzogin von Montbazon von einer Krankheit betroffen. Rancé eilte sofort an ihr Krankenlager und erkannte den Ernst der Situation. Er hatte den Mut, sie an das Land zu erinnern, von dem kein Wanderer zurückkehrt. Am fünften Tag ihrer Erkrankung erlag Madame de Montbazon dem Fieber. Der Sohn der Verstorbenen soll es Rancé auf eine zynische Art mitgeteilt haben. Nach einer anderen Version suchte Rancé, erfüllt von beunruhigenden Ahnungen, seine kranke Freundin am Abend nochmals auf und erblickte im leeren Zimmer einen Sarg. In der Dämmerung stieß er mit dem Fuß auf einen Gegenstand und entdeckte zu seinem maßlosen Schrecken, daß vor seinen Füßen das Haupt der Madame de Montbazon lag. Man vermutete, der Arzt habe den

Kopf vom Leibe getrennt, um den Körper besser einbalsamieren zu können, oder aber der Sargmacher habe ein zu kurzes Maß genommen. Wie dem auch gewesen sein mag: Rancé stolperte in der Dunkelheit über den abgeschnittenen Kopf der Geliebten; das Entsetzen packte ihn, er stieß einen Schrei aus und war einer Ohnmacht nahe. Statt sich des schönen Antlitzes zu erfreuen, starrten ihm zwei tote Augen ausdruckslos entgegen. Vom unerwarteten Erlebnis erschüttert, verließ er fluchtartig den unheimlichen Raum. Es war entsetzlich, unfaßlich; er fand keine Worte für dieses Grauen.

An sich ist die Geschichte vom abgeschnittenen Kopf eine umstrittene Fama, welche die Dichter ebenso bereitwillig bejahen wie die Geistlichen sie verwerfen. Brémond erörtert in seiner Rancé-Biographie alle Gründe dafür und dagegen. Sollte die makabre Erzählung im Stile Becketts erfunden sein, was in der von Klatschsucht geschwängerten Atmosphäre möglich ist, so gibt sie doch symbolhaft den Sinn des Geschehens wieder: Das Stolpern über den abgeschnittenen Kopf brachte Rancé endlich zur Besinnung.

Rancé zog sich auf sein Schloß zurück, auch auf sein inneres Schloß, und brütete über das Erlebnis. In dieser Einsamkeit hinter hohen Mauern dachte er über sein Dasein nach. Die langen Gänge widerhallten von seinen Schritten, und der dumpfe Ton verstärkte seine melancholische Stimmung. Die Nächte erlebte er als eine unerträgliche Qual. Das furchtbare Grauen war ihm buchstäblich in die Knochen gefahren und zwang ihn, über seinen bisherigen Lebensweg nachzudenken.

Bis zum Tode der Herzogin von Montbazon war Rancé ein oberflächlicher Mensch gewesen. Aber auch ein leichtfüßiger Mensch bleibt ein Mensch, der dem elementaren Schrecken ausgesetzt ist. Rancé wurde vom wehmütigsten Vergänglichkeitsgefühl heimgesucht. Die Gespräche, die Blicke, die Zärtlichkeiten mit Madame de Montbazon waren unwiederholbar dahin. Der Verlassene mochte noch so innig ihren Namen ausrufen; die Worte verhallten, keine Antwort erfolgte, es war vorbei, für immer vorbei. Die Dinge bleiben nie so, wie sie sind, sondern verändern sich und treiben alle dem unweigerlichen Ende entgegen: der Vergänglichkeit der Welt.

Zwar wehte nicht nur der schmerzliche Hauch der Vergänglichkeit alles Irdischen Rancé entgegen; es war eindeutig der Tod, mit dem er sich unerwartet konfrontiert sah. Bis jetzt hatte er nur allgemein vom Tode gewußt, nun aber war der Knochenmann persönlich in sein Leben eingetreten. Mit einer kaum zu überbietenden Wucht erlebte Rancé, daß alles Leben in den Schlund des Todes läuft und dort sein Ende findet. Nur unverbrauchte Menschen sind eindrucksfähig genug, vom allgewaltigen Tod dermaßen erschreckt zu werden. Beim Schein der Kerzen, die an der Totenbahre der Herzogin brannten, stürzte Rancés ganzes Lebensgebäude zusammen. Der Tod, ob der eigene oder der eines geliebten Menschen, ist die schwerste aller Erfahrungen, ein unlösbares Rätsel. Die meisten Leute versuchen, den Tod zu überspielen: sie denken nicht daran, wollen nicht daran denken, und wenn er in ihrer nächsten Umgebung eintritt, erbleichen sie und bemühen sich, so rasch wie möglich wieder zur Tagesordnung zu kommen. Bei Rancé war es anders. Er ließ sich durch den Tod in Frage stellen. Ihm war es nicht möglich, mit allgemeinen Phrasen vom «unabänderlichen Naturgesetz» oder vom «Bruder Schlaf» darüber hinwegzugleiten. Das tote Haupt der Herzogin sprach eindringlicher, als ihr Mund es zu Lebzeiten je vermochte. «Weder der Sonne noch dem Tode kann man festen Blickes ins Auge schauen», meinte La Rochefoucauld, doch Rancé versuchte es. Das Todeserlebnis warf ihn endgültig aus seiner Bahn. Die ganze Vergnügungssucht hörte mit einem Schlage auf; schal und sinnlos schien sie ihm zu sein. Wozu diente sie, wenn morgen doch alles vom Tode verschlungen wird? Die dreifache Fesselung durch Geld, Wissen und Vergnügungen zerriß und wurde gegenstandslos.

Rancé hielt Gericht über sich selbst und durchschaute seine Lebenslüge. Er sah die Notwendigkeit einer radikalen Wende ein. Die Umkehr – diese einzigartige, aber so selten benutzte Möglichkeit im Dasein des Menschen – darf kein bloß intellektueller Vorgang sein. Sie muß sich in der Tiefe des Menschen ereignen, wie dies schon Matthias Claudius in seinem «Wandsbecker Boten» angedeutet hat: «Die Denkart kann von einem Punkt der Peripherie zu dem entgegengesetzten übergehen und wieder zurück zu dem vorigen Punkt, wenn die Umstände ihm den Bogen dahin vorzeichnen. Und diese Veränderungen sind nicht eben etwas Großes und Interessantes beim Menschen; aber jene merkwürdige katholische transzendentale Veränderung, wo der ganze Zirkel unwiederbringlich zerrissen wird und alle Gesetze der Psychologie eitel und leer werden, wo der Rock von Fellen ausgezogen, wenigstens umgewandt wird und es den Menschen wie Schuppen von den Augen fällt, ist so etwas, daß ein jeder, der sich des Odems in seiner Nase einigermaßen bewußt ist, Vater und Mutter verläßt, wenn er darüber etwas Sicheres hören und erfahren kann.»[4] An Rancés Bekehrung ist die Langsamkeit auffallend: nichts überstürzte er, alles wollte bedacht sein, alles reifte gründlich aus. Als ihm einmal der Gedanke kam, in ein Kloster einzutreten, rief er entsetzt aus: «Wie! ich, ich soll ein Kuttenträger werden?»[5] Er fand den Einfall absurd und wußte dennoch keinen andern Weg. «Bald sind es sechs Jahre, daß ich von Lossagung und von Entfernung spreche, und noch muß der erste Schritt gemacht werden», seufzte er[6]. Von den Dingen sich zu trennen, schien ihm möglich, aber vom eigenen Ich? Das war eine andere Frage – am Ich klebte er wie die Haut am Leib, und von ihm kam er lange, lange nicht los.

Nach jahrelangem Nachdenken brach die Erkenntnis durch: «Ich bin ein armer Sünder, der eine sehr strenge Buße nötig hat.»[7] Dieser Gedanke ließ ihn nicht mehr los, ja er bestimmte seine weitere Lebenshaltung. «Ich will Buße tun», wiederholte er immer wieder[8]. Der lang ersehnte neue Weg lag klar vor seinem Geist: er wollte Buße tun. Damit stellte er sich in schärfsten Gegensatz zum Zeitalter des Sonnenkönigs. Aber es war ihm gegeben, diesen einen großen Gedanken sein ganzes Leben lang festzuhalten. Wenige Menschen sind fähig, eine tiefe Einsicht unverändert wachzuhalten. Die meisten verlieren ihre besten Eingebungen wieder, weil es oft momentane Gefühlsregungen sind, die sich nach einiger Zeit wieder verflüchtigen. Rancé dagegen faßte die büßende Umkehr als den Zentralgedanken seines Daseins auf, gestaltete ihn ins Große und führte ihn in unbekannte Dimensionen hinein. Deshalb kommt ihm im Buch der Büßer ein Ehrenplatz zu.

Rancé wollte selbst ein Büßer werden und nicht, wie sein Zeitgenosse Franz von Cluny, nur eine tiefsinnige Mystik der Buße entwickeln [9]. Die Konsequenz, mit der er diesen Entschluß durchführte, macht uns unsere eigene Schwäche und unser Unvermögen doppelt bewußt. Rancés Bußweg begann mit dem Verzicht auf alle Benefizien. Er wollte nicht länger Kommendatarabt sein, der dem bloßen Namen nach einem Kloster vorstand und sich um das klösterliche Leben keinen Deut kümmerte. Fortan verzichtete er auf alle diese Einkünfte. Doch nicht genug damit. Rancé verkaufte sein prachtvolles Schloß, seine Pferde, seinen Wagen, sein Silbergeschirr, seine kostbare Bibliothek und verschenkte den Erlös den Armen. Auch seine Diener entließ er, denn er wollte nicht mehr den Herrn spielen. Dies war die erste Station. Und einmal auf diesem Weg, schritt er mit eiserner Beharrlichkeit auf ihm weiter, wissend, daß wer die Hand an den Pflug legt und zurückschaut, nicht geschickt zum Reiche Gottes ist. Bei ihm gab es kein Zurücksehnen nach den Fleischtöpfen Ägyptens; unverwandt schaute er vorwärts und wuchs dadurch ins Außergewöhnliche. Es war Rancés Wille, sein Leben in Buße zu verbringen; angetan mit härenem Hemd und Stachelgürtel, begehrte er die Verirrungen seiner Jugend zu sühnen. Denn nur Buße kann eine verfehlte Vergangenheit wiedergutmachen. Aber es muß eine ernste, sich in keiner Weise schonende Buße sein, eine Reue, welche die Buße weder mit einem Federballspiel verwechselt noch in einem bloßen Lippenbekenntnis besteht. Buße war für Rancé ein integrierender Bestandteil des christlichen Lebens, sie erforderte seinen ganzen Einsatz und war deshalb von nachhaltigem Eindruck.

Mit dem Verkauf seiner Besitztümer überwand Rancé auch die Abneigung gegen das Mönchtum: er trat als gewöhnlicher Mönch in La Trappe ein. Das Kloster La Trappe lag in einem schwer zugänglichen, wilden Tal in der Normandie, zu dem man durch ausgehauene Stufen hinabstieg. Von einer romantischen Robinsonade kann keine Rede sein, denn das Land war rauh und ohne jede Heiterkeit. Rancé wollte in dieser trostlosen Gegend ein strenges Mönchsleben führen, betrachtete er doch den Ordensstand als den niedrigsten, verachtetsten und mühseligsten Stand der Kirche. «Ich bin Doktor der Theologie, aber ich kenne nicht das Alphabet des Christentums. Die Unwissenden reißen das Himmelreich an sich, und ich, ich gehe mit meinen Kenntnissen zugrunde», sagte Rancé bei seinem Eintritt. Ähnlich hatte einst Augustinus gesprochen, als er zum erstenmal vom Leben des Einsiedlers Antonius gehört hatte [10]. Dies allerdings war nicht die Sprache, mit der man sich am Hofe Ludwigs XIV. zu unterhalten pflegte oder sich in den Ohren der vornehmen Welt beliebt machte. Rancé kümmerten dergleichen Rücksichten längst nicht mehr. Bei der Aufnahme in La Trappe wollte er ausdrücklich den übrigen Novizen gleichgestellt werden. Zunächst mußte er im Kloster sämtliche Nachttöpfe leeren und reinigen. Der ehemalige Schöngeist tat es ohne Widerrede, besiegte alle Ekelgefühle und übte sich in der Demut. Damit begann der zweite Teil seines Lebens, den ein Biograph mit den Worten einleitete: «Rancés Stil ist niemals jung, seine Jugend hat er bei Frau von Montbazon verloren. In seinen Worten fehlt der Lenzeshauch der Blumen, aber dafür welche Herbstabende, wie herrlich rauschen sie, diese letzten Jahrestage!» [11] Rancé war weit entfernt von jeglicher romantischer Lyrik, war er doch gleichsam in eine Wüste inmitten Frankreichs eingetreten, in der andere Lebensgesetze herrschten.

La Trappe war eine Zisterzienserabtei. Der Zisterzienserorden war einst durch die mächtige Persönlichkeit von Bernhard von Clairvaux zu großem Ansehen gelangt. Unter ihm wurde wieder ohne jede Abschwächung nach der ursprünglichen Regel Benedikts gelebt. Es war eine heldenhafte Schar, die sich in Cîteaux zusammengefunden hatte, um ein Leben der Entbehrung und des Geistesaufschwungs zu führen. Das Wirken dieser Mönche war beispielhaft und macht noch heute jedem unvoreingenommenen Menschen den stärksten Eindruck. Im Laufe der Zeit aber war dieser himmelstürmende Geist verlorengegangen, eine gewisse Behaglichkeit breitete sich im Kloster aus; von der Spiritualität des Bernhard von Clairvaux war nicht mehr viel übriggeblieben. Die Mittelmäßigkeit triumphierte auf der ganzen Linie. Damals war das Kloster La Trappe Tag und Nacht offen, Männer und Frauen hatten freien Zutritt, das Refektorium diente nur noch als Unterhaltungsraum. Statt zum Chorgebet begaben sich die Mönche auf die Jagd, lebten in völliger Zuchtlosigkeit und glichen mehr einer Räuberbande denn einer Mönchsgemeinschaft. Es erübrigt sich, die niederdrückenden Zustände des in Verfall geratenen Klosters ausführlicher zu schildern: allezeit gab es in der Mönchsgeschichte Auflösungserscheinungen, und immer wieder wurden sie besiegt.

Rancé verband mit seinem Eintritt in La Trappe noch einen zweiten Gedanken. Er beabsichtigte nicht nur, sein vergeudetes Leben zu sühnen, er wollte auch das verwilderte Kloster zur ursprünglichen Bestimmung zurückführen. Dies erwies sich als ein schwieriges Unterfangen, denn die verkommenen Mönche boten nicht Hand dazu. Allein schon der Entschluß des ehemaligen Kommendatarabtes, als einfacher Mönch unter ihnen zu leben, erweckte ihren Unwillen. Geradezu zäh wurde ihr Widerstand gegen dessen reformerische Bemühungen. Rancé hatte mit den Klosterinsassen einen schweren Kampf auszufechten; es ging auf Biegen und Brechen. Er warf die ganze Autorität seiner Persönlichkeit in die Waagschale, setzte seine letzte Kraft ein und brachte die dem Schlendrian ergebenen Mönche doch nicht zur Vernunft. Die heftige Auseinandersetzung fand erst ihren Abschluß, als er die zügellose Mönchsbande mit einer pensionsähnlichen Abfindung entließ und neue Mönche nach La Trappe rief. Es ist leichter, ein Kloster zu gründen, als eine verlotterte Gemeinschaft wieder zur monastischen Besinnung zu bringen. Der träge Mönch ist ein widerwärtiger Anblick: besser kein Mönch, statt ein lauer Mönch zu sein. Jedenfalls gab Rancé nicht nach, obwohl die Schwierigkeiten beinahe unüberwindlich waren. Er, der von einer herabstürzenden Decke beinahe getroffen worden war – welch symbolisches Geschehen für das

verwahrloste Kloster! –, fühlte sich durch diese Todesbedro-
hung in seinem Vorhaben noch mehr angetrieben. Er legte eine
zähe Ausdauer an den Tag, die man dem ehemaligen Genießer
gar nicht zugetraut hätte. Schritt für Schritt ging er vor und ließ
sich durch keinen Rückschlag entmutigen. Der Einwand, daß
eben die gegenwärtige Generation schwächer geworden und
nicht mehr imstande sei, das auszuführen, was früher möglich
war, hatte für ihn keine Gültigkeit. Er wollte den ursprünglichen
Geist von Cîteaux, Bernhards Spiritualität, heraufbeschwören,
wollte die Reform in der alten Strenge vollziehen und auf die
Quelle stoßen. Ohne diese Voraussetzungen wäre er nicht gewillt gewesen, die Profeß abzulegen. Rancé hat denn auch die
Änderung von La Trappe erreicht, weil er mit dem eigenen
Beispiel vorangegangen ist. Nie forderte er etwas von den Mönchen, was er nicht selbst auch getan hat. Keiner konnte ihn an
Bußgeist übertreffen. Er hat La Trappe bis in alle Einzelheiten
hinein reformiert, so daß schließlich wieder das monastische Leben in seinem alten Glanz erstrahlte. Der Trappistenorden ist ein
Büßerorden, er ist es im strengen Sinn des Wortes. Rancé hat
ihm diesen Stempel aufgedrückt, weil er der Überzeugung war,
daß es im Himmel keinen Platz mehr für Buße gibt.
Man versteht die einzelnen Bestimmungen des Trappistenordens
nie, wenn man vergißt, daß sie alle dem einen Bußgedanken
untergeordnet sind. Es war reine Buße, wenn Rancé darauf bedacht war, die Armut im Kloster wiederherzustellen und den
Luxus radikal auszumerzen. Er duldete nicht das geringste Eigentum, es war verpönt, das Wörtchen «mein» nur auszusprechen. Hart, fast unmenschlich hart ist Rancé vorgegangen,
und selbst im Gotteshaus herrschte die größte Einfachheit. «Was
nutzt die Weihrauchwolke aus silbernen Gefäßen», sagte Rancé,
«sie muß aus dem Herzen kommen.» [12] Die Mönche lebten
streng abgeschieden von der Welt, und das Kloster wurde
wieder zu einer Stätte, in der das Schweigen der Wüste herrschte.
Der Geist des Stillschweigens – wer kennt ihn heute noch? –
kehrte in die Räume des Klosters zurück. Nie sollten zwei
Mönche ohne Notwendigkeit miteinander tuscheln. Rancé er-

neuerte die ehemalige Zeichensprache, um eine gegenseitige Verständigung zu ermöglichen. Das Schweigen ist die Sprache der Engel, es ist das Gespräch mit Gott. Der Trappist öffnet seinen Mund nur zum Gebet und zum Lobe Gottes. Wegen der lautlosen Stille entstand das Gerücht, die Trappistenklöster glichen Grabeshöhlen; das ist eine Verkennung. Natürlich macht eine Haltung, die bewußt auf alle Abwechslung verzichtet und beständiges Schweigen übt, auf empfängliche Gemüter großen Eindruck. Doch in dieser Einsamkeit interessierte sich niemand für sensationelle Neuigkeiten des Weltgeschehens. Rancé wußte alles überaus eindrucksvoll zu gestalten, so daß keiner gleichgültig bleiben konnte, der diese schweigenden Mönche zur Arbeit schreiten sah. Der Gehorsam bildete nach Rancé die Grundlage des Ordenslebens. Bis ins Herz sollte der Mönch «das Schlachtmesser des Gehorsams eindringen lassen, auf daß er jeden Eigenwillen darin ertöte» [13]. Wahre Wunder des Gehorsams wurden in La Trappe vollbracht, trotz Schmerz oder Lebensgefahr. Ebenso befolgte Rancé mit seinen Klosterinsassen ein strenges Fasten. Das ganze Leben der Trappisten ist ein einziges Opfer, eine einzige Verwirklichung der Buße. Das Sich-Opfern ist trappistische Buße und nichts anderes.

Gegen Rancés Strenge wurde schon eingewendet, sie sei eine bloße Reaktion auf seinen früheren Lebenswandel. Das Pendel des genießerischen Daseins habe nach der Seite der rigorosen Zucht ausgeschlagen. Die psychologische Beobachtung ist richtig, aber sie erklärt nicht allzuviel; sie verbleibt am Rande und dringt nicht bis in den Kern der Sache. Die entscheidende Frage geht doch eher dahin, ob Rancé mit seiner unerbittlichen Strenge richtig oder falsch gehandelt hatte. In einer auflösenden Epoche schlug Rancé nach reiflicher Überlegung den Weg ein, der einzig zum Ziele führt. «Nur Strenge kann helfen» – in diese Formel hat später Kierkegaard den Gedanken zusammengefaßt. Eine ganz unmoderne Parole und gerade darum wahr! Ein außer Rand und Band geratenes Geschlecht kann nur durch eine neue Zucht zur inneren Erneuerung gebracht werden – nicht durch Zügellockerung oder zweifelhaftes Entgegenkommen. Rancé besaß die Einsicht, und mit dieser Wahrheit vollbrachte er eine Vergangenheitsbewältigung von ungewöhnlichem Ausmaß. Er ist mit seiner verworrenen Jugendzeit wirklich fertig geworden und hat eine vorbildliche Ordnung erreicht.

Aus Rancés Bemühungen ist der Trappistenorden hervorgegangen, der sich vom Zisterzienserorden trennte; er blieb von ihm getrennt, auch als sich dieser wieder aufgefangen hatte[14]. Die Trappisten errichteten in verschiedenen Ländern ihre Niederlassungen, vermochten den Sturm der Französischen Revolution zu überstehen und haben sich bis zum heutigen Tag erhalten. Die schweigsamen Mönche waren vielen Verleumdungen ausgesetzt: man behauptete, sie müßten in einem Sarg schlafen, begrüßten sich mit «memento mori» und würden das eigene Grab selbst schaufeln. Alle diese Gerüchte gehören in das Reich der Fabeln. In Wirklichkeit bleibt ein tiefer Eindruck im Besucher haften, wenn er ein Trappistenkloster besucht, weil er spürt, daß jene Menschen durch Buße den inneren Frieden gefunden haben.

Während es Rancé gelang, sich außerhalb des Streites um den Jansenismus und den Quietismus zu halten, wurde er mit dem gelehrten Benediktiner Mabillon in eine Auseinandersetzung über den Wert der wissenschaftlichen Studien für die Mönche verwickelt. Der seliggesprochene Mabillon gab eine kritische Ausgabe der Werke Bernhards von Clairvaux heraus und später die Akten der Heiligen des Benediktinerordens. Er war ein Bahnbrecher für die Erforschung des frühen Mittelalters, Begründer der Urkundenlehre. Dabei war er ein ernster Mönch, von dem schon gesagt wurde: «Er hat die Studien geheiligt, und die Studien haben ihn geheiligt.»[15] Mabillon trat mit seiner ganzen Autorität für die wissenschaftlichen Studien ein und berief sich für seine Ansicht auf eine große Tradition sowohl innerhalb des Benediktinerordens als der Mönchsgeschichte überhaupt. Was haben im Mittelalter doch die Mönche auf diesem Gebiet geleistet! Die Universitäten sind vorwiegend ihre Schöpfung, sie haben sie ins Leben gerufen und haben an ihnen gelehrt. Was wäre aus dem Abendland geworden ohne das Studium der Mönche? Nun stellte sich Rancé der wissenschaftlichen Betätigung der Mönche entgegen und behauptete: «Die wahre Wissenschaft der Religiosen besteht darin, daß sie wissen, was es heißt, Jesus Christus lieben, sein Kreuz tragen, ihm gefallen. Diese Wissenschaft, im Vergleich zu welcher alle Kenntnisse der Gelehrten nur Finsternis sind, kann man nicht durch Studium erlangen. Seid überzeugt, meine Brüder, daß das Studium der Wissenschaften ein Feind jenes Geistes ist, welcher das ganze Verhalten der Mönche beseelen muß.»[16] War er hierin nicht zu stur, hatte er sich nicht in eine Sackgasse verrannt? Er, der selbst an der Sorbonne gelehrte Studien getrieben und sie hervorragend abgeschlossen hatte. Jetzt sollte das alles nicht mehr sein? Rancés Ablehnung der wissenschaftlichen Arbeit war wenig einleuchtend, und darum standen bei dem geistigen Duell zwischen Rancé und Mabillon die meisten auf der Seite des letzteren. Es schien, der Büßer habe einen beschränkten, nicht aufrechtzuerhaltenden Standpunkt eingenommen und den Bogen überspannt.

Doch so leicht ist die Diskussion zwischen Rancé und Mabillon nicht zu entscheiden. Gewiß ist der Verzicht auf das wissenschaftliche Studium nicht vertretbar. Es war auch nicht die Absicht Rancés, die Wissenschaft als solche zu verneinen. Er lehnte sie als Hauptbeschäftigung nur für die Mönche und nicht für die übrigen Menschen ab. Sie lag nicht in der ursprünglichen Zielsetzung des Mönchtums; in der Regel Benedikts steht die Handarbeit im Vordergrund. Rancé nahm eine mit dem wissenschaftlichen Studium verbundene Gefahr wahr, die selten beachtet wird: den Verlust der Demut. Er ereignet sich nicht in jedem Menschen, der studiert, aber in vielen vollzieht sich eine unliebsame Veränderung, die Rancé am eigenen Leibe in seiner Jugend erfahren hatte. Die Gelehrsamkeit kann dem Menschen in den Kopf steigen und ihn zum einseitigen Intellektuellen stempeln, wenn das Wissen ihn aufbläht und ihn zum Hochmut verführt. Hat der menschliche Erkenntnisdrang nicht immer wieder zu einer sich selbst befriedigenden Wissenschaftlichkeit geführt, der in seiner Selbstgefälligkeit lediglich Wissenschaft um der Wissenschaft willen betreibt? Die Wissenschaft ist nicht mit der Wahrheit identisch, sie ist ein Suchen nach Wahrheit und wird von den Großen dieser Welt vielfach zur Machterweiterung mißbraucht. Damit dient sie nicht mehr dem Leben, sondern der Zerstörung. Rancés Einwendungen kann nicht jede Berechtigung aberkannt werden. In seinen Worten sind Bedenken enthalten, die überlegt sein wollen.

Die Auseinandersetzung zwischen Mabillon und Rancé wurde mit aller Deutlichkeit geführt, doch hatte sie nichts Gehässiges an sich. Die beiden Männer trafen sich in La Trappe, umarmten sich, knieten nieder, bezeugten gegenseitige Verehrung, die sie füreinander empfanden, und kamen hierauf auf den Streitpunkt nicht mehr zurück. Man mag sich fragen, ob es eine solche Haltung in geistigen Auseinandersetzungen auch heute noch gibt.

Rancé war inzwischen alt geworden; er fühlte seine Kräfte schwinden und begehrte nicht weiter auf einem Posten zu verbleiben, den richtig zu verwalten er nicht mehr fähig war. Er trat zurück, stellte sich in die Reihen der übrigen Mönche und gelobte dem neuen Abte demütigen Gehorsam. Nach Rancés Meinung muß zwischen den Amtsjahren und dem Heimgang eine Zwischenzeit eingeschaltet werden, die der verstärkten Vorbereitung auf die Ewigkeit dient. Er dachte noch intensiver über den Tod nach und meinte einmal: «Warum, mein Bruder, küssen Sie nicht auch den Totenkopf? Küssen Sie nur auch das Bild des Todes. Sie haben seine Wirklichkeit nicht zu fürchten; denn er ist es, der unserem Exil und allen unseren Armseligkeiten ein Ende macht und uns zu Jesus Christus führt.»[17] Während seiner schmerzhaften Krankheit brachte er zwei Monate schlaflos auf einem Strohstuhl zu, ohne die geringste Klage von sich zu geben. Er sagte lediglich, Gott schenke ihm noch eine Gelegenheit, Geduld zu üben, und ein Geduldiger sei mehr denn ein Starker und erreiche alles. Auf einem Strohlager liegend, ermahnte er die Klosterinsassen: «Betrübt und entmutiget euch nicht wegen meines Todes; ihr werdet an mir nichts verlieren»[18], und fügte hinzu: «Bewahret und übet alles, was ich angeordnet und eingeführt habe, ohne Änderung, ohne Verminderung.»[19] Auf die

Frage, an welcher Stelle er begraben zu werden wünsche, erwiderte er: «An dem verlassensten und abgelegensten Orte.» Unmittelbar vor dem Sterben bemerkte er noch: «Der große Augenblick naht.» Sich selbst bis zur letzten Minute treu, ist der Büßer im fünfundsiebzigsten Altersjahr mit den Worten «Verweile nicht, mein Gott, o komme bald» in die Ewigkeit eingegangen. Chateaubriand bemerkte dazu: «Niemand war vorhanden, um seine Hand auf das Herz dieses Christen zu legen.»[20]

Wenige Menschen in der Gegenwart denken über Rancés bleibende Bedeutung nach. Er wurde bis anhin entweder übertrieben gelobt oder geringschätzig gescholten, selten aber gerecht beurteilt. Es ist nicht leicht, die richtige Kategorie für Rancé zu finden, da sein Leben dem Außerordentlichen angehört und sich dem gewöhnlichen Geschichtsverständnis verschließt. Rancé muß mit seinem eigenen Maßstab gemessen und nicht von einem ihm wesensfremden Aspekt aus betrachtet werden. Die List, die Rigaud anwenden mußte, um das Bild Rancés zu malen, erzählt Saint-Simon in seinen Memoiren. Das Gemälde verrät eine starke Persönlichkeit, mit der zu befassen es sich immer wieder lohnt.

Merkwürdig ist, daß bei den Trappisten selbst nicht viel von Rancé die Rede ist. Bernhard von Clairvaux steht bei ihnen im Mittelpunkt. Vielleicht ist Rancé seines Büßertums wegen etwas in den Hintergrund gedrängt worden. Er hatte mit seiner Aufforderung zur Buße den Akzent von Benedikts Regel doch ein wenig anders gelegt. Rancé wurde weder selig- noch heiliggesprochen; der Trappistenorden bemühte sich diesbezüglich nicht, obwohl der Reformator nach seinem Tode mehreren Menschen in großer Glorie erschienen ist. Die Unterlassung aller Kanonisationsbestrebungen ist gewiß in Rancés Sinn, denn er hätte als Büßer sich dessen nicht für würdig gehalten.

Naheliegend ist es, Rancé mit einigen Zeitgenossen zu vergleichen. Ihm war der entgegengesetzte Lebensweg beschieden als Bossuet, der einsam begann und am Hofe endigte, während Rancé vom Hofe ausging und zur Einsamkeit gelangte. Vergleicht man ihn mit Franz von Sales, vermißt man bei Rancé die

Seinsfreudigkeit, die den christlichen Humanisten so liebenswürdig macht. Rancé hat nichts von dem verstehenden Eingehen auf andere Seelen bei gleichzeitiger gefühlsmäßiger Unabhängigkeit von ihnen, die für Franz von Sales charakteristisch ist. Die religiöse Freude ist bei Rancé kaum wahrzunehmen, da der Bußernst sie überdeckt. Viel näher als der Freund Johanna von Chantals stand Rancé dem großen Pascal, namentlich in seiner letzten Phase. In religionsphilosophischer Beziehung allerdings gehört Rancé nicht auf die gleiche Stufe, denn Pascal ist ihm hier weit überlegen. Was aber die Existenzauffassung betrifft, rücken sie nahe zusammen und gehören beide zu den vorbildlichen Widerstandskämpfern gegen den Zeitgeist. Pascals Wort «Zwischen uns und der Hölle einerseits und dem Himmel andererseits gibt es nur das Leben zwischen beiden, das das gebrechlichste auf Erden ist», hätte auch Rancé sagen können[21]. Nach der Biographie seiner Schwester Gilberte beschritt Pascal am Ende seines Lebens ebenfalls den Weg der Buße. Er verzichtete auf allen Komfort und vertrat die Meinung, man müsse den sündigen Leib durch eine beständige Buße bestrafen, sonst erhebe er sich wider den Geist[22]. Es steckt viel von Pascal in Rancé: man kann nicht den Verfasser der «Pensées» bejahen und den Reformator von La Trappe verneinen. Doch war Rancé eine Persönlichkeit eigener Art; er muß in seiner Eigenständigkeit erfaßt werden und läßt alle Vergleiche hinter sich.

Man erhob gegen Rancé seit seinen Lebzeiten bis zur Gegenwart immer wieder verschiedene Einwände. So bezichtigte man ihn des Lebenshasses und behauptete, sein Gemüt sei von einer Mischung aus Stoizismus und Fatalismus erfüllt gewesen. Rancé verfiel einer offenkundigen Einseitigkeit. Er folgte immer nur einer Blickrichtung, neben der er nichts anderes aufkommen ließ. Das bedeutsame Anliegen einer religiösen Kultur hat ihn nie wesentlich interessiert. Selbstverständlich kann man Rancé vorwerfen, seine Konsequenz habe sich hölzern ausgewirkt und stehe zum Pluralismus von heute in scharfem Gegensatz. Der menschliche Intellekt vermag gegen alles kritische Einwände vorzubringen, aber mit einem derartigen Vorgehen begreift man den Mann von La Trappe nie. Er ist nur dem eigenen Tun und nicht dem bloßen Wissen zugänglich.

Das Tiefste über Rancé sagte Le Nain, der die erste Biographie über ihn schrieb. Le Nain lebte zweiunddreißig Jahre mit Rancé zusammen in La Trappe; er ist somit ein hervorragender Augenzeuge, der alles aus unmittelbarer Nähe betrachtete. Er faßte seinen Eindruck in die kurzen Worte zusammen: «Er war eine Donnerstimme!» Der prägnante Satz bringt das Phänomen Rancé auf eine abschließende Formel, die genau den Kern trifft. Rancés schweigendes Büßertum war eine Donnerstimme, die mitten in das lebensübermütige Zeitalter Ludwigs XIV. hinein erscholl. Sie tönte wie das Donnerwort der Ewigkeit, das Furcht und Zittern um sich verbreitet. Rancés Donnerstimme schreckte die vom oberflächlichen Lebenswirbel berauschten Menschen auf, und was wäre Frankreich erspart geblieben, hätte es mehr auf sie geachtet. Damals zählte vorwiegend ein von Lebensgier erfülltes Dasein. La Trappe jedoch war der Friedhof aller Leidenschaften, und seltsamerweise beachteten ihn nur wenige. Rancé verkörperte den zum Stillstand gekommenen Menschen. Er kehrte vom äußersten Ende einer Epoche zu sich selbst zurück und wollte für alle Menschen, nicht nur für sich selbst, Buße tun. Die Donnerstimme rief den Zeitgenossen zu: Der Mensch muß seine Versklavung an die niederen Triebe überwinden und zu den oberen Regionen aufsteigen. Diese Tat ist von zentraler Bedeutung. Rancé hat sie vollzogen und die innere Umkehr seinen Zeitgenossen beispielhaft vorgelebt. Das Büßertum Rancés entsprang nicht einer augenblicklichen Laune, denn er hat es über vierzig Jahre durchgehalten. Was will man gegen einen solchen Menschen noch sagen? Rancé war aus dem Stamm, aus dem später Péguy, Bloy, Bernanos hervorgegangen sind. Er fuhr nicht in einem Wagen erster Klasse zum Himmel, er war von einer Kraft, die man heute kaum mehr antrifft. Seine Handlungsweise war folgerichtig, er hatte Stil, er duldete keine unsaubere Vermischung. Die Reinheit seiner büßenden Haltung verdient restlose Anerkennung. Selbst Schopenhauer fühlte sich veranlaßt, sich vor Rancés geisterfüllter Asketik zu verbeugen:

«Nie vergesse ich meinen Freund, als er einst bei mir das Bild Rancés, des Abtes von La Trappe, sah und mit einer schmerzlichen Gebärde sich wegwendend sagte: Das ist Sache der Gnade!»[23] Gegen Schopenhauer ist vom christlichen Standpunkt einiges einzuwenden, aber dies muß man zugeben, er hatte einen Blick für die großen Büßer, zu denen Rancé zählt. Die von ihm überlieferte Bemerkung seines Freundes, «Das ist Sache der Gnade», ist absolut richtig. Rancé ist einzig von ihr aus zu verstehen; abgesehen von der Gnade ist er völlig unbegreiflich.

Rancé ist unter dem Namen eines Reformators in die Geschichte eingegangen. Er kämpfte wie ein Löwe für die Reform des zerfallenen Zisterzienserordens. Der Büßer scheute hiefür keine Anstrengung, nahm alle Enttäuschungen in Kauf und gab die Hoffnung nie auf. Unstreitig war er der treibende Motor der ganzen Reformbewegung. La Trappe war vor und nach Rancé so verschieden wie Tag und Nacht. Er hat durch sein Wirken das monastische Leben wiederhergestellt und zu neuem Glanz gebracht.

Das Thema der Reform der Kirche ist in der Gegenwart wieder überaus lebendig. Sie wird von vielen Christen ungestüm gefordert und hat auch ihre Berechtigung. Heute aber sind die Reformvorschläge so zahlreich wie die Nüsse in Sankt Nikolausens Sack. Das Wort «Reform» ist neuerdings zu einem schwammigen Begriff geworden. Gewöhnlich wird es mit der Vorstellung der Fortschrittlichkeit verbunden. Gegenüber den allzu zeitbedingten Anschauungen ist Vorsicht geboten: es wird der Aufbruch mit der Auflösung verwechselt. Wer die Reform mit Erleichterungen und Modernisierung gleichsetzt, der drückt den Münzfuß des Reformators um die Hälfte herab und appelliert an geltungssüchtige Menschen, die auch gerne ein bißchen Reformator spielen wollen. Darüber hat Kierkegaard das Notwendige gesagt: «Das Böse in unserer Zeit ist nicht das Bestehende mit seinen vielen Mängeln; nein, das Böse in unserer Zeit ist gerade diese böse Lust, dieses Buhlen mit Reformationsgelüsten, diese falsche Reformierungssucht ohne Opferwilligkeit; diese leichtfertige Einbildung, als könnte man reformieren,

ohne auch nur eine Vorstellung, geschweige denn eine erhabene Vorstellung davon zu haben, wie ungewöhnlich erhaben der Gedanke einer Reformation ist; dieses heuchlerische Verkennen der eigenen Unfähigkeit, die geschäftig dem zerstreuenden Gedanken nachgeht, die Kirche reformieren zu wollen, wozu unsere Zeit am allerwenigsten taugt. Als die Kirche einer Reformation bedurfte, da meldete sich niemand, da war kein Gedränge von solchen, die mitwollten; alles floh zurück; nur Einer, der Reformator, wurde in aller Stille, in Furcht und Beben und viel Anfechtung dazu erzogen, in Gottes Namen das Außerordentliche zu wagen. Heutzutage herrscht ein Gesumme wie auf einem Tanzboden mit dem Reformierenwollen. Das kann nicht Gottes Gedanke sein, das ist vielmehr eine läppische Erfindung von Menschen. Daher auch statt Furcht und Beben und viel Anfechtung lauter Hurra, Bravo, Beifall, Abstimmung, Zujauchzen, Kameradschaft, Spektakel – und blinder Lärm.»[24]
Rancé war ein echter Reformator. Nach ihm kann eine Reformation, die ihren Namen verdient, nur darin bestehen, das Christliche zu erschweren, statt es zu erleichtern. Die wahren Reformatoren – man denke an die große Theresia – legten sich Lasten auf und warfen nicht Bürden ab. Man reformiert die Kirche nur, wenn man den auflösenden Tendenzen das Beispiel der heroischen Haltung gegenüberstellt. Alle anderen Wege führen bloß zu einer Erweichung und nicht zu einer Erneuerung. Diese Einsicht besaß Rancé, weil er am eigenen Leibe erfahren hatte, daß «es Gedanken gibt, die so etwas sind wie die Hände Gottes, die uns in die Haare fahren»[25].
Vom gegenwärtigen Gesichtspunkt aus betrachtet, stellt Rancés Leben ein wirksames Gegengift gegen das heutige Anpassungschristentum dar, das meint, die Menschen wieder für das Christentum zu gewinnen, indem es es sich so modern als möglich gebärdet. Man spricht viel von der Aufgabe der Kirche in einer sich wandelnden Welt und von einem neuen Modell des Christseins in einer anders gewordenen Zeit. Dies tönt sehr interessant, man kann darüber auch endlos disputieren, aber es schaut kein Resultat heraus. Das Ende vom Lied ist eine verächtliche Kapi-

tulation vor der Moderne. Die Welt wird nicht durch eine dem Zeitgeist angepaßte Kirche fürs Evangelium gewonnen, das ergibt nur «ein Christentum mit abgebrochener Spitze». Die Kirche hat genug Welt in sich, sie bedarf ihrer nicht noch mehr. Die Christen der Gegenwart haben sich mehr denn je des Wortes zu erinnern: «Stellet euch der Welt nicht gleich, sondern verändert euch durch Erneuerung eures Denkens.»[26] Nicht Angleichung an die Zeit, sondern Widerstand gegen die Welt muß die Losung sein. Diese Erkenntnis vertrat Rancé unbeirrbar; er vertrat sie einzig in Verbundenheit mit Gott, nie um der bloßen Abtötung willen. Rancé kann man nicht im buchstäblichen Sinne nachahmen, er muß im Geiste neu erlebt werden. Der mitten im Kampf des Lebens stehende Christ kann ihn in seinem Herzen hochhalten als das unentbehrliche Korrektiv gegen ein anpassungssüchtiges Modechristentum, indem er mit ganz neuem Ernst auf die Donnerstimme achtet, die um so mächtiger wirkt, je leiser sie tönt.

DIE DAS LETZTE WORT SPRECHEN:
DOSTOJEWSKI

Lesskow berichtet eine Begebenheit aus dem Leben Dostojewskis, die den inneren Zugang zum Dichter erschließt. Dostojewski saß, auf der Höhe seines Ruhmes, in Gesellschaft von ihm
wesensfremden Menschen gewöhnlich schweigend da, oder
aber er verkündete eine Wahrheit. «Er sprach nicht, nein, er
verkündete»[1], schrieb Lesskow und deutete den bekenntnishaf-
ten Charakter von Dostojewskis Dichtung an. Oft gab er seiner
Überzeugung von Rußlands Sendung beredten Ausdruck, wobei er seine Liebe zum Land mit der Rechtgläubigkeit verband
und sie derart intensiv darlegte, daß die Anwesenden nach Luft
schnappen mußten. Einer Dame, die ihm zweiflerisch gestand,
sie wisse nicht, wer sie über die Bedeutung Rußlands belehren
sollte, warf Dostojewski das Paradoxon hin: «Sie sehen nicht, bei
wem Sie in die Lehre gehen sollen? Gut! Laufen Sie zu Ihrem
Kuchelknecht – er wird Sie lehren!» Er betonte dies nachdrück-
lich, aber eine der Damen entgegnete lachend: «Comment! Ich
soll zu meinem Kuchelknecht gehen? Weiß Gott, was Sie da für
einen Unsinn reden! Was lehrt er mich denn in der Tat?» Dostojewski erwiderte mit Schärfe: «Alles, alles wird uns der Kuchelknecht lehren, Leben und Sterben.»
Die Damen der bürgerlichen Gesellschaft verstanden Dostojewskis Worte nicht, sie überstiegen ihren verbildeten Verstand.
Deshalb war des Dichters Äußerung in den Salons von Peters-
burg während längerer Zeit Anlaß zu Gespött.
Einige Jahre später erschien Tolstois Novelle «Der Tod des Iwan
Iljitsch». Der Verfasser schildert, wie Iljitsch, der auf den Tod
krank lag, von seinen Angehörigen mit kalter Miene dem
Schicksal überlassen worden war und in seiner Not die einzige

verstehende Hilfe bei seinem Hausknecht fand. Während der Lektüre von Tolstois aufrüttelnder Novelle dämmerte bei einigen Gliedern der russischen Gesellschaft eine Ahnung auf über die verspottete Aussage Dostojewskis. Lesskow bemerkte dazu: «Auf diese Weise kam der von Dostojewski angekündigte Knecht in die Herrschaftsräume. Er trug weder Beil noch Messer bei sich, er brachte nur sein einfaches, gutes Herz und sein Wissen mit, daß man Menschen im Leid dienen müsse... Nichts Abstraktes, weder in politischer noch in theologischer Hinsicht, lehrt der Kuchelknecht die Angehörigen der oberen Gesellschaftskreise. Er lehrt sie nur das, was der Mensch aller Entwicklungsstufen in sich wahren soll.»[2]

Das von Lesskow berichtete Vorkommnis führt in Dostojewskis tieferes Daseinsverständnis ein, das keine bloße Variante des Realismus war. Seine Romane sind Antworten auf die Fragen nach dem «anderen Ufer». Er überwindet den «euklidischen» Verstand der Intellektuellen durch die intuitive Wahrheit, und es ist Hochmut, seine positiven Gestalten mit der Bemerkung abzutun: Beigeschmack von Ikonographie. In Dostojewskis Werken stellte eine Seelenkunde alle langweiligen Gewohnheitsmeinungen in Frage. Selten hat ein Dichter so stark in das innerste Seelengewebe hinabgeleuchtet und ist zu jener Tiefenschicht vorgedrungen, wo der Mensch nur noch erschöpft in die Arme Gottes fällt. Von Dostojewskis psychologisch-metaphysischer Menschenerfassung ist mehr zu lernen als von der üblichen Schulpsychologie, die nicht ahnt, wie sehr der Boden unter den Leuten schwankt. Mit der geistigen Verarbeitung seiner Menschensicht ist noch kaum begonnen worden. Dostojewski ist vor allem religiös zu verstehen. Seine Dichtungen, in denen alles in Bewegung geraten ist und nur das Absolute feststeht, sind durch die Zeitereignisse nicht überholt. Die Vision vom Rußland, an dem der westliche Atheismus zerschellen werde, scheint ins Gegenteil verkehrt worden zu sein, so daß Rußlands Wesen einen unausdeutbaren Ausdruck annahm. Doch ist das eine vorübergehende Strömung, die kein abschließendes Urteil erlaubt. Hinter Dostojewskis Ausführungen «liegt die ganze

Landschaft sichtbarer und unsichtbarer Geschichte», der gegenüber nur die Frage angebracht ist: «Könnte es nicht sein, daß dieses rätselvolle Antlitz Rußlands uns zu einem Christentum herausfordern soll, wie wir es noch nicht gelebt haben: ein Christentum um seiner selbst willen, Anwesenheit des Feuers, ein unpragmatisches Christentum?»[3] Wenn Dostojewskis Werke zur prophetischen Dichtung gehören, so darf sie so wenig wie die biblische Prophetie in verkürzter Perspektive gesehen werden, sonst verfängt man sich in der eigenen Schlinge. Die richtige Auffassung lebt von Dimensionen, die sich nur dem Sinn erschließen, der sich einem zukünftigen und nicht nur einem überkommenen Reich geöffnet hat.

Dostojewskis Hinweis auf den Kuchelknecht darf nicht nationalistisch interpretiert werden. Gewiß war der Nationalismus die große Versuchung des Dichters, die ihn allezeit umlauerte[4]. Auch seine Stellung zum Krieg ist mit seiner religiösen Haltung schwer vereinbar. Sie ist als zeitgeschichtlich bedingt auszuscheiden. Die bleibenden Intentionen Dostojewskis liegen in seinen dichterischen Schöpfungen, die neu zu befragen sich lohnt. Es empfiehlt sich, den Einstieg in seine Weltanschauung einmal von einer anderen Seite aus zu versuchen. Nicht von seinen Briefen, in denen zuviel von bedrängenden materiellen Sorgen die Rede ist. Wenig noch wurde Dostojewskis Lebensschau von seinem «Tagebuch eines Schriftstellers» her aufgerollt, in dem formalistische Literaturhistoriker allerdings nur «ein Magazin für eigenartige Ideen» wahrzunehmen vermochten[5]. Von diesen behutsamen Beiträgen öffnet sich eine neue Türe zu der hintergründigen Wirklichkeitsschau Dostojewskis. Das «Tagebuch eines Schriftstellers» ist kein wirkliches Tagebuch – das wäre zur Veröffentlichung ungeeignet –, sondern ein Zeitschriften-Tagebuch; es enthält den Schlüssel zu seinem Denken. In ihm brachte Dostojewski seine Gedanken ohne dichterische Einkleidung zum Ausdruck; ein überaus wacher Geist spricht sich darin aus. Gedanken, die unablässig mit einer scharfen Beobachtungsgabe über die Vorgänge im damaligen Rußland von einem christlichen Gesichtspunkt aus reflektieren. Der Dichter ergeht sich bei aller Besorgtheit nicht in reaktionären Vorstellungen: «Ich habe niemals die Ansicht begreifen können, daß bloß ein Zehntel aller Menschen die höhere Bildung erhalten dürfe, während die übrigen neun Zehntel nur als Material und Mittel dazu zu dienen hätten, dabei aber selbst im Finstern bleiben müßten.»[6] Ein tief beunruhigter Geist weht durch seine Ausführungen, eine Sorge spricht sich aus, die sich über die abwegige Entwicklung des modernen Lebens nicht mit billigen Illusionen hinwegtäuscht. Rußland geht geistig zugrunde, wenn es sich vom Glauben abwendet. Der Bolschewismus hat denn auch das «Mütterchen Rußland» umgebracht und an seiner Stelle einen seelenlosen Industriestaat errichtet. Nicht einmal das rechtgläubige Rußland blieb übrig, geschweige denn das «heilige Rußland». Dostojewski sah schon damals die abschüssige Bahn, auf der seine Zeitgenossen wandelten und die ihn in eine innere Erregung versetzte. Obwohl das Zeitschriften-Tagebuch vor mehr als neunzig Jahren geschrieben worden ist, hat es nichts an Lebensnähe verloren. Nach des Dichters Überzeugung muß man dem Menschen der Gegenwart wieder «zu einem menschlichen Antlitz verhelfen»[7], dies um so mehr, als der Mensch im Unterschied zum Leben einer Biene noch immer nicht «seine Formel kennt»[8].

Dostojewski hat mit seinem «Tagebuch eines Schriftstellers» nicht als erster versucht, seine Zeitgenossen für eine Diskussion im großen Stil zu gewinnen. Gogol mit den «Ausgewählten Stellen aus Briefen an Freunde» war einer seiner Vorgänger. Die beiden Werke stehen in innerem Zusammenhang, wie denn auch Dostojewski viel stärker auf Gogols Schultern steht, als in der Sekundärliteratur über beide Dichter angenommen wird. Zwar hat sich Belinskij mit seiner aufklärerischen Kritik gleich auf Gogols Buch gestürzt und es mit Hilfe seiner blindwütigen Ideologie gebrandmarkt. In Wirklichkeit hat dieser Literaturpapst von gestern davon nichts, aber auch gar nichts begriffen. Da Belinskij sich in das Gewand des fortschrittlichen Propagandisten hüllte, klatschten ihm seine Zeitgenossen begeistert zu und schwatzen ihm sein oberflächliches Gerede bis zum heutigen

Tag nach. Erst Mereschkowskij versuchte um die Jahrhundertwende ein anderes Gogol-Verständnis zu wecken; und nach dem Ersten Weltkrieg sprach Alexander Block endlich die Erkenntnis aus: «Gogols Buch war ‹in Moll› geschrieben. Die Verlockungen der Orthodoxie, Krankheit, Todesfurcht hatten es diktiert – das ist alles richtig; aber außerdem hatte es Gogols Genius diktiert, jener bis heute nicht erkannte, gewaltige Teil von ihm, dessen Flug über die Jahrzehnte hinweg bis zu uns reicht. Wiederum steht dieses Buch vor uns: bald wird es Leben und Tod werden.»⁹ Der Verfasser der «Zwölf» – ein Vertreter des russischen Symbolismus – forderte die Leser auf, Gogol neu zu entdecken, den von Belinskij nicht zerfledderten Gogol, ihn ohne «westliche Scheuklappen» zu lesen und ihn tiefer zu verstehen. Diese Aufgabe harrt noch immer ihrer Erfüllung, denn obwohl Gogol in die Weltliteratur eingegangen ist, werden seine wesentlichsten Gedanken noch heute aus Unkenntnis mit dem billigen Schlagwort «Mystizismus» abgetan.

Bis zu dieser Stunde hat einzig Dostojewski das Gogolsche Erbe übernommen. Er ist der Fortsetzer des Verfassers der «Toten Seelen», er hat seine Fragestellung überboten und vertieft. Das «Tagebuch eines Schriftstellers» ist die Weiterführung der «Ausgewählten Stellen aus Briefen an Freunde» von Gogol – beide Werke müssen in Wechselbeziehung zueinander gelesen werden. Denn Dostojewskis Ausführungen waren ebensowenig nur literarische Unterhaltung, die sich im Unverbindlichen auflöste; sie waren seelsorgliche Rede von seherischer Eindringlichkeit. Ihm gelang, was kaum je einem Schriftsteller beschieden war: einen Dialog zu führen mit seiner Nation und seiner Zeit, der keine bloße Diskussion um der Diskussion willen bedeutete. Es war ein überaus verantwortungsbewußtes, aus einer bebenden Sorge hervorgegangenes Gespräch, das selbst den heutigen Leser zum tieferen Nachdenken nötigt. So wie Dostojewski mit seinen Zeitgenossen sprach, müßte mit dem modernen Menschen geredet werden: nicht moralisierend und nicht einschmeichelnd, sondern verstehend, auf die Nöte der Zeit eingehend, aber auch auf die Normen hinweisend, auf die man nicht verzichten darf.

Was steht auf dem Gesicht des Russen zu lesen, und woran leidet er? Diese Fragen beschäftigen Dostojewski im «Tagebuch eines Schriftstellers». Dem Dichter geben die offenkundigen Auflösungserscheinungen im Volke viel zu schaffen. «Im Volk macht sich eine unerhörte Ideenverdrehung, von einem Kult des Materialismus begleitet, bemerkbar.»[10] Es ist vom Gedanken durchdrungen, daß das Geld das einzig Erstrebenswerte sei, während es doch keine verderblichere Auffassung gibt, als dem Mammon zu huldigen. Nach Dostojewski kann aber «ohne eine höhere Idee weder ein Mensch noch eine Nation in der Welt bestehen. Auf Erden jedoch gibt es nur eine höhere Idee, und die ist: die Idee der Unsterblichkeit der Menschenseele, denn die übrigen höheren Lebensideen haben alle ihren Ursprung nur in dieser einen Idee.»[11] Diese Überzeugung hält der Dichter für lebensnotwendig und unentbehrlich, ohne sie ist das Dasein unerträglich. Jedenfalls bekennt er von sich selbst: «Ich bin so beschaffen, daß ich ohne Heiligtümer gar nicht leben könnte.»[12] Was Dostojewski trotz der bestürzenden Wahrnehmungen nie verzweifeln ließ, war seine starke Volksverbundenheit, sein Vertrauen zum Kuchelknecht, der entschlossen war, «für die Seele zu leben und Gott nicht zu vergessen»[13]. Doch das Volk ist ganz sich selbst überlassen, und «unsere Intellektuellen wissen dem Volk nichts Helfendes zu sagen»[14], weil die Gebildeten seit zweihundert Jahren keine innere Heimat mehr kennen. Im «Tagebuch eines Schriftstellers» finden sich tiefe Worte. «Höchstens ein Heiliger bleibt standhaft»[15] oder «Es gibt gewisse Dinge, lebendige Dinge, die zu begreifen vor übermäßiger Gelehrtheit sehr schwer ist», weil sie bisweilen etwas Ertötendes in sich hat und ihr manche Menschen nicht gewachsen sind[16]. Man kann die bedeutsamen Ausführungen aus Dostojewskis Zeitschriften-Tagebuch gar nicht alle aufzählen, sondern dem Leser nur zurufen: Lesen Sie doch das «Tagebuch», vertiefen Sie sich darin, und fangen Sie schon heute mit der Lektüre an, Sie werden es nicht bereuen!

Aus der Fülle des Stoffes verdient Dostojewskis Aufsatz über das Büßerproblem hervorgehoben zu werden. An sich war das Büßertum keine neue Frage, es lag der russischen Frömmigkeit im Blute und ist von ihr nicht abzulösen. Die ersten Mönche, die in den Kiewer Höhlenklöstern wohnten, und die späteren Mönche, die immer weiter in die russischen Wälder vordrangen, waren reine Büßer! Man käme in Verlegenheit, wollte man eine einzelne Büßergestalt aus dem ostkirchlichen Leben herausgreifen, dermaßen zahlreich sind sie vertreten. Auch der russische Stranik, der durch die weiten Ebenen Rußlands wanderte, war seinem Wesen nach ein Büßer. Jedenfalls faßte er seine religiöse Pilgerschaft ganz im büßerischen Sinne auf. In Sowjetrußland nennt man ihn verächtlich «Umherirrender», weil der dialektische Materialismus mit seinem rein wirtschaftlichen Denken keine Möglichkeit hat, das Büßertum auch nur entfernt zu verstehen.

Dostojewski knüpft im besorgten Gespräch mit seinem Land über das Büßerproblem an das Wlass-Gedicht von Nekrassow an. Darin wird ein Mensch geschildert, der ein Erpresser und Geizhals war, dann von einer Krankheit heimgesucht wurde, während der er das Gelübde ablegte, seine Habsucht aufzugeben, sein zusammengerafftes Vermögen zu verschenken und als Pilger Almosen für einen Kirchenbau zu sammeln. Überall kannte man den armen Wlass, der mehr als dreißig Jahre lang dieses Leben führte. Der büßende Pilger mit erleuchtetem Verstand und heiliger Seele, der Gottes Geheimnis über das ganze Land trägt, beschäftigte Dostojewski. Im «Jüngling»-Roman legt er dem von einer inneren Heiterkeit erfüllten Pilger Makar eine ähnliche Erzählung von einem Büßer in den Mund, eine Geschichte, die auf die transzendente Wirklichkeit hinweist und die psychologische Schilderung im Metaphysischen verankert [17]. Im «Tagebuch eines Schriftstellers» gab er «Wlass» eine neue Wendung, indem er von Nekrassows Gedicht nur noch die Überschrift übernahm und den Büßer viel stärker dem Mysterium entgegenschreiten ließ.

Dostojewski ging von einem Bericht aus, den er von einem Mönch gehört hatte. Zwar wußte der Dichter, daß Mönchserzählungen unzeitgemäß sind und sich schlecht mit dem aufgeklärten Fortschrittsbewußtsein reimen. Aber dessenungeachtet zählte er nicht zu jenen Menschen, die das Hauptgewicht darauf legen, mit dem Zeitgeist übereinzustimmen. Nach seinen Briefen war ihm «das russische Kloster seit seiner Kindheit vertraut»[18]. Die «Brüder Karamasow» enthalten denn auch eine tiefe Wesenserfassung des russischen Mönchtums. Neben Unberufenen trifft man immer wieder abgeklärte Mönche an, Menschen, die in ganz Rußland bekannt sind und zu denen man aus den fernsten Gegenden pilgert, um bei ihnen Rat in seelischen Bedrängnissen zu suchen. Die Starzen sind befähigt, auf die oft komplizierten Krankheiten der Menschenseele einzugehen, seelsorglich, nicht tiefenpsychologisch. Von einem in geistlichen Dingen erfahrenen Mönch vernahm Dostojewski eine bestürzende Geschichte, die er im «Tagebuch eines Schriftstellers» wörtlich wiedergab:

«... Ich sehe, ein Bauer kommt auf den Knien zu mir gekrochen. Ich hatte schon aus dem Fenster gesehen, wie er draußen auf der Erde kriechend näher kam. Sein erstes Wort zu mir war: ‹Für mich gibt es keine Rettung mehr: bin verdammt! Was du auch sagst, ich weiß: ich bin verdammt!› Ich versuchte, ihn einigermaßen zu beruhigen. Ich sah, daß der Mensch weither gekommen war, weil es ihn nach Strafe und Leiden für sein Vergehen verlangte.

‹Wir, mehrere Burschen, kamen im Dorf zusammen›, begann er, ‹und da fingen wir an unter uns zu streiten, wer den anderen an Dreistigkeit übertrumpfen könne. Ich prahlte, daß ich sie alle ausstechen werde. Da zog mich ein anderer Bursche beiseite und sagte mir unter vier Augen: „Hör mal, das kannst du nie und nimmer, was du da sagst. Du prahlst ja nur.“

Ich wollte schon schwören, aber er unterbrach mich: „Nein, wart“, sagte er, „nicht so. Du schwöre mir bei deinem Seelenheil in jener Welt, daß du alles tun wirst, was ich dir sagen werde.“

Ich schwor. „Gut“, sagte er. „Bald beginnt die Fastenzeit. Bereite dich zum Abendmahl vor. Die Hostie nimm, aber verschluck sie nicht. Wenn du dann aufstehst – tritt zur Seite, nimm sie aus dem Munde, und behalte sie in der Hand. Das weitere werde ich dir sagen.“

So tat ich auch. Aus der Kirche führte er mich geradewegs in den Gemüsegarten. Nahm einen Pflock, stieß ihn in die Erde und sagte: „Leg hin!" Ich legte die Hostie auf den Pflock. „Jetzt geh und hol eine Flinte", sagte er. Ich ging und holte sie. „Lad sie", sagte er. Ich lud. „Ziele und schieß!" Ich erhob die Hand und zielte. Und da – wie der Schuß fiel, stand plötzlich vor mir das Kreuz mit dem Gekreuzigten. Da fiel ich bewußtlos hin…›»[19]

Dostojewski hat diese Begebenheit ohne dichterische Ausschmückung nacherzählt. Mag man bei ihrer Gedrängtheit auch diese oder jene Einzelheit vermissen, die Erzählung hat den Vorzug, ein wirkliches Vorkommnis aus dem russischen Alltag wiederzugeben. Es ist keine erfundene Geschichte. Aus ihr spricht der russische Büßer, der unstreitig zur Christenheit gehört.

Bedeutsam sind Dostojewskis Reflexionen zu dieser Begebenheit. Er verbindet damit Gedanken über das russische Volk, die bis zur romantischen Verherrlichung des Volksgeistes gehen, wenn schon sich das Volk im modernen Demokratisierungsprozeß tiefgehend verändert hat. Der leidenschaftliche Volksglaube ist bei seinem Hinweis auf den Kuchelknecht nicht weiter verwunderlich, obwohl heute, im Zeitalter der Massenmedien, sich alles gewandelt hat. Dostojewski gemäß darf man das Volk nicht nach den Fehlern und Lastern richten, sondern muß es an seinen heiligen Idealen beurteilen, nach denen es selbst im Schmutz sich sehnt. Wenn auch im Volk viel Sündhaftes vorhanden ist, es hält seine Sünde niemals für das Richtige, es hat den Maßstab nicht verloren und betreibt keine geistige Falschmünzerei. Der große Fehler der oberen Schicht ist, die Verbindung mit dem Volk gelöst und sich von ihm abgesondert zu haben. Zur Überwindung der verhängnisvollen Entwicklung fordert der Dichter eine unmittelbare Berührung mit dem Volk, die brüderliche Vereinigung mit ihm im gemeinsamen Unglück, die Einsicht, daß man selbst zum Volk gehört. Findet ein solcher Zusammenschluß nicht statt, dann nehmen laut Dostojewski die Ereignisse in Rußland einen unheilvollen Verlauf. Er nennt das Volk einen Barbaren und meint, der Riese sei erwacht und dehne seine Glieder.

Die Geschichte spielt unter jungen Menschen. Dostojewski hat sich stets lebhaft für die Jugend interessiert. Rodion, Sonja, Aljoscha sind junge Menschen. Er widmete dem Werdenden sogar einen speziellen Roman, und das mit «Knaben» betitelte zehnte Buch gehört zu den schönsten Partien der «Brüder Karamasow». Der Dichter entrüstete sich nicht über die zeitgenössische Jugend, weil sie sich anders als gewohnt aufführt. Ebensowenig buhlte er um die Gunst der Jugend. Nach seinem Dafürhalten war die Jugend «noch nie so ehrlich und aufrichtig wie jetzt»[20]. Bei aller aufgeschlossenen Zuneigung zu den jungen Menschen übersah er jedoch nicht, daß sie «die ganze Lüge der beiden Jahrhunderte unserer Geschichte mit sich herumtragen»[21]. Auch im «Tagebuch eines Schriftstellers» machte sich Dostojewski über die jugendlichen Gesichter Gedanken, die schon einen Mangel an jeder Scheu ausdrückten. Er bedauerte es, daß den Kindern heute alles erleichtert wird, nicht nur jedes Lernen, sondern selbst das Spiel, und daß man sie damit zur Oberflächlichkeit anleitet. Der Dichter war namentlich über eine Wahrnehmung tief besorgt: «Unsere Jugend ist so gestellt, daß sie absolut nirgends Hinweise auf den höheren Lebenssinn finden kann.»[22] Die junge Generation leidet selbst darunter, ist dem Leeren ausgeliefert und dazu verurteilt, sich ihre Ideale selbst zu suchen, was sie in ihrer Unerfahrenheit gar nicht vermag. Dostojewski weiß, daß die Jugend nach Wahrheit hungert; aber sie sucht sie dort, wo es sie gar nicht gibt. Dies macht das Problem des jungen Menschen auch in der heutigen Zeit zu einer so schwerwiegenden Angelegenheit. Es läßt sich nicht durch einige soziologische Untersuchungen und administrative Anordnungen lösen. Ganz andere Anstrengungen sind notwendig, damit der junge Mensch von der Lebensleere befreit und sein Dasein wieder sinnvoll wird. Trotzdem erwartet Dostojewski eine Regeneration nicht nur vom Volk, sondern auch von den jungen Menschen. Sie nehmen in seiner Dichtung einen bevorzugten Platz ein, weil er von der heilenden Macht des kindlichen Lebens überzeugt war.

Was Dostojewski an der erwähnten Begebenheit nachdenklich stimmte, war die Wette der beiden jungen Leute – «wer den andern an Dreistigkeit übertrumpfen könne». Nun, heranwachsende Burschen kommen im Übermut auf allerlei Gedanken. Sie wissen oft nicht, wo sie mit ihrer ungebändigten Kraft hinsollen; deshalb verfallen sie gerne auf verwegene Ideen. Aus ihrer Orientierungslosigkeit erklärte sich der Dichter «das Verlangen, an einen Abgrund heranzugehen, sich mit dem halben Körper über den Rand zu beugen, in die schaudervolle Tiefe zu blicken und – in einzelnen, aber gar nicht so seltenen Fällen – sich wie ein Wahnsinniger mit dem Kopf voran in die Tiefe zu stürzen»[23]. Der Abgrund-Schauder, verbunden mit der Abgrund-Sehnsucht, ist einer der unheimlichsten und rätselhaftesten Vorgänge im Menschen. Er verbirgt das Abgrund-Problem hinter einer Maske. Ganz Rußland ist nach Dostojewski an einem Endpunkt angelangt und neigt sich einem Abgrund entgegen, wo das klare Bewußtsein plötzlich in ein Schwindelgefühl übergeht und das Land in die Tiefe hinabzieht. Das Böse im Menschen sitzt tiefer, als es die Tagesmeinung annimmt. Ein Verneinungsbedürfnis überfällt den von keinem Glauben gehaltenen Menschen wie eine Zwangsvorstellung und führt ihn zur Negierung von allem, selbst dem größten Heiligtum im eigenen Herzen. Nur ein neues, erstarktes Verantwortungsbewußtsein könnte den Taumel einer absurden Abgrund-Philosophie überwinden. Dostojewski sprach nicht von einer fremden Erfahrung. Ihm selbst waren diese dunklen Wege nur allzu vertraut, gehörte er doch, wie Pascal, zu den Menschen, die «beständig einen Abgrund zu ihrer Linken sehen» und sich nicht einreden lassen, daß dies nur die Anzeichen einer durch abstrakte und metaphysische Studien erschöpften Einbildungskraft sei. Der beinahe unwiderstehliche Sog des Abgrunds, dem auch die beiden Burschen in ihrem Übermut verfallen waren, geht jedoch aus einem ungeklärten Leiden hervor, einem Leiden, von dem Dostojewski selbst erst nach langem innerem Ringen genas.

Der Dichter wies in seiner Reflexion mit Nachdruck darauf hin, daß diese Verabredung nicht in einem literarischen Café stattgefunden habe, wo manchmal den Menschen unter Alkoholeinfluß derartige Verruchtheiten einfallen sollen. Nein, solches geschah in einem russischen Dorf, wo die Bauern noch in Bastschuhen herumliefen und im Winter auf den Öfen schliefen. Es war einer aus dem Geschlecht der Kuchelknechte, der die freche Wette einging. Bei aller Liebe zum bodenständigen Volk vermochte Dostojewski doch wahrzunehmen, was in der Tiefe des Volkes vor sich ging. Der Nihilismus mit seinen unheimlichen und zerstörerischen Kräften regte sich, und selbst die Wette der beiden Burschen war eine Auswirkung der Haltung, die alles verneint und vor nichts zurückschreckt. Er ist nicht nur eine städtische Dekadenzerscheinung, dem viele intellektuelle Menschen verfallen sind, er ist ein allgemeines Phänomen der entleerten Neuzeit, die den Glauben verloren hat und nichts anderes zu bieten weiß. Er hat sich von der Stadt auf das Land ausgebreitet, er hat die bäuerlichen Sitten untergraben und unterwühlt nun auch den vom Dichter verherrlichten Kuchelknecht. Dostojewski hat mit vollem Recht von einem Dorfnihilismus gesprochen, der überall die alten Ideale zertrümmerte, und nicht die geringste Kraft besaß, neue Werte einzusetzen. Nur die überhandnehmende Substanzlosigkeit bringt die Menschen auf dermaßen verwegene Gedanken. Im gegenwärtigen Rußland ist der Nihilimus durch die Ideologie des klassenbewußten Proletariats verdeckt, nicht aber überwunden. Eine bloße Ersatzreligion verhüllt die Leere. Wie das Virus einer Seuche fällt der Nihilimus an allen Orten die Menschen an, suggeriert ihnen die Meinung, alles zu zerreißen und alles zu vernichten, sei es Familie, Sitte oder Glaube. Der Dorfnihilismus ist eine seelische Erkrankung des Volkes, das vom Nichts überschwemmt wird. Er ist die Verkörperung des Zeitgeistes, einer Macht, der nur wenige von oben besonders behütete Menschen zu widerstehen fähig sind. Die Tatsache des mächtig auftretenden Nihilismus gab Dostojewski unendlich viel zu denken, sie ließ ihn beinahe nicht mehr schlafen. Er verfiel aber keinem blinden Haß gegen die Atheisten – «es sind viele Gute unter ihnen», läßt er Sossima sagen –, sondern sann dauernd über die Rettung der vom seelischen Untergang bedrohten Menschen nach.

Auch der Bursche, der dem andern die Wette vorschlug und den teuflischen Gedanken ausheckte, beschäftigte Dostojewski. Er nennt ihn treffend den Versucher. Es ist der gleiche Geist, der auch an Christus herangetreten war, als er sich in der Wüste aufgehalten hatte. Immer macht sich der Versucher an den Menschen heran; er flüstert ihm halsbrecherische Gedanken zu, auf die er von sich aus nie gekommen wäre. Der Versucher erscheint auch in einem langweiligen, schmutzigen Dorf Rußlands und bringt inmitten eines ruhmredigen Gesprächs den Menschen zu Fall. Er geht heimtückisch ans Werk: er schlägt eine Wette vor, ohne den Inhalt derselben zu sagen. Der Bauernbursche verfängt sich ahnungslos in der Schlinge; es kommt ihm gar nicht in den Sinn, die Wette zu begrenzen oder zu fragen, worin denn die Dreistigkeit bestehen soll. Weil vom Versucher nichts berichtet wird und man nicht weiß, wie das Ende der ungeheuerlichen Tat auf ihn wirkt, ist man geneigt, in ihm eine Verkleidung des Teufels in der Gestalt eines Dorfnihilisten zu sehen. Dostojewski bedauert, daß man vom zweiten Mann nicht erfahren hat, ob er auch gebrochen sei oder ob er «unangefochten im Dorf geblieben ist und noch heute lebt, trinkt und spottet grinsend an den Feiertagen nach wie vor: die Erscheinung war ja nicht ihm beschieden.»[24]

Die Aufmerksamkeit des Dichters richtete sich auf den Burschen, der zum Starez gekrochen kam: Beim Laden des Gewehrs war er noch immer nicht zur Besinnung gekommen, drückte dumpf und ahnungslos ab; erst als der Schuß losging, flammte die bestürzende Vision vor ihm auf. Ein furchtbarer Schrecken durchzuckte ihn, und bewußtlos fiel er zu Boden. Er hatte auf den Herrn geschossen und sich selbst getroffen! Der Bursche zog aus dem grauenhaften Vergehen die einzig richtige Konsequenz: Er ging unter die Büßer und rettete sich damit, denn eine solche Tat kann nur durch Buße gesühnt und nicht mit ein paar frommen Worten weggewischt werden. Der junge Mann reihte sich selbst bei den neuen Büßern ein. Dostojewski machte zu dieser Begebenheit eine überraschende und bedeutsame Äußerung: «Ich bin immer der Meinung gewesen, daß das letzte Wort gerade diese Menschen aussprechen werden… sie werden es sagen und uns den neuen Weg weisen, den neuen Weg ins Freie aus allen unseren anscheinend vollkommen ausweglosen Schwierigkeiten.»[25] Dies war Dostojewskis ebenso neue wie tiefgründige Sicht des Büßers: nicht der sich kasteiende, sondern der das letzte Wort sprechende Mensch ist der wahre Pönitierende! Mit dem «letzten Wort» meinte er jene Menschen, die alle Vorläufigkeiten bis zum bitteren Ende durchschritten haben und jetzt das letzte Wort sprechen, das alle Zuhörer zum Aufhorchen nötigt. Auf dieses, aus unsäglichem Leid geborene letzte Wort warten die Menschen mit brennender Sehnsucht, ob sie es nun wissen oder nicht. Das letzte Wort hebt die früheren Worte nicht einfach auf, sondern es erfüllt und vollendet sie. Weder die Literaten noch die Agitatoren sprechen mit ihrem aufgeblähten Selbstbewußtsein das letzte Wort, im Gegenteil, sie verwirren die Menschen. Die Büßer sind es, die sich entschlossen haben, das Leiden auf sich zu nehmen. Von ihnen allein ist das neue zu erwarten. Das Wort Büßertum im großen Stil bildet die geheime Hoffnung der modernen Zeit. Das letzte Wort finden nur Menschen, die, sinnbildlich verstanden, auf den Knien durch das Leben kriechen. Dostojewski hat dies eindrucksvoll in seinem «Idioten» angedeutet. Es ist nicht nur das neue, sondern auch das letzte, weil es das prophetische Wort und ein Widerhall des ewigen Wortes ist.

In dieser Richtung gingen Dostojewskis Reflexionen bei der Niederschrift seines Büßeraufsatzes. Warum war der junge Mann zum Büßer geworden? Christus stand vor ihm! Aus der Hostie war er sichtbar herausgetreten in dem Augenblick, als der Bursche abfeuerte. Eine wunderbarere Epiphanie kann dem Menschen nicht widerfahren. Die Gestalt Christi allein schlägt alle Blasphemien nieder, in der sich die Menschen gefallen. Nicht nur erlebte der Bursche auf dem Dorfe eine Christus-Vision, auch Dostojewskis Schrifttum ist von einer Gottesoffenbarung getragen. «Mag unser Land arm sein, aber dieses arme Land hat Christus in Bettlergestalt durchwandert und dabei gesegnet», schrieb er und fügte hinzu: «Wenn wir nicht im Glauben und in Christus eine Autorität hätten, würden wir uns in allem verirren.»²⁶ Ohne den Christusglauben hätte Dostojewski seine Glaubensdichtung nicht schreiben können.

Der auf den Knien kriechende Bursche war zunächst in Gefahr, noch eine zweite, größere Sünde zu begehen. Zum Starez sagte er: «Für mich gibt es keine Rettung mehr: bin verdammt! Was du auch sagst, ich weiß: ich bin verdammt.» Eine innere Verzweiflung hatte ihn erfaßt, eine seelische Verfinsterung, die nicht an die Barmherzigkeit Gottes zu glauben imstande war. Der Bursche war dermaßen hoffnungslos, daß er nicht mehr mit der eigenen Seele zu kämpfen die Kraft hatte. Es gibt keine Sünde, und mag sie noch so groß sein, die nicht von der noch größeren Barmherzigkeit getilgt wird. Darin besteht die verhängnisvollere Schuld des Judas gegenüber der des Petrus. Entsetzliches hatten beide getan: Judas verriet und Petrus verleugnete. Aber Petrus kam beim Hahnenschrei zur Besinnung, fing bitterlich zu weinen an und fand den Rückweg wieder, während Judas die Vergebung überhaupt nicht in Erwägung zog und damit sich selbst richtete. Die Judassünde besteht nicht nur im Verrat – wer hat den Herrn nicht schon durch sein Verhalten verleugnet und verraten? –, sondern in der Verzweiflung, es gebe keine Rettung mehr. Diese Gefahr drohte dem neuen Wlass, der verzweifelt glaubte, kein sinnvolles Leben mehr führen zu können. Hier hilft einzig das Gebet: «Errette alle, Herr, die nicht mehr zu beten imstande sind.»

Was hat der Starez auf die Beichte des Kriechenden geantwortet? Dostojewski wußte es nicht, weil der Mönch ihm nichts gesagt hatte. Begreiflich, denn es fällt unter das Beichtgeheimnis. Der Starez auferlegte ihm eine Buße, wahrscheinlich eine ungeheuerliche Buße, «die fast über die menschliche Kraft geht, in der Erwägung, daß, je schwerer die Strafe, sie um so eher das Gewissen erleichtern werde. Ist ja gekrochen gekommen, weil er nach Buße lechzte.»²⁷ Schwere Sünden darf man nicht mit einigen billigen Worten übergehen: Es ist nicht so schlimm, was du getan hast, andere haben noch Schlimmeres getan. Das ist psychologische Quacksalberei und nicht Seelsorge, die dem Menschen hilft. Ein schwer belastetes Gewissen kann nur durch eine schwere Buße gesühnt werden, sie allein gibt die Genugtuung der Vergebung.

Das Vorkommnis hat noch einen tieferen Sinn, wenn es in Beziehung zu Dostojewskis Hoffnung auf den Kuchelknecht gesetzt wird. Von ihm hat der Dichter nach der erwähnten Mitteilung von Lesskow die Hilfe erwartet, er war für ihn ein Symbol für das Volk, an dessen Glaube sowohl der Verrat der Intelligenz als die Gleichgültigkeit des Bürgertums zerschellen werden. Ging Dostojewskis Annahme in Erfüllung? Gewiß ist im einfachen Volk oft viel Arbeitskraft und Leidensbereitschaft anzutreffen – man lese nur in Turgenjews «Aufzeichnungen eines Jägers» das ergreifende Kapitel «Die lebende Reliquie» –, aber heute ist durch die Massenmedien alles gefährdet; das Volk ist allzu leicht verführbar. Sowenig wie am Bauern die Maschinen zuschanden werden, sondern die Maschine auch den Bauern überrollt, sowenig vermag der bäuerliche Mensch der modernen Zeit zu widerstehen. Der junge Bursche aus der Erzählung war ein Kuchelknecht. Und was tut er? Wie ein Lümmel prahlt er, er könne alle ausstechen. Er sinnt darüber nach, wie er noch tollere Dinge tun und die andern Leute noch mehr verblüffen könne. Damit aber wird das Volksempfinden untergraben, das weite Land wird von der Flut des Unglaubens zugedeckt. Dostojewskis Hoffnung auf den Kuchelknecht und damit auf das Volk erfüllte sich nicht. Der gutherzige Kuchelknecht wurde vom Dorfnihilisten abgelöst, der nun auch auf dem Lande auftauchte. Dieses schmerzliche Eingeständnis ist nicht zu umgehen. Es ist auch nicht allzu verwunderlich. Der volkshafte Kuchelknecht und mit ihm das einfache Volk verbleiben im Naturhaften, und die Natürlichkeit, mag sie noch so gesund und erfreulich sein, ist dem Gift des Nihilismus nicht gewachsen. Darum hat das Volk nicht gehalten, was Dostojewski von ihm erwartet hatte, und darum ist in der Demokratisierung aller Institutionen niemals das Heil enthalten.

Wer aber ist imstande, den Dorfnihilisten zu überwinden, wenn der Kuchelknecht ausscheidet? Die Frage ist brennend, und die Antwort kann nur lauten: Der Büßer allein! Er hat als eine postmoderne Erscheinung das Stadium des Kuchelknechts und das des Dorfnihilisten überwunden. In ihm vermochte Dostojewski den zukünftigen Menschen zu ahnen. Christus ist vor ihm gestanden, als der Schuß losging. Der Büßer ist durch unsägliches Leid hindurchgegangen, er hat die Schuld am eigenen Leib erfahren und deshalb den neuen Weg und das letzte Wort gefunden, das die Verwirrung auflöst. Der auf den Knien kriechende Büßer ist die christliche, von der Dialektik unbeleckte Antwort auf die moderne Verzweiflung. Nur von den pönitierenden Menschen geht eine Überwindung der gegenwärtigen Leere aus; sie sprechen das letzte Wort aus, weil sie «die Berührung mit den anderen Welten» erlebt haben.

Dostojewski berichtete die Geschichte vom Büßer, weil sie seinen eigenen Personkern berührte. Sie hätte ihn sonst innerlich nicht erregt, und er wäre nicht darauf bedacht gewesen, in die Seele des zeitgenössischen Büßers hineinzuschauen. Zu jener Zeit interessierte sich kaum schon jemand für diese Gestalten. Der Büßer war für ihn ein Mensch, der ihn ebenso beschäftigte wie die Unauffälligen und die Schutzlosen, die er in seinen Werken schilderte [28]. Er fesselte ihn in steigendem Maße, weil der erwähnte Wlass ein Spiegelbild seiner selbst war. Der Popenenkel war in seiner Jugend auch vom Glauben abgefallen und hatte sich dem Atheismus ergeben. Die Katastrophe ereilte auch Dostojewski, der wegen der Teilnahme an einem Kreis von Verschwörern zur Zwangsarbeit nach Sibirien verschickt wurde. Über seinen Aufenthalt in der Katorga schrieb er ein Buch, «Aus dem Totenhaus», das von hohem selbstbiographischem Wert ist und eine um so stärkere Anklage darstellt, als ihm jeder Protestton fehlt. Das sibirische Zuchthaus glich «keinem einzigen anderen Ort, hier gab es besondere Gesetze, besondere Tracht, besondere Sitten und Bräuche, es war ein Totenhaus lebend Begrabener, darinnen ein Leben, wie es in der Welt nirgends ein ähnliches gibt.» [29] Die Sträflinge liebten es nicht, «von der Vergangenheit zu sprechen» [30], es gab unter ihnen auch Menschen, die nicht die geringste Reue empfanden, andere glaubten, ihre Verbannung sei «ein Kreuztragen für den Glauben» [31]. Für Dostojewski waren die Häftlinge Menschen, «von Gottes Finger berührt»[32]. Es waren bewußte und unbewußte Büßer. Er selbst hat seinen eigenen Aufenthalt als Sühne aufgefaßt: «In dieser geistigen Einsamkeit durchlebte ich von neuem mein ganzes Leben, ich untersuchte alles bis zur letzten Einzelheit in ihm, ich dachte über alles und jedes nach, ich gab mir Rechenschaft über meine ganze Vergangenheit, hielt streng und unerbittlich über mich selbst Gericht, und in mancher Stunde segnete ich die Vorsehung dafür, daß sie mir diese Einsamkeit geschickt hatte, ohne die ich niemals zu diesem Gericht über mich selbst gekommen wäre, zu dieser strengen Durchsicht und Prüfung meines früheren Lebens.»[33] Dostojewski hatte während dieser ganzen Zeit stets die Bibel bei sich, das einzige Buch, das die Sträflinge besitzen durften. Er las darin gerade zu einem Zeitpunkt, da sich der aufgeklärte Westen infolge der Bibelkritik immer mehr von dem ewigen Buch abwandte. Für ihn war die Bibel die Anleitung zu einem neuen Leben und nicht ein gewöhnliches Buch, das von Mythen zu reinigen und soziologisch zu überprüfen ist. Dank der Bibel verstand er sein bisheriges Leben als einen Weg nach Damaskus. Offen gestand er seinem Bruder: «Ich will Dir gar nicht sagen, welche Wandlungen meine Seele, mein Glaube, mein Geist und mein Herz in diesen vier Jahren durchgemacht haben. Ich müßte lange erzählen. Doch die ewige Konzentration, die Flucht in mich selbst vor der bitteren Wirklichkeit, brachten ihre Früchte. Ich habe jetzt viele neue Bedürfnisse und Hoffnungen, an die ich früher nie gedacht habe.»[34] Er war nicht mehr der gleiche Mensch wie früher, als er unter dem atheistischen Einfluß Belinskijs stand, der an Theorien glaubte. An die Stelle der Ideologien war der Durst nach Gott getreten. Dostojewski verließ das sibirische Zuchthaus nicht bekehrt im pietistischen Sinn. Wohl hatte er das Geheimnis des ersten Schrittes verstanden, aber die Umwandlung ging langsam vor sich. Die große Erleuchtung kam erst in jener Osternacht über ihn, da er mit einem atheistischen Freund über Religion diskutierte und plötzlich ausrief: «Gott existiert, Gott existiert, Gott existiert!... Ich habe gefühlt, daß der Himmel auf die Erde herabstieg und mich voll-

kommen erfüllte. Ich habe Gott in mir aufgenommen und gefühlt, daß er meine ganze Substanz gänzlich durchdrang. Ja,
Gott existiert, schrie ich, und dann erinnere ich mich an nichts
mehr.»[35] Die Umkehr hat bei Dostojewski durch die Erleuchtung von oben stattgefunden. Jenes Licht, welches das Herz erhellt und den Verstand belehrt, wies ihm fortan den Lebensweg.
Seine dichterischen Werke sind aus diesem Erleben hervorgegangen. Sie sind nicht bloß literarische Erzeugnisse, sondern
stehen mit seinem Büßertum in einem inneren Zusammenhang.
Die einzigartigen Dokumente einer geistigen Umwandlung
reichen hinab bis in die feinsten Schattierungen des Lebens, bis
in jene Tiefe, da der Mensch mit leeren Händen vor Gott steht.
Viel ist schon über Dostojewski gesagt und geschrieben worden.
Leider viel oberflächliches und törichtes Zeug. Theodrich
Kampmann verfolgte in einer Studie «Dostojewski in Deutschland» die Beurteilung des russischen Dichters auf deutschem
Sprachgebiet von den siebziger Jahren bis nach dem Ersten Weltkrieg. Es ist beschämend, welches Maß von Unverantwortlich-
keit diese leichtfertigen und unüberlegten Kritik-Äußerungen
bekunden. Der Dichter wurde im Westen lange nicht verstanden, weil man die transzendente Haltung geflissentlich übersah; sie erst ermöglichte seine psychologische Durchdringung
des Menschen. Die Bewertung Dostojewskis als «Dichter mit
dem Blick ins Chaos» verrät eine groteske Selbst-Verwechslung
mit dem Steppenwolf, den man in sich hegte und pflegte. Ohne
Berücksichtigung der religiösen Kategorien bleibt man auch auf
literarischem Gebiet an der Oberfläche. Dostojewski kann nicht
verstanden werden, solange man Formprobleme der neuen Ro-
mantechnik als Hauptfragen betrachtet.
Ein tieferes Verständnis setzte sich erst durch, als man in Dostojewski den Büßer aus der Katorga erkannte. Nun begann man
die metaphysische Unterlage zu ahnen und sein letztes Wort zu
verstehen. Dostojewskis Dichtung zählt zu den größten christlichen Schöpfungen des vergangenen Jahrhunderts. Seine aus Leiden und Schmerzen hervorgegangenen Schriften überschreiten
die schöngeistige Literatur bei weitem, sind sie doch vom Durst

nach Sühne der Weltsünden und von der Sehnsucht nach Erlösung diktiert. Religiöse Qual und Freude sprechen aus seinen Werken und zwingen uns, im Leiden der Menschen Erlösung zu suchen. Das schwermütige Gefühl über die Sündhaftigkeit des Lebens wird vom prophetischen Charakter seiner Ausführungen überglänzt, die seine Romane zu religionsphilosophischen Schriften erheben. «Seine Phantasie verweilte mit so leidenschaftlicher Eindringlichkeit auf der Gestalt des Gottessohnes, daß man große Teile von Dostojewskis erzählender Dichtung als Erläuterung zum Neuen Testament lesen kann.»[36] Dostojewskis Gestalten werden nicht von gewöhnlichen Sonnenstrahlen beschienen, sondern sie sind von jenem Licht erhellt, das da scheinet in die Finsternis. Der Dichter führt den Menschen «vom Realen zum Realeren», er verbindet die neuzeitliche Fragestellung mit der religiösen Tradition, was ihm das Unauslotbare verleiht. «Dostojewski zeichnet das Gesicht eines Heiligen und hängt es dann wie eine Ikone an die Mauer im Hintergrund.»[37] Er hat erfaßt, wie das Christliche in der heutigen Zeit gestaltet werden muß, wenn es den modernen Menschen ansprechen soll.

Auf die Frage, warum Dostojewski diesen ganz neuen Ausgangspunkt in die Dichtung einzuführen imstande war, hat einzig ein Starez die Antwort zu geben vermocht. Der Dichter besuchte im Sommer des Jahres 1878 – zwei Jahre vor seinem Tode – das Kloster Optina Pustyn und besprach sich mit dem Starez Ambrosij. Der Eindruck war denkbar stark auf Dostojewski, und die Schilderung des Starez Sossima bildet die innere Verarbeitung dieser Gespräche. Das Buch «Vom russischen Mönch» hätte er ohne den Aufenthalt in Optina Pustyn nicht schreiben können. Was aber sagte Starez Ambrosij über den Dichter? Nun, die Mönche machen nicht viele Worte, schon gar keine lobenden, deshalb wiegen ihre Äußerungen um so schwerer. Starez Ambrosij hat Dostojewski in die Augen, ja in die Seele geschaut, hat über ihn lange geschwiegen und hat schließlich seinen Eindruck in nur zwei Worten, die aber sein Geheimnis aussprechen, kundgetan: «Ein Büßender»[38].

ABSTIEG IN DIE UNTERSTE TIEFE:
ALBERT VON POLEN

Bei einem Jagdausflug in Polen sah ein Teilnehmer eine alte Frau des Weges kommen und fragte sie: «Wohin?» Sie antwortete: «Zu unserer heiligen Mutter Gottes in Czenstochau.» Auf die weitere Frage, woher sie komme, nannte sie einen Ort an der rumänischen Grenze, und auf die Erkundigung, ob sie die Bahn benützt habe, erwiderte sie leise, den Kopf schüttelnd: «Mein Herr, immer gewandert, viele Monde.» Der Mann tat noch eine letzte Frage: «Ganz allein?» Darauf erhielt er die stille, aber unendlich sichere Antwort: «Immer mit meiner Seele.»[1] Das kurze Gespräch bei der zufälligen Begegnung sagt mehr aus über die slawische Psyche des polnischen Volkes, als es die umfangreichsten Bücher imstande sind. Das östliche Volk ist stets mit der Seele durch seine leidvolle Geschichte gepilgert – anders hätte es sein schweres Leben nicht zu bestehen vermocht.

Die polnische Landschaft mit ihren ungeschützten Grenzen ist grau getönt und von beinahe schwermütiger Stimmung; eine melancholische Schönheit ist über sie ausgebreitet. Reymont schilderte sie mit dichterischer Kraft in seinem die vier Jahreszeiten umfassenden Bauernepos. Ein Hauch dieses wehmütigen Landes ist auch in Chopins Musik eingegangen, deren sehnsuchtsvoller Klang weder Ursprung noch Ziel kennt. Die polnischen Menschen sind redefreudig und gefühlsbetont: sie erregen sich schnell und sind auch leicht gekränkt. Die mannigfachen Unterdrückungen sind nicht spurlos an ihnen vorübergegangen; manchmal verstecken sie ihre Gesinnung, aber ihr Charakter ist unzerstörbar geblieben. In Warschau sündigt man nicht weniger als in Paris; aber wer es tut, weiß auch, daß er gesündigt hat, weil noch keine geistige Falschmünzerei eine Verwirrung der Begriffe bewirkte. Der Patriotismus des tapferen Volkes ist nicht künstlich hochgezüchtet worden, sondern aus elementaren Bedrängnissen hervorgegangen. Es stellte seinen Mut im erschütternden Warschau-Aufstand im letzten Weltkrieg erneut unter Beweis. Das polnische Volk ist vom Bazillus des Antisemitismus infiziert worden. Dabei erblühte in seiner unmittelbaren Nähe der vom Impuls des Baalschem erfüllte Chassidismus, von dem es freilich kaum Kenntnis nahm, weil die Religionen noch zu abgeschlossen voneinander lebten. Es steckt viel Östliches in dem nicht idealisierten polnischen Volk, das seine Seele nicht verloren hat.

Die unglückliche Geschichte des Landes erzählt von Schmach und Heldentum. Bedrängt von fremden Kulturen und Sprachen, konnten die Polen keinem der großen Nachbarn Vertrauen entgegenbringen. Die Polen haben als slawisches Volk mit lateinischer Schrift jahrhundertelang das Abendland gegen den Ansturm der Tataren verteidigt und sich damit den Namen «Vormauer der Christenheit» erworben. Stets sind sie an der Ostgrenze für die europäischen Werte eingetreten. In der Neuzeit mußte das Land dreimal eine schmerzhafte Teilung über sich ergehen lassen, ohne daß ihm ein anderes Volk beigestanden wäre. Die Aufteilung des Landes bewirkte im Volk eine seelische Verzweiflung, und bis zum heutigen Tag ist das Trauma spürbar. Einzelne Geschichtsdeuter versuchten die drohende Resignation mit der messianischen Parole «Sterben für die Freiheit» zu überwinden, wodurch die Hoffnung erhalten blieb. Zuletzt führten die Kommunisten das Volk unter der täuschenden Losung «Freundschaft mit der Sowjetunion» in eine neue, düstere Knechtschaft. Aus diesen zahlreichen Schicksalsschlägen ist der stark entwickelte Nationalismus in Polen zu verstehen; er glüht wie Feuer unter der Asche und bewahrt das Volk vor dem innerlichen Zusammenbruch.

Polen ist aus seiner Religiosität zu begreifen, denn der Katholizismus wurde bestimmend für das Volk. Merkwürdigerweise weiß man im Westen wenig von der Spiritualität des polnischen Katholizismus. Ist er tatsächlich stumm wie ein Fisch? Nein, aber man kümmert sich zuwenig um ihn. Der polnische Katholizismus brachte immer wieder leuchtende Heiligengestalten hervor, es ist nur an Hedwig zu erinnern, die ungeachtet ihrer deutschen Abkunft als polnische Frau empfunden wurde. Mutig bekannte sie einmal: «Es muß uns gefallen, was Gott gefällt.» Die Polen sind bewußte Katholiken; polnisch und katholisch sind beinahe Synonyme. Nach ihrer Meinung ist es die «Berufung Polens, das Leben des Katholizismus zu bewahren, zu überliefern, zu entwickeln. Bei uns, am Kreuz des gemarterten Polens, werden die alten Sitten, die Überlieferungen der Vorfahren, die hergebrachten religiösen Gebräuche heilig und unverbrüchlich gehalten. Wer weiß, ob das durch das Feuer langer Leiden gereinigte Polen gewissermaßen nicht ein Beispiel werden wird, wie aus dem traurigen Zwiespalt, der die Christenheit gegenwärtig scheidet, herauszufinden ist.»[2]

Das nationale Heiligtum für Polen ist die schwarze Madonna in Czenstochau. Sie kam im Spätmittelalter aus dem südlichen Italien und wurde dem Pauliner-Kloster auf dem Klarenberg geschenkt. Die eindrucksvolle Ikone wirkt noch stärker, sieht man von der Silberfassung und dem byzantinisch angehauchten Schmuck ab. Doch ist sie nicht als religiöses Kunstwerk zu beurteilen, da von ihr eine andere Ausstrahlung ausgeht. Das Antlitz der Gottesmutter zeigt einen leidenden Ausdruck, der vom erschrockenen Blick des Kindes noch unterstrichen wird. Es ist eine stumm ergebene Passionsmadonna. Man glaubt das Schwert zu spüren, das durch die Seele der Mutter des Herrn gedrungen ist. Die Schwerthiebe auf den Wangen der Maria sind nicht zufällig – ob sie von den Tataren, den Hussiten oder von betrunkenen Adeligen stammen, ist unentschieden –, sie sind von symbolhafter Bedeutung, indem sie den stummen Schmerz Marias über das Tun der Christen zur Schau tragen. Natürlich muß von einer beinahe überbordenden Marienverehrung gesprochen werden, doch achte man auf die Intension, die hinter der leidenschaftlichen Verehrung steht. Die Menschen knien gebetsversunken vor der Ikone, ja sie werfen sich auf den Boden vor ihr und blicken flehentlich zu ihr empor. Die Beter sind oft geradezu verzückt, ihr Weinen und Seufzen, Bitten und Geloben ist vom Licht verklärt – und sie schaut schweigend auf sie nieder. Eine förmliche Macht geht von diesem Bilde aus, und die ihm entgegengebrachte religiöse Inbrunst zeugt von ergriffener Gläubigkeit. Nicht nur der mütterliche Ausdruck der Ikone bewirkt die große Anziehungskraft, das polnische Volk erkennt im leidenden Angesicht der schwarzen Madonna das eigene Leid, und der menschliche Schmerz vermischt sich mit dem göttlichen. Die Wallfahrt zur wundertätigen Ikone ist für den Polen ein wirkliches Erlebnis. Obwohl das Volk stets in Bildern denkt und fühlt, ist die Czenstochau-Ikone kein bloßes Bild von östlicher Schönheit, es ist für die Polen die Madonna selbst, zu der sie durch die Ikone hindurchblicken. Als im siebzehnten Jahrhundert das schwedische Heer Polen überrannte, vermochte einzig das die Ikone beherbergende Kloster zu widerstehen. Auch nach den verschiedenen Teilungen Polens stärkte das Bild das Einheitsbewußtsein des Volkes, das aus allen Gegenden zu ihm hinströmte. Es ist für ein Volk von großer Bedeutung, ein solches Heiligtum zu kennen. Wer es mutwillig zerstört, was setzt er an seiner Statt? Im zwanzigsten Jahrhundert wurde die schwarze Madonna kirchenoffiziell zur Königin von Polen erklärt – «wir sind das Volk der Gottesmutter», ein nicht alltägliches Tun! Selbst der religionsfeindliche Kommunismus vermochte den Pilgerstrom nicht einzudämmen, als er Czenstochau zu einer modernen Industriestadt umgestaltete. Unverändert blickt die Madonna auf die Frauen und Männer, Greise und Kinder hernieder. Sie blickt nicht nur schweigend zu ihnen hinab, nein, sie redet zu ihnen und bleibt dabei doch die Allerstillste.

Krakau ist eine Stadt, welche die abendländische Geistesart bewahrt hat. Von Westeuropäern wird sie viel zuwenig besucht. Westliches und Östliches haben sich in ihr harmonisch vereinigt, und hier befindet sich auch der berühmte Veit-Stoß-Altar. Von dem am Kreuz mit ausgebreiteten Armen hängenden Christus wurde Alfred Döblin auf seiner Polenreise erschüttert: «Leid ist in der Welt, Schmerz, menschlich-tierisches ringendes Gefühl ist in der Welt. Das ist der tote Mann oben, Christus. Seine Wunden, seine Hinrichtung, seine durchbohrten Knochen. Entsetzen geht von ihm aus. Zu ihm beten sie. Zu ihm, nicht zu den Säulen, den Pfeilern, den bunten Farben. Die haben sie nur für ihn versammelt. Alltäglich, und wie befremdend für mich. Was bekommen diese Menschen für Gesichter. Empfinden sie es wie ich. Steinerne Herzen aus der Brust genommen, fleischerne eingesetzt, und nun können sie sehen. Man sieht nicht mit den Augen. Schmerz, Jammer ist in der Welt: ein ungeheures, durchleuchtendes Fühlen. Schrecklich: und das ist überall angeschrieben in den Kirchen, das Geheimnis so offen, alle können es lesen.»[3] Wie die Ostjuden vor dem Zweiten Weltkrieg von den Westjuden geringschätzig über die Schulter angesehen wurden – obwohl sie das Erbe der Väter viel lebendiger erhalten haben als die auf Assimilation bedachten Juden des Westens –, so wird der polnische Katholizismus von den Westkatholiken im allgemeinen nicht hoch eingestuft. Sie bewerten ihn als allzu romgetreu, ganz mariologisch ausgerichtet und den Priestern auf eine kriecherische Art ergeben. Ach, das ist Unkenntnis, nichts als Unkenntnis! Gewiß sind viele Gläubige in Polen ungebildet und primitiv. Aber werden nicht diese «Kleinen» den christlichen Glauben hindurchtragen durch eine Zeit, in der die «intellektuelle Lüge» auch in den Raum der Kirche einzudringen droht? Sie haben sich trotz der fortschreitenden Säkularisierung nicht vom Glauben abgekehrt und haben, aller tödlichen Monotonie des alltäglichen Lebens ungeachtet, das lebendige Gottvertrauen nicht aufgegeben. Soll das umsonst sein? Ist das nicht anerkennenswert? In Polen wird nicht ein «interessanter Katholizismus» – was heißt das schon? – gelebt, dafür aber echte Frömmigkeit, der zu begegnen eine innere Bereicherung bedeutet.

Aus diesem polnischen Hintergrund ist Albert von Polen zu verstehen. Die Zeitungen berichten heute von Politikern und Schauspielern bis zum Überdruß, aber die großen Gestalten der Christenheit drohen der Vergessenheit anheimzufallen. Wer jedoch Albert von Polen nur einmal in die Augen geblickt hat, wird ihn nie mehr vergessen können. Er gehört zu der «Wolke von Zeugen», die für die Christen in den kommenden Auseinandersetzungen nötiger sind denn je. Ursprünglich hieß er Adam Chmielowski, doch ist er unter dem Namen Albert von Polen in die Geschichte eingegangen. Weshalb er gerade diesen Vornamen wählte, weiß man nicht. Selbst seiner Biographin Maria Winowska, die die einzige ins Deutsche übersetzte Lebensbeschreibung verfaßte, gelang es nicht, dieses Rätsel zu entziffern.

Von der Jugend Adam Chmielowskis sind wenige Berichte auf die Nachwelt gekommen, und sie sind zu dürftig, um sich davon ein Bild machen zu können. Bedeutsam sind einzig zwei Ereignisse, die das Wesen des werdenden Mannes prägten und auch eine anschauliche Vorstellung von ihm vermitteln.

Der junge Mann beteiligte sich am Kampf um die Freiheit seines Landes. Die Zarenpolitik drückte hart auf das unterjochte Volk und ließ nichts vom «Mütterchen Rußland» verspüren. Die Kinder durften nicht einmal in ihrer Muttersprache die Schulgebete verrichten. Die Auflehnung gegen die Despotie läßt niemand, der die Heimat liebt, gleichgültig. Ob ein Volk frei leben kann, wie es der menschlichen Würde entspricht, oder ob es von einer fremden Besetzungsmacht gedrückt wird, ist von lebenswichtiger Bedeutung. Die Freiheit ist ein unveräußerliches Gut, ein tief im Menschen verankertes Anliegen von dauernder Gültigkeit. Solange ein Volk bereit ist, für seine Freiheit zu kämpfen, hat es eine Existenzberechtigung. Für die Polen war die Erhebung eine religiöse Angelegenheit; die Aufständischen ließen sich segnen, bevor sie in den Kampf zogen. Der junge Adam Chmielowski war ein glühender Anhänger der polnischen Freiheit. Er beteiligte sich aktiv am heldenhaften Freiheitskampf. Mut ist allezeit eine herrliche Eigenschaft, und wer sich nicht für eine irdische Sache bis zum äußersten einsetzt, der bringt auch keine Leidenschaft für das Ewige auf. Adam Chmielowskis tapfere Seele spürte man ihm schon in jungen Jahren an: er setzte sein Leben aufs Spiel, ihm drohten Deportation und Tod, und trotzdem schreckte er vor nichts zurück. Er wurde in diesem nationalen Drama schwer verwundet und verlor ein Bein. Das Geschehen ist von symbolischer Bedeutung: Nie gelingt es auf dieser Erde, die Freiheit restlos zu verwirklichen, man bezahlt dafür stets mit dem Verlust eines «Beines». Dennoch muß der Kampf immer wieder gewagt werden. Adam Chmielowski war nun ein Krüppel, er lief mit einer Prothese umher. Aber er versank darüber nicht in ein jammerndes Selbstmitleid, es entsprach nicht seiner begeisterungsfähigen Seele. Mit Stillschweigen trug er das Opfer, das allezeit seine tiefe Verbundenheit mit dem polnischen Volk bezeugte.

Außer Adam Chmielowskis lebensgefährlichem Einsatz für die Freiheit seines Landes ist sein Künstlertum zu erwähnen. Die Malerei war in Polen zu jener Zeit stark von religiösen Impulsen bewegt. «Polens Maler sind im wahrsten Sinne des Wortes Priester der Kunst gewesen. Weihe und Adel prägte ihr Schaffen.»[4] Für sie war Kunst ein Gottesdienst. Religiöse Bilder veranlaßten sie, die Hände zu falten; sie wußten noch, daß nur jene Maler Engel glaubwürdig malen können, die selbst von der Existenz der himmlischen Boten überzeugt sind. In dieser Kunstauffassung wuchs Adam Chmielowski auf. Er malte ebenso leidenschaftlich, wie er für die Freiheit gekämpft hatte. Dabei verabscheute er den akademischen Stil und verwarf die ästhetische Parole l'art pour l'art – beides schien ihm einen Unernst zu verraten. Der junge Enthusiast studierte in München und Paris. Die französischen Impressionisten beeindruckten ihn, und zeitlebens schaute er die Natur mit künstlerischen Augen an. Man spürt den Einfluß der neuen Malerei, wenn man seine Bilder «Eine Schlucht von Podolien» oder eine «Abendlandschaft» betrachtet. Er nahm in den Bohemienkreisen Polens eine führende Rolle ein, weil seine Kollegen die starke Kraft seiner Persönlichkeit erkannten. Adam Chmielowski liebte die Kunst, er war von ihr unmittelbar ergriffen und arbeitete wie besessen an seinen Bildern. Er malte vom Morgen bis zum Abend; dabei lag ihm mehr daran, «zu beschwören als darzustellen». Er verbrachte seine Zeit nicht in den Cafés, um bei Zigarattenrauch über künstlerische Probleme zu schwatzen. Er saß in seinem Atelier gleich einer Henne auf Eiern und brütete an seinen Werken. Ein beinahe vollendetes Bild konnte er wieder zerreißen, wenn es seinen Ansprüchen nicht genügte, oder wenn es, wie er sich ausdrückte, «nicht singt». Seine von impressionistischen Stimmungen erfüllten Landschaften und Dorfszenen sind schön, auch wenn sie nicht zu den zeitlosen Kunstwerken gehören.

Es drängte Adam Chmielowski zur religiösen Kunst. Über den Kirchenschmuck hegte er schon damals ketzerische Ansichten. Nicht ausstehen konnte er den frommen, aus Devotionalienhandlungen stammenden Kitsch. Einfache, strenge Linien wünschte er im Kirchenraum zu sehen. Damit verriet er einen künstlerischen Geschmack, der vielen Menschen abgeht, die mit Kirchenbauten, Kirchenrenovationen und Kirchengestaltungen zu tun haben. Sein unermüdliches Ringen um eine religiöse Kunst gelang ihm am besten in dem ergreifenden «Begräbnis eines Selbstmörders», dem Gemälde, das sich gegen die Lieblosigkeit der Christen richtete und deshalb einen Skandal hervorrief. Seine religiösen Bilder trugen ihm den Namen «polnischer Fra Angelico» ein, und gerade diese Bezeichnung ist recht fragwürdig. Es konnte einen spätmittelalterlichen, aber kaum einen modernen Fra Angelico geben. Adam Chmielowskis religiöse Bilder verbleiben innerhalb der traditionellen Auffassung; sein Christus wirkt konventionell, so daß man ihm gegenüber die religiöse Kunstlosigkeit mehr liebt als die sakrale Malerei der Neuzeit. Trotz seines Ringens war ihm das tiefere Gelingen versagt. Der Durchbruch in die neue religiöse Kunst gelang ihm nicht. Und zwar nicht deswegen, weil das Land keine speziell polnische Kunst hervorgebracht hat. Der Grund liegt tiefer: Eine neue religiöse Verwirklichung kann nur im Leben und nicht auf der Leinwand erfolgen, sie kann nur gelebt und nicht gemalt werden.

Adam Chmielowskis Beteiligung am Freiheitskampf war heldenhaft, seine stürmische Liebe zur Malerei verrät ein echtes Künstlertemperament, und doch verbleibt dies alles in der Vorläufigkeit. Der zweifache Einsatz gehört zum Vorfeld, das er durchschreiten mußte und das noch nicht das heilige Land darstellt, in das er gelangen wollte. Die Szenerie seines Lebens veränderte sich gründlich, als inmitten seiner Arbeit der Ruf an ihn erging. Bei aller Hingabe an die Kunst mußte er sich von ihr zurückziehen, obwohl seine Freunde es nicht begriffen. Nicht von einem Tag auf den andern, aber unaufhaltsam spürte er sich von einer anderen Wirklichkeit bedrängt. Der Verzicht auf den Pinsel war für ihn ein Opfer, das schwerere Opfer als der Verlust seines Beines. Er liebte es nicht, seine inneren Vorgänge in die Welt hinauszuposaunen, er war verschwiegen. Im Nachzeichnen seiner Lebensgeschichte nimmt man jedoch deutlich die Stimme wahr, die ihm gebot, sich für eine andere Aufgabe bereitzuhalten. Es war keine plötzliche Bekehrung über ihn gekommen, er erlebte keine Damaskusstunde, in der er jäh zu Boden stürzte und ein Lichtstrahl von oben ihn blendete. Sein Erleben war undramatisch, aber deswegen nicht weniger entscheidend. Ein Ruf war ertönt, und durch die Bereitschaft, ihm nachzukommen, ging in seinem Innern eine tiefgreifende Umwandlung vor sich.

Wie viele andere religiöse Menschen, verstand oder mißverstand Adam Chmielowski den Ruf als Aufforderung zum Eintritt in einen Orden. Es war zu jener Zeit das naheliegendste. Folglich meldete er sich bei den Jesuiten, begann das Noviziat und schlüpfte in die schwarze Soutane. Die euphorische Stimmung des vierunddreißigjährigen Mannes war jedoch nicht von langer Dauer. Seine zarte seelische Konstitution war den damals noch ungeheuer strengen Anordnungen der Gesellschaft Jesu nicht gewachsen. Die jesuitische Erziehung nahm auf die Gemütsverfassung junger Menschen wenig Rücksicht: die Exerzitien begannen wenige Wochen nach dem Eintritt. Die Seele Chmielowskis widersetzte sich unbewußt der gewaltsamen Formung seiner Persönlichkeit, die auf ein Zerbrechen seiner Individualität hinauslief. Er geriet in eine schwere psychische Krise, der der Novizenmeister völlig hilflos gegenüberstand. Unerklärliche Angstzustände traten ein. Statt den Ursachen nachzugehen, fand man ihn als ungeeignet und verabschiedete ihn. Adam Chmielowski brauchte einige Zeit, bis er sich vom Schock erholt und sich selbst wieder gefunden hatte.

Der mitgenommene Mann begann ungeachtet des Rufes, der an ihn ergangen war, erneut zu malen, aber der frühere Schwung stellte sich nicht mehr ein. Dem Künstler begegneten hungernde

Menschen, die er in sein Atelier nahm und denen er zu essen gab. Zuerst war es nur einer, dann mehrere, und so wuchs sein Interesse an den verwahrlosten Menschen. Der Drang zu helfen bemächtigte sich seiner, und schließlich brachte er die meisten Stunden des Tages mit den elenden Menschen zu. Für seine Palette fand er kaum mehr Zeit. Er konnte sein Künstlerleben unmöglich in der früheren Weise fortsetzen. Ein undefinierbares Etwas zwang ihn, sich mit den Bettlern zu beschäftigen. Adam Chmielowski fühlte sich zum Verzicht auf seine bisherige Lebensweise genötigt, er entäußerte sich seines Eigentums im buchstäblichen Sinne, wobei er die Entsagung nicht als eine bloße Negation verstand.

Die Bettler in seinem Atelier führten diese Wendung herbei. Sie traten an die Stelle der Kunst! Sonderbarer Tausch, über den der ästhetisch empfindende Mensch mißbilligend die Nase rümpft. In der Kunst beschäftigte sich Adam Chmielowski mit dem Schönen – die Bettler verkörperten die Welt des Häßlichen. Sie sind zerlumpt gekleidet, haben kein Geld in der Tasche, sie hungern sich durch und verbreiten einen üblen Geruch. Er hatte als Künstler ihr abstoßendes Äußeres wahrgenommen, aber da er einen Ruf vernommen hatte, schaute er sie mit anderen Augen an. «Eines Tages hat er in dem fahlen Gesicht eines Bettlers, der ihm die Hand hinstreckte, das Antlitz des verspotteten Christus, das heilige Angesicht erkannt.»[5] Das war die entscheidende Stunde im Leben Adam Chmielowskis; von nun an nannte er sich Bruder Albert. Er sah im verachteten Mitmenschen das verhöhnte Antlitz Christi. Es war nicht die charitative Arbeit, zu der es ihn hinzog, sondern eine mystische Schau des Christus, den er plötzlich an einem Ort erblickte, wo ihn sonst niemand schaute. Von außen gesehen war er ein Bettler, innerlich bedeutete er ihm Christus. Bruder Albert nahm das Wort Jesu wörtlich: «Was ihr einem dieser Geringsten getan habt, das habt ihr mir getan.» Er hatte eine mystische Beziehung zu den Bettlern. Sein Tun überschreitet sowohl die politische Losung «Proletarier aller Länder vereinigt euch» als auch die kirchlichen Wohltätigkeitsbestrebungen. Die Identifizierung von Christus und Bettler ist polnische Christlichkeit, einer der bedeutsamsten Aspekte des slawischen Katholizismus.

Das Krakauer Nachtasyl war die Schlafstätte der Bettler. Krakau gilt als das polnische Rom. Die schöne Stadt ist mit Kirchen übersät und besitzt eine der ältesten Universitäten des Abendlandes. Die Polen sind stolz auf Krakau; es ist eine Stadt mit inhaltsschwerer Tradition, die den Vergleich mit vielen westlichen Städten aushält. Hinter der vom kirchlichen Leben durchpulsten Stadt verbirgt sich jedoch ein unbeschreibliches Elend. Zu den dunkelsten Stätten gehören die Nachtasyle, in denen sich Strolche, Vagabunden, Tagediebe und lichtscheues Gesindel zusammenfinden, Menschen, die bei Tag und Nacht einer düsteren Tätigkeit nachgehen. Bruder Albert ließ sich von den Bettlern hinführen; welch ein Anblick bot sich ihm dar! Eine unbeschreibliche Welt tat sich vor ihm auf. Grauenhafte Zustände herrschten in den Nachtasylen, verkommene Menschen schimpften und fluchten einander an, betranken sich zusammen und verprügelten sich wiederum, es war in jeder Beziehung ein menschenunwürdiges Dasein. Bruder Albert vermochte das Elend zunächst nicht einzuordnen in sein Weltgebäude, und doch hörte er in diesem Moment die Worte in seinem Innern: «Hier ist dein Platz. Ich fordere dich auf, in den Seelen dieser Verbrecher und Vagabunden die ursprüngliche Schönheit des heiligen Antlitzes wieder herzustellen! Mich, deinen verhöhnten Christus, betrachte in ihnen. Erkenne meinen gemarterten Leib wieder!»[6] Das war mystisch und nicht rational zu verstehen. Bruder Albert wußte mit unumstößlicher Sicherheit, daß er hieher und sonst nirgends hin gehöre. Von einem Raum, den alle Welt mied, und von Menschen, mit denen niemand etwas zu tun haben wollte, fühlte sich Bruder Albert geradezu magisch angezogen. Nicht aus Lust an einem pervertierten Dasein, sondern aus innerem Auftrag vollzog er den Abstieg in die unterste Tiefe, die seinem neuen Verständnis der Buße entsprach.

Bruder Albert ersuchte den Stadtrat von Krakau, ihm die «Ogrzewalnia» zu überlassen. Der Stadtrat lehnte ab; erst auf das Votum eines Vertreters der orthodoxen Judenschaft ging man auf den Plan ein und schloß mit Bruder Albert einen Vertrag, der die Stadt zu nichts verpflichtete und Bruder Albert die ganze Bürde auferlegte. Das Dokument stellt den Stadtvätern von Krakau ein beschämendes Zeugnis aus. Politiker lassen sich in der Regel nur von Nützlichkeits-Überlegungen lenken und scheinen keine andern Gesichtspunkte zu kennen. Bruder Albert jedoch war zufrieden, daß er über das Nachtasyl verfügen und mit den Bettlern das Elend teilen durfte. Er reinigte die Räume, tünchte die Wände weiß, installierte eine Küche und richtete alles sauber her. Für mehr reichten die Mittel nicht, aber die bescheidenen Zimmer machten doch einen andern Eindruck. Dann setzte sich der Einbeinige auf ein Wägelchen, fuhr damit in die Stadt, hielt in der einen Hand die Zügel seiner Schindmähre, und mit der andern schwang er eine Glocke, um Lebensmittel zusammenzubetteln. Während die vornehmen Damen verständnislos ihre Köpfe schüttelten, begriffen die grobschlächtigen Marktfrauen in ihren Schaftstiefeln und farbigen Umschlagtüchern das Vorhaben und schenkten ihm das nicht verkaufte Gemüse. Bruder Albert konnte abends den Insassen des Nachtasyls eine kräftige Suppe vorsetzen. Damit hatte er den neuen Weg betreten. Die eine Frage bewegte ihn fortwährend: «Was würden meine Bettler ohne mich tun?»[7] Um die Kritik kümmerte er sich keinen Deut.

Es ist nicht einmalig in der Geschichte, daß ein Christ eine Elendsstätte aufgesucht hat und vor dem Ekel nicht zurückgeschaudert ist. William Booth tat es in England, Don Bosco in Italien. Noch etliche andere Namen wären zu nennen. Sie alle verdienen Anerkennung. Trotzdem leuchtet bei Bruder Albert ein neues Licht auf. Er ging nicht zum Auswurf der menschlichen Gesellschaft, um diese oft rüden Gesellen für einen anständigen Lebenswandel zu gewinnen. Das wäre ein Mißverständnis des verhöhnten Antlitzes Christi gewesen, das ihm aus des Nachtasyls größter Dunkelheit entgegenleuchtete. Jede Bekehrungsabsicht lag ihm fern, und nie hat er den Asylinsassen moralische Vorhaltungen gemacht. Selbstverständlich wußte er, daß es zweifelhafte Menschen waren, die hier verkehrten. Über ihre dunkle Vergangenheit und die nicht weniger dunkle Tätigkeit war er sich völlig klar. Er fragte sie jedoch nie, woher sie kamen und wohin sie gingen. Das Nachtasyl war für ihn ein Taubenschlag; die Vögel flogen ein und aus, ohne von ihm mit unangenehmen Fragen behelligt zu werden. Wäre einer unter ihnen ein Mörder gewesen, hätte er ihn ebenso aufgenommen, ohne Strafpredigt und ohne ihm das Schändliche vorzuhalten. Nicht aus Gleichgültigkeit gegenüber der Forderung der Sittlichkeit, sondern weil Zachäus von Jesus auch keine Predigt zu hören bekam. Ohne Worte nahm sie Bruder Albert in verzeihender Liebe auf, das ist das Große und Neue in seinem Dasein. Bruder Albert unterließ bewußt jegliches Beten bei den Mahlzeiten, obwohl er selbst ein Mann des Gebetes war und in allen Schwierigkeiten immer Zuflucht zum Gebet nahm. Den Insassen des Nachtasyls konnte man aber nicht mit Gebeten auf den Leib rücken, denn dies hätte sie kopfscheu gemacht. Der Verzicht auf alle Frömmigkeitsübungen mag gläubige Gemüter, die nach konventioneller Armenfürsorge ausgerichtet sind, eher befremden. Bruder Albert jedoch handelte nach dem Leitsatz: «Wir haben keinerlei Macht über sie und wollen auch keine haben. Wir sind nicht ihre Vorgesetzten, sondern ihre Kameraden. Wir predigen ihnen nicht, wir zwingen ihnen nicht unsere Meinung auf, wir leben einfach mit ihnen.»[8] Diese Worte wiegen mehr als die größte Proklamation. Anstelle der Predigt trat bei Bruder Albert die wortlose Inkarnation des Christentums. Das war die büßerische Antwort der polnischen Christlichkeit auf das moderne Elend. Das Evangelium leben, anstatt es zu predigen, will die slawische Katholizität. Dies ist das Unfaßliche und Überraschende an Bruder Alberts Aufenthalt im Nachtasyl, das immer ein Nachtasyl blieb und nie eine fromme Besserungsanstalt wurde. Sein Leben mit den Bewohnern des Nachtasyls schloß selbstverständlich jede Zusammenarbeit mit der Polizei aus. Er stand nicht auf der Seite der Ordnungshüter, sondern ganz eindeutig auf jener des Lumpenproletariats, das so tief gesunken war, daß auch die sozialistischen Parteifunktionäre mit ihm nichts mehr anfangen konnten. Bruder Albert waren sie gerade recht. Sein Abstieg in die unterste Tiefe ist ein erstaunlicher Vorgang, noch erstaunlicher ist der Verzicht auf alle direkte religiöse Beeinflussung der Vagabunden. Diese seine Haltung umreißt den neuen Weg, den er eingeschlagen hatte.

Bruder Albert half seinen Bettlern nach Kräften, keine Mühe war ihm zu viel. Dabei erkannte er eines, was die offiziellen Christen lange nicht begreifen wollten: er sah, daß das Almosen keine wirkliche Hilfe bedeutete. Ihm schwebte nicht eine mildtätige Gabe vor, für die der Empfänger weiß wie dankbar zu sein hat. Das Almosen ist nur ein Notbehelf, ein bloßes Beruhigungsmittel des eigenen schlechten Gewissens. Nach Bruder Albert reicht die öffentliche Wohltätigkeit nicht aus, um das Problem zu lösen; es genügt nicht, den Armen zu essen zu geben. Vielmehr gilt es, ihnen durch Arbeit ein Gefühl für ihre menschliche Würde wiederzugeben. Philanthropische Einrichtungen beurteilte Bruder Albert als «unverschämte Zerrbilder des Evangeliums und freche, hinterlistige Streiche»[9]. Die Armen benötigen Arbeit, damit sie für sich selbst aufkommen können, das allein gibt ihnen die Ehre zurück. Diese Erkenntnis trennte Bruder Albert vom traditionell eingestellten Christentum, das allzulange auf einer überholten Linie verharrte und damit an der sozialen Frage der Neuzeit vorbeiging. Er dagegen wollte die soziale Frage nicht mit Caritas lösen, weil er das wirkliche Problem viel schärfer gesehen hatte als die kirchlichen Kreise, die es zu spät gemerkt haben und dann von soziologischen Untersuchungen zu sprechen begannen. Es lag ihm auch fern, der sozialistischen Bewegung eine christlich-soziale Konkurrenz auf den Hals zu jagen, die doch keine stärkere Durchschlagskraft besaß. Bruder Albert hat die Not des Lebens gesehen und ist den Realitäten des Daseins viel näher gestanden als die Kleriker, mit denen er im übrigen ein gutes Verhältnis hatte; persönlich weigerte er sich allerdings, die Weihen zu empfangen und Priester zu werden. Er hat als Laie getan, was zu tun möglich war, und wahrscheinlich konnte auch nur ein Laie so nahe an die Bewohner des Nachtasyls herankommen.

Bruder Albert war kein Sozialist, der den Kapitalismus bekämpfte und dabei selbst nach Kapital lechzte. Bei ihm bildete sich keine neue Klasse. Der Nachtasylmensch machte sich über die soziale Not Gedanken, die vom Zufälligen ins Prinzipielle vorstießen: «Will man einen wackligen Tisch gerade richten, so nützt es nichts, wenn man ihn mit Gewichten beschwert, man muß sich bücken und ihn von unten reparieren. Ebenso ist es mit dem menschlichen Elend. Um die Unglücklichen zu retten, muß man sie nicht mit Vorwürfen überhäufen oder ihnen Moralpredigten halten, während man selbst satt und gut gekleidet ist: man muß sich bücken und noch tiefer hinabsteigen als sie selbst, man muß noch elender werden.»[10] Der Ansatz Bruder Alberts war richtig, aber er mußte weiter ausgeführt werden bis zur Forderung: Herstellung der sozialen Gerechtigkeit! Der kommunistischen Idee, die damals die ahnungslose untere Schicht beherrschte, setzte er den Kommunismus der Liebe entgegen. Dieser allein ist fähig, den Kommunismus der Gewalt aus dem Felde zu schlagen. Nur mit ihm kann die Krankheit der modernen Gesellschaft wirklich geheilt und nicht bloß mit einem Heftpflaster überklebt werden. Das Unglück der heutigen Völker besteht darin, daß ihnen der verhöhnte Christus aus den Augen entschwunden ist und sie dafür von einem Staatskapitalismus gelenkt werden.

Bruder Albert hatte sich eine beinahe übermenschliche Aufgabe gestellt. Allein wäre er nicht imstande gewesen, sie zu verwirklichen. Er war auf Helfer angewiesen, wenn sie es auch zunächst bei ihm nicht aushielten. Es tauchten andere Menschen auf und standen ihm zur Seite. Diese ersten Brüder bildeten die geistliche Frühlingszeit im Leben Bruder Alberts. Das Nachtasyl für Frauen, das einem Bordell glich, hätte Bruder Albert allein zu keinem menschenwürdigen Aufenthaltsraum umzugestalten vermocht, wenn ihn darin nicht Frauen tatkräftig unterstützt hätten. Bruder Albert, der nie eine erotische Liebe zu einer Frau erlebt hatte, war mit einigen Helferinnen durch innige Freundschaftsbande verbunden. Allen voran ist Schwester Bernardine zu nennen, die als begeisterungsfähiges, blauäugiges Bauernmädchen zu ihm kam. Sie wurde von Bruder Albert geformt und entwickelte sich zu einer ungewöhnlichen Frauengestalt, deren Wesen mit den Worten «Kind und Königin zugleich» umschrieben wurde. Seine Helferinnen trugen keinen verhüllenden Schleier und waren durch keine Gitter von der Welt getrennt: der Atem der Welt umgab sie von allen Seiten.

Bruder Albert rief eine neue Gemeinschaft ins Leben. Keine Satzungen engten sie ein. Die Bezeichnung «Albertiner» schätzte er nicht. Er besaß wohl eine organisatorische Fähigkeit, aber alle bürokratischen Bestimmungen waren seinem Wesen zuwider. Der Geist war ihm wichtig und nicht der Buchstabe. Auch hierin beschritt er einen neuen Weg. Es ging ihm nicht darum, zu den vielen bestehenden Kongregationen noch eine neue zu gründen, er strebte nach einer neuen Form und nach einem neuen Inhalt. Dies schien ihm die ganz anders geartete Situation zu fordern, in der er sich befand. Was er gründete, deutete in die Richtung der Säkularinstitute, wobei das Wort «Institut» wiederum falsche Vorstellungen gibt. Gelübde nahm er keine ab; wem das erdfarbene Gewand zu schwer wurde, konnte es ausziehen und von dannen gehen. Da spürt man die neuzeitliche Luft der Freiheit, die keinen erzwungenen Dienst will. Er gab seinen Helfern Anweisungen und Unterricht, damit sie sich in die zu bewältigende Aufgabe einfühlen konnten. Sie zogen ein denkbar einfaches Kleid an, ein Habit, in dem sie wie eine Karikatur von Ordensleuten aussahen. Bruder Albert liebte dies und trug es mit Humor. Seine Leute mußten keine Prüfungen ablegen, das alles roch nach langweiligen Reglementierungen. Sie aßen in einem Raum miteinander, saßen auf dem Fußboden, da Stühle und Tische fehlten, und schöpften mit hölzernen Löffeln aus einer großen Schüssel.

Der ehemalige Freiheitskämpfer und Künstler war ein Mensch der Tat. Er hat sich eingesetzt bis zur letzten Kraft. Keine Schonung kannte er. Trotzdem war er kein Aktivist, da er nur zu gut wußte, daß die rastlose Tätigkeit den Menschen innerlich auslaugt. Der Christ kann nicht nur ausgeben, er muß auch innerlich wieder aufnehmen, wenn er nicht in einen Leerlauf hineingeraten will. Darum dachte Bruder Albert an eine Einsiedelei für seine Helfer. Es wäre falsch, darin ein Rückfallen in überwundene Formen des Christentums zu sehen. Auch der moderne Christ braucht eine Stätte der Stille, wenn er nicht in einer atemlosen Hetze umkommen soll. Er bedarf der Sammlung, der Konzentration, der Verbindung mit der oberen Welt, sonst kann er innerlich auf die Dauer nicht bestehen. Die Insassen des Nachtasyls wußten nichts von der Einsiedelei. Er gründete sie abseits der Straße und stattete sie aufs einfachste aus. Von Komfort war nichts zu sehen, denn er hegte nicht die falsche Überlegung, moderne und bequeme Einrichtungen erhöhten die Nachfrage. Das Gegenteil davon ist wahr. Seine Helfer wohnten gelegentlich in der Einsiedelei, damit sie sich dort auf ihre schwere Aufgabe vorbereiten konnten. Sie saßen im Kreise auf dem Boden, und Bruder Albert sprach von dem verhöhnten Antlitz Christi, dem man in der grauenhaften Wirklichkeit begegnet. Es gab in der Nähe keine stilvolle Kirche; die Helfer mußten weit gehen, um an einer Messe teilzunehmen. Bruder Albert war der Auffassung, man dürfe sich auch den Besuch einer Messe etwas kosten lassen und die Menschen sollten auch hierin nicht allzu bequem werden. Jede Form von Bequemlichkeit ist der Feind des Christentums, durch sie erschwert sich der Mensch das Leben. Von Zeit zu Zeit zog sich Bruder Albert selbst in die Einsiedelei zurück. Sobald dies ruchbar wurde, suchten viele Leute die einsame Stätte auf, auch Künstler und Intellektuelle, die mit ihm reden wollten. Die Einsiedelei ist aus dem Leben Bruder Alberts nicht wegzudenken.

Bruder Albert hat sich bis zuletzt für seine Mitmenschen verausgabt. Bei aller Unscheinbarkeit stampfte er ein großes Werk aus dem Boden, das ihm nicht so schnell einer nachmacht. Er war nicht nur ein genialer Anreißer, sondern besaß die charakterliche Fähigkeit der Ausführung und des Durchhaltens. Bruder Albert wurde von Magenkrebs befallen. Lange Zeit behielt er das Leiden für sich, bis es entdeckt wurde. Er lag zuweilen zuckend vor Schmerzen am Boden, trotzdem wollte er nichts von Linderung wissen und lehnte jede Hilfe ab. Während er schlief, bettete man ihn einmal von seinem Krankenlager in ein weicheres Bett um;

doch beim Erwachen erzürnte er sich darüber und befahl, ihn auf seine frühere Lagerstätte zurückzutragen. Schließlich ertrug er keine Nahrung mehr, die Kräfte schwanden, und er mußte buchstäblich verhungern, er, der so vielen hungernden Menschen zu essen gab. Sein früheres Aufopferungsgebet wurde wörtlich erhört, und zuletzt lag er bedeckt mit Geschwüren da. So ausgesetzt wirft Gott oft seine treuesten Diener auf den Schindanger, preisgegeben, ohne Hilfe. Ganz anders, als es in den frommen Büchern beschrieben wird.

Die Brüder standen fassungslos an seinem Sterbelager. Als er sie weinen sah, richtete er sich noch einmal in seiner ganzen Strenge auf und sagte zu ihnen in flammendem Geiste: «Genug der Tränen! Ich befehle euch, den Willen Gottes hinzunehmen, wie er auch sei, bitter oder süß, und für alles Dank zu sagen. Man muß für die Krankheit danken und auch für den Tod, wenn er an unsere Türe klopft. Was Gott auch immer sendet, man muß für alles danken und das Magnificat sagen.»[11] Der Befehl tat seine Wirkung. Am Weihnachtstag des Jahres 1916 hauchte Bruder Albert seine Seele aus. Die Botschaft von seinem Tode eilte durch Krakau. In der Anerkennung Bruder Alberts waren alle eins, welcher politischen Richtung sie auch angehören mochten. Obwohl Krakau inmitten des Ersten Weltkriegs von Truppen besetzt war, nahm eine unübersehbare Menschenmenge an der Bestattung Bruder Alberts teil.

Schon ein Jahr nach seinem Tode wurde der Informationsprozeß in Rom eingeleitet; in Polen zweifelt man nicht daran, daß er dereinst erfolgreich abgeschlossen werde. Der heutige Mensch beschäftigt sich kaum mehr mit diesen kostspieligen Prozessen; ihre schematische, allzustarre Handhabung wird der wahren Heiligkeit schwerlich gerecht. Stärker interessiert das Äußere eines Menschen, weil das Menschenantlitz oft spricht, während Worte gerne verdecken. Bruder Albert sah nicht aus wie eine Gestalt auf einem süßlichen Heiligenbildchen. Er trug nach damaliger Sitte einen Zwicker, was dem Antlitz einen strengen Ausdruck gab, der nur durch die klaren Augen gemildert wurde. Mit seinem durchdringenden Blick schaute er die Menschen und die Welt an. Beim Gehen stützte er sich auf einen Stock, weil ihm das eine Bein zu wenig Halt bot. Ein eindringliches Gesicht, gewiß, ein Gesicht, das Strenge und Güte verriet. Doch der Hinweis auf das sprechende Aussehen genügt nicht, seine Sendung gehört dazu.

Dabei ist nicht nur an sein äußeres Werk zu denken, das vor Ausbruch des Zweiten Weltkriegs in Polen fünfundfünfzig Häuser mit mehr als fünfhundert Mitgliedern umfaßte. Sein Werk existiert noch heute, doch blüht es nicht mehr wie damals, sondern fristet ein kümmerliches Dasein. Man mag sich fragen, ob der Schrumpfungsprozeß durch das kommunistische Regime bedingt ist, das selbst diese Entfaltung unterdrückt? Oder war die Ausstrahlung zu stark an die Person Bruder Alberts gebunden, weil man seinem Blick nicht zu widerstehen vermochte? Fragen, die schwer zu beantworten sind. Vielleicht muß der Christ auch noch auf sein Werk verzichten können, um das letzte Opfer darzubringen. Wie dem auch sei, die Vergangenheitsbewältigung des Bruders Albert bleibt ungeschmälert.

Da Bruder Albert tief in das Elend hinabgestiegen war, bekam er ein Gespür für das, was sich in der Tiefe des menschlichen Daseins vorbereitete. Er erahnte und kannte die Veränderungen bei den Entrechteten und wußte, daß dies alles nicht gerade wie Schalmeienklang tönen werde. Auch lebte er zu nahe an der russischen Grenze, um nicht zu bemerken, wie es im Kessel des Riesenreichs brodelte. Wiewohl er seine Zeit nicht mit dem Lesen von Zeitungen zubrachte, verfolgte er doch aufmerksam die Vorgänge, der niedergeschlagenen Revolution von 1905. Er spürte, wie in den Massen sich etwas zu ballen begann, das sich furchtbar entladen würde. Bruder Albert verabscheute die sozialen Umwälzungen mit ihrem Blutvergießen. Es wäre eine Übersteigerung, ihn eine prophetische Natur zu nennen. Sicher aber verstand er es, in die Zukunft zu blicken. Ein Jahr vor dem Ausbruch der russischen Revolution, die das Zeitalter der permanenten Unruhen einleitete, ist er gestorben. Bruder Albert hat mit seiner Lebensführung die einzig mögliche, christliche Antwort auf die Frage der Revolution gegeben.

Inmitten seiner Tätigkeit im Nachtasyl vergaß er das mystische Anliegen nicht: «Man kann nicht nur im Kloster, sondern auch in der Tiefe der Seele eine Zelle haben. Dort muß man leben.»[12] Bruder Albert erlebte Ekstasen, mehrere Menschen erblickten ihn in der Verzückung. Er fiel auf die Knie, wurde ganz steif und war wie außerhalb der Welt[13]. Er selbst machte kein Wesen daraus. Auch das in der Einsiedelei zu beobachtende Schweigen weist in diese Richtung. Ohne ein mystisches Leben ist eine Tätigkeit in der untersten Tiefe auf die Dauer nicht durchzuhalten, wenn sie nicht in einem Leerlauf endigen soll.

Eine mystische Färbung hatte auch seine brennende Liebe zu den Armen, die er seine Herren nannte. Sie veranlaßten ihn zu sagen: «Lieber wollen wir gar nicht existieren, als jemals die heilige Armut preiszugeben.»[14] Während der Mensch von Natur aus in seiner Besitzgier nicht genug zusammenraffen kann, erwählte Bruder Albert die Armut zu seiner Vertrauten, weil Christus sie selig gepriesen hatte. Er wollte arm sein, völlig arm. Alles Eigentum war ihm in der Seele zuwider. Auf eine erstaunliche Art verwirklichte er die Armut; er war so radikal, wie man es in der modernen Zeit nicht für möglich halten würde. Deswegen empfanden die zeitgenössischen Kapuziner und Konventualen ihn oft als einen unausgesprochenen Vorwurf.

Es ist naheliegend, Bruder Alberts Leben mit Maxim Gorkis «Nachtasyl» zu vergleichen. Die richtige Übersetzung des Schauspiels lautet «Am Ende», und man befindet sich auch bei ihm ganz unten. Gorki war ein bewußt sozialistischer Schriftsteller. Als Literaturpapst der Bolschewiken spielte er zuweilen eine fragwürdige Rolle, doch besann er sich in allen politischen Situationen jeweils auf das Menschliche. Im «Nachtasyl» gestaltete Gorki ein naturalistisches Werk, in dem Taugenichtse, Gauner und Dirnen durch ihr Fluchen, Lügen und Schlagen in einer Sumpflandschaft versinken, wie es in einem solchen Raum nicht anders möglich ist. Eine unvorstellbare Trostlosigkeit legt sich wie ein Alp auf die Seele des Zuschauers: kein Pfad und kein Weg ist zu sehen. Die Szenen aus der Tiefe vermitteln einen seltenen Einblick in eine grauenhafte Welt, welche die pseudophilosophierenden Landstreicher und Diebe nicht aufzuhellen imstande sind. Einzig der Pilger Lukas mit seiner Erzählung vom Land der Gerechten trägt einen Lichtstrahl in die Finsternis hinein, der auch einen Nachklang hinterläßt. Gorkis «Nachtasyl» ist nur Photographie. Sein Barfüßerstück verdankt den sensationellen Erfolg mehr der geschickten Regie als der künstlerischen Gestaltungskraft des Dichters. Man schaut es sich an und geht diskutierend nach Hause.

Bruder Albert dagegen hat alle bloße Literatur überschritten und weit hinter sich gelassen. Er hat sich nicht durch ein gedichtetes Schauspiel von der Stätte des Elends seelisch befreit. Sein Nachtasyl war eine existentielle Angelegenheit, eine konkrete Wirklichkeit. Er gab eine Antwort; sie ist ebenso entfernt von der bürgerlichen wie von der sozialistischen Weltanschauung. Bruder Albert stellte sich dem schrecklichen Anblick dieses Daseins, er kümmerte sich um die Personen, die da hausten, und versuchte, sie zu einem menschenwürdigen Dasein zu bringen. Es ist ein wesentlicher Unterschied, eine Lage schriftstellerisch darzustellen oder eine Situation existentiell zu bewältigen. Bruder Albert wirkte in diesem Milieu, er brachte sein Leben unter den Insassen des Nachtasyls zu. Bei ihm sangen keine Galgenvögel das Lied: «Wohl steigt die Sonne auf und nieder, doch dringt sie nicht zu mir herein.» Mit seinem Einsatz brachte er es fertig, daß der Sonnenstrahl in den düsteren Raum hineindrang, als «ein Licht, das da scheint an einem dunklen Ort». Bruder Alberts Nachtasyl endigt denn auch nicht mit den Worten Gorkis, «muß uns das Lied verderben»[15], nein, bei ihm wurde das «göttliche Spiel» gewonnen. Er stand der sozialen Problematik nicht ratlos gegenüber, sondern meisterte sie mit seinem Opfergang. Die Tat ist nur als eine stellvertretende Buße zu erahnen und übersteigt alles intellektuelle Verstehen.

Mit diesem existentiellen Verhalten hat Bruder Albert den Barockkatholizismus überwunden. Der Barock hatte in der Kirche seine große Zeit; er stellte eine grandiose Huldigung an den Schöpfer dar. Mit seiner Prachtentfaltung aber überspielte er die Einfachheit des Evangeliums, die bei Bruder Albert wieder mit elementarer Gewalt aufgebrochen war. In völliger Wehrlosigkeit, ohne jedes Machtbewußtsein, «wie Schafe mitten unter den Wölfen», vertrat er das schlichteste Christentum ohne alle Schnörkel und Zierat. Eine slawische Katholizität, die ganz auf das Lebendige und Authentische gerichtet war, trat bei ihm in Erscheinung, vor deren nackter Armut jeder Widerspruch verstummt.

Mit der Überwindung der barockhaften Züge am Katholizismus vermochte er auch die proletarische Klassenkampftheorie auszumerzen. Bei Bruder Alberts Abstieg ins Nachtasyl kam es nicht zur Bildung einer neuen Klasse, wie sie sich in den kommunistischen Staaten eingestellt hatte. Er setzte vielmehr alle Klassengegensätze außer Kraft, und zwar von innen her. Der entschiedene Christ führte in aller Stille eine Wende herbei, deren Tragweite noch nicht abzusehen ist.

Bruder Albert überwand den prunkhaften Barock und die sozialistische Klassenkampftheorie nicht auf intellektuelle Weise. Mit bloßen Theorien ist diese Tat nicht zu verwirklichen. Sie gelang ihm einzig durch das neue Büßertum. Er sprach nicht von Buße, aber er vollbrachte sie. Sie hatte bei ihm den Stil der Neuzeit angenommen, indem er sie als Umwandlung und nicht als Abtötung verstand. Bruder Albert war mit einem modernen Büßerhemd angetan, aus dem Schmutz des Nachtasyls gefertigt. Er wollte ein Leben der Buße führen, das einen positiven Aspekt in sich trug; nicht eines, das sich in unfruchtbaren Selbstanklagen verzehrt. Deshalb empfing er nie die priesterliche Weihe und wollte in seiner Gemeinschaft keine Priester. Was an seiner Buße charakteristisch ist, ist der Radikalismus der Durchführung. Er blieb nicht auf halbem Wege stehen. Bruder Albert verfolgte sein Ziel bis zum Ende, nicht stur und nicht verkrampft. Heiter im Gemüt, war er ein froher Mensch mit verschiedenen Interessen. Der sich verhüllende Büßer bemerkte einmal beim Blättern in einem Modejournal: «Diese Linie ist edel, und die Falten sind berechtigt. Was die Harmonie stört, sind diese Puffärmel…»[16]

Die büßerische Gesinnung führte ihn dazu, jede Berührung mit Geld abzulehnen. Diese Loslösung von allem Eigentum ist nur der äußere Ausdruck seines Bußaktes. Bruder Albert war ein Büßer. Freilich ein moderner Büßer, weil seine Buße sich in anderen Formen vollzog als in früheren Jahrhunderten. Er trug sie nicht zur Schau, sie sollte verborgen bleiben. Aber in allem, was er tat, wie er sich kleidete und wie seine Mahlzeiten waren, zeigte sich seine Bußgesinnung. Eine Photoaufnahme von den knienden Brüdern beim bescheidenen Mittagessen gibt das erschütternde Bild einer leibhaftigen Verkörperung der Buße wieder. Es schneidet dem Betrachter ins Herz; er wird daran denken müssen, wenn er sich an die überreichen Tafeln von heute setzt. Die Bußform gewann bei Bruder Albert einen neuen Inhalt. Er ist bei den großen «Abstiegsgestalten der Neuzeit» einzuordnen, die viel zuwenig beachtet werden. Diese Interpretation ergibt sich aus seinen eigenen Worten. Bewußt hat er sich vorgenommen, «tiefer als die Elendesten» hinabzusteigen. Die Kirche war nach seinem Dafürhalten für die Reichen da, während Christus in die Baracken hinabsteigen will. Nach seinem Beispiel wollte auch Bruder Albert zu den Verlassensten gehen und dort seinen Platz suchen, wo die Not am grauenhaftesten wütet. Ihm schwebte vor, sich «in Brot für die Armen zu verwandeln»[17]. Mehrfach begegnet man bei ihm dem Wort «hinabsteigen» – das ist der tiefste Sinn des Evangeliums. An Weihnachten ist Gott in die Welt hinabgestiegen – Bruder Albert wollte in seiner Nachfolge ebenfalls in die Armut hinabsteigen und dort das Christentum inkarnieren. Er war von keinem Eifer der Seelenrettung erfüllt, zu dem sich viele Christen getrieben fühlen und der meist zu einem fragwürdigen Ergebnis führt. Er stellte sich schlicht neben die Menschen und fühlte sich nie über ihnen. Er stand an ihrer Seite und liebte sie so, wie sie waren, und nicht, wie er sie haben mochte. Der ehemalige Künstler vertrat ihnen gegenüber keine bürgerliche Vernunft, sondern identifizierte sich in christlicher Liebe mit ihnen. Der Abstieg nahm bei ihm kein Ende, er sank immer tiefer, bis zur letzten Tiefe. Auf dem untersten Grund der Welt vollzog sich seine Vereinigung mit dem in der Passion verhöhnten und bespuckten Christus.

IMMER DEN LETZTEN PLATZ SUCHEN:
CHARLES DE FOUCAULD

Der Bildhauer Auguste Rodin meißelte in jungen Jahren einen «Mann mit der gebrochenen Nase». Es war das Haupt eines häßlichen Menschen, dessen verunstaltete Nase dem Gesicht einen gequälten Ausdruck verlieh. Mit dieser Arbeit hatte Rodin der klassizistischen Kunstauffassung den Abschied gegeben und sich selbst gefunden. Doch wurde das Werk von der Ausstellungsleitung zurückgewiesen – eine derart vom Leben mitgenommene Figur wollte man dem für das Ästhetische schwärmenden Publikum nicht zeigen. Hierauf schuf Rodin einen weiblichen Kopf nach der galanten Auffassung: eine schöne Eleganz ohne Seele. Diese Arbeit konnte er in kurzer Zeit verkaufen. Der Gegensatz beider Werke läßt sich auf eine einfache Formel zurückführen: Die weibliche Plastik war gängige Handelsware, der Mann mit der gebrochenen Nase dagegen künstlerische Schau – die Menschen aber griffen nach dem Oberflächlichen und übersahen das Hintergründige.

Die Erfahrungen des jungen Rodin wiederholen sich immer wieder. Die Menschen geben sich mit vordergründigen Gestalten ab, die ganz dem Tagesgeschehen verhaftet bleiben. Die wesentlichen Persönlichkeiten stehen unbeachtet abseits, weil sie die Neugierde und das Sensationsbedürfnis unbefriedigt lassen. Immer erst später spüren sie, welchen vorübergehenden und verantwortungslos hochgespielten Figuren sie nachgejagt sind, während die unbeachteten Gestalten ganz andere Einsichten und Kräfte enthielten. Man muß sich von Rodins weiblichen Lärvchen abwenden und Männern mit einer zerbrochenen Nase zuwenden, denn sie haben der Nachwelt das neue Wort zu sagen. Zu ihnen gehört Charles de Foucauld, der aus dem Rahmen des neunzehnten Jahrhunderts herausfällt. Er gewinnt an innerem Gewicht, je länger man sich mit ihm beschäftigt. Es geht natürlich nicht an, ihn zugkräftiger machen zu wollen, indem wir ihn einen «Heiligen im Atomzeitalter» nennen. Mit solch reißerischen Überschriften erweckt man den Verdacht, mit den Illustrierten in Konkurrenz treten zu wollen. Damit wäre man doch wieder beim seelenlosen weiblichen Kopf Rodins angelangt, nur in anderer Form.

Zwar begann Foucaulds Leben absolut nicht büßerisch, wohl aber traurig. Der um die Mitte des vergangenen Jahrhunderts in Straßburg geborene Charles verlor mit sechs Jahren innerhalb weniger Monate seine Eltern. Verwandte nahmen das Waisenkind auf; ihm kam nie jene Nestwärme zu, deren ein Kind unbedingt bedarf. Ein Photo aus dieser Zeit zeigt ein reizendes Kindergesichtchen, das den Betrachter sogleich gefangennimmt.

Charles de Foucauld verbrachte seine Jünglingsjahre in einem Jesuitenkollegium. Damals waren die Schulen der Gesellschaft Jesu durch eine strenge Disziplin gekennzeichnet; man kannte weder ein Mitbestimmungsrecht der Zöglinge noch eine Demokratisierung der Unterrichtsstätten. Foucauld hatte eine tiefe Abneigung gegen das Kollegium. Der eitle Tunichtgut vermochte sich der strammen, vielleicht allzu straffen Zucht nicht zu unterziehen, seine Leistungen ließen wegen Faulheit zu wünschen übrig, er rebellierte – und flog hinaus! Offensichtlich war er nicht der untadelige Musterschüler, wie er der Jugend gerne als Vorbild vor Augen gestellt wird. Das Bild hatte einen dunklen, unauswischbaren Klecks bekommen. Die Ausweisung von der Schule hatte zur Folge, daß sich Foucauld auch vom Glauben entfernte und seine Kinderfrömmigkeit mit Skepsis vertauschte. Nach eigenem Zeugnis bestand er «im Alter von siebzehn Jahren ganz aus Ichsucht, aus Gottlosigkeit und aus Verlangen nach dem Bösen»[1].

Trotz der Entlassung bereitete sich Foucauld zur Aufnahmeprüfung für die Militärschule vor und bestand sie auch. Er wurde zum Offizier der französischen Armee ausgebildet, gewöhnte sich dabei an einen lockeren Lebenswandel und feierte Orgien in seiner schmucken Uniform. Das von den Eltern empfangene große Erbe stieg ihm in den Kopf und gestattete ihm, ein verschwenderisches Leben zu führen. Er traf sich häufig mit seiner Mätresse Mimi, die gut kochte und im übrigen ein nicht halb so schlimmes Wesen war.

Charles de Foucauld liebte es, protzig aufzutreten, zu jedem Essen Champagner zu trinken, das Geld zum Fenster hinauszuwerfen und mit seiner extravaganten Zerstreuungssucht die braven Bürger herauszufordern. Er dachte nur an tolle Vergnügungen und gab sich nicht die geringste Mühe, seine Verbindung mit aufgetakelten Halbweltdamen, die Toulouse-Lautrec in ihrem Glanz und Elend gemalt hat, zu vertuschen. Er nahm das Dasein eines Sohnes der Wohlfahrtsgesellschaft vorweg, der in seiner Übersättigung nicht wußte, wie ausgelassen und wie dumm er sich benehmen solle. Es lohnt sich nicht, allzulange beim jungen Foucauld zu verweilen, denn sein Tun war zu gewöhnlich und nichtssagend. Jedenfalls war Foucaulds Start ins Leben alles andere als vorbildlich. Doch ist selbst in diesem schleuderhaften Genießertum ein Trost verborgen: man soll an den leichtfertigen jungen Menschen nicht vorzeitig verzweifeln; es kommt manchmal anders, als es zunächst den Anschein macht. Zwar leistete sich der arrogante Offizier viele skandalöse Ausschweifungen, er überschritt bei weitem die Grenze des Zulässigen und schloß denn auch in seiner Schlußprüfung schlecht ab. «Kein militärischer Geist», meinte der Oberst, weil die unbändige Vergnügungssucht jedes Pflichtgefühl in Foucauld erstickt hatte. Weder Ermahnungen der Vorgesetzten noch Arreststrafen halfen. Foucauld gereichte der französischen Armee nicht zur Ehre und wurde schließlich wieder entlassen. Er nahm es nicht tragisch, entledigte sich der Uniform, reiste mit seiner molligen Geliebten an den Genfersee und ließ es sich dort in aller Öffentlichkeit wohl sein.

Eine Wahrnehmung ist allerdings nicht zu übersehen: Inmitten des Taumels überkam ihn plötzlich eine Öde, eine Angst und eine Bedrückung, wie sie der Mensch empfindet, der ein leeres Dasein führt. Es ist schwer zu entscheiden, ob Foucaulds quälende

Langeweile aus seiner Vergnügungssucht hervorging oder ob sein Verlangen nach Zerstreuung eine Flucht vor der Langeweile war. Jedenfalls hängen die Jagd nach ständig neuen Abwechslungen sowie die inhaltslose Langeweile eng zusammen; das eine ruft dem andern, sie stehen in einer Wechselbeziehung zueinander. Die bei jeder ausgelassenen Festlichkeit aufsteigende innere Langeweile war Foucauld unerklärlich. Man kann sie nicht anders als mit «seelischem Aussatz» des neuzeitlichen Menschen bezeichnen; damit ist auch der Glaubensverlust von heute verbunden. Es gilt, auf diese unter frivolem Treiben verborgene Traurigkeit zu achten. Zwar geben es die von Abwechslungssucht mitgerissenen Menschen nicht zu, wenn sie daraufhin angesprochen werden. Doch wer durch die äußere Hülle hindurchzuschauen vermag, nimmt die hilflosen Zuckungen einer graugefärbten Melancholie wahr. Sie ist ein Zeichen, daß der Seelenadel in einem Menschen wohl überschrien, nicht aber erstickt werden kann. Das widerspruchsvolle Verhalten wird schon in den Sprichwörtern Salomons angetönt: «Auch beim Lachen kann das Herz trauern.»[2]

Charles de Foucauld allerdings hatte keine Ahnung, wie er dem nach außen getarnten Leerlauf seiner Seele begegnen sollte, bis er gewaltsam von ihm befreit wurde. In Afrika brach ein Aufstand aus, und seine ehemalige militärische Einheit wurde dorthin transportiert. Foucauld hielt den Gedanken nicht aus, in Evian mit seiner Kurtisane ein sinnliches Spiel zu treiben, während seine Kameraden in Afrika ihr Blut vergossen. Er verabschiedete sich von seiner Mimi, fuhr über das Meer, bat um Wiederaufnahme in die Armee und bewährte sich im Feldzug überaus tapfer. Mit seiner Kampftätigkeit allein war natürlich keineswegs schon eine innere Veränderung verbunden. Wohl wird ersichtlich, daß der Mensch oft entgleist, bloß weil er keinen rechten Lebensinhalt kennt, und sich ermannt, sobald er vor eine große Aufgabe gestellt wird.

Nach Beendigung des Feldzugs blieb Foucauld in Afrika. Ein geographisches Interesse war in ihm erwacht, und er unternahm nach reiflichen Vorbereitungen eine ausgedehnte Forschungsreise. Das abenteuerliche Unternehmen entsprach der Sehnsucht seiner jugendlichen Seele. Als jüdischer Bettler verkleidet, drang er in das damals dem europäischen Zugang noch verschlossene Marokko ein. Mardochi, ein eigens hiefür angestellter Rabbiner, begleitete ihn. Bei diesen entbehrungsreichen Forschungen gelangen Foucauld interessante Entdeckungen und namentlich für die Wissenschaft bedeutsame kartographische Vermessungen. Er faßte sie in einem ausführlichen Bericht zusammen, und schließlich wurde daraus ein umfangreicher, illustrierter Band, der ihm die Goldmedaille der Geographischen Gesellschaft von Paris eintrug. Der ehemalige Nichtsnutz war mit einem Schlag berühmt geworden, es stand ihm eine ehrenvolle Laufbahn bevor. Durch die wissenschaftliche Tätigkeit hatte sich Foucauld aufgefangen; er war nicht mehr der leichte Vogel von ehedem, sondern war zu einem ernsthaften Manne herangewachsen, der allerdings noch ganz in diesseitigen Interessen befangen blieb.

In Afrika hatte Foucauld Gelegenheit, auch die islamische Frömmigkeit zu beobachten. Es beeindruckte ihn stark, daß der Mohammedanismus die Männer zu fesseln vermochte, während der französische Katholizismus geringschätzig als Frauenangelegenheit betrachtet wurde. Diese Tatsache veranlaßte ihn, seit dem Schulausschluß erstmals wieder über die Existenz Gottes nachzudenken. Damals erwachten die religiösen Fragen in ihm und er begann ein sonderbares Gebet zu sprechen: «Mein Gott, wenn es dich gibt, laß mich dich erkennen.» Nach Paris zurückgekehrt, begab er sich, von innerer Unruhe getrieben, in die Kirche St-Augustin. Seine Kusine, Madame Bondy, hatte ihm viel von Abbé Huvelin erzählt, einem Priester von bescheidener Zurückhaltung und tiefer Seelenkenntnis. Foucauld wollte mit ihm über religiöse Probleme diskutieren, doch ließ sich der Abbé auf keine unfruchtbaren Gespräche ein, sondern sagte einfach: «Knien Sie nieder, und beichten Sie!» Foucauld erwiderte rasch, er sei zum Diskutieren und nicht zur Beichte gekommen, worauf Abbé Huvelin kurzerhand seine Aufforderung wiederholte: «Knien Sie nieder, und beichten Sie!» Er geleitete ihn zum Beichtstuhl, und nachdem er ihn absolviert hatte, empfahl er ihm, zur

Kommunion zu gehen. Das ruhige, bestimmte Verhalten des Priesters erinnert an Pascals Wort: «Zu Boden mit dem Dünkelhaften.» Abbé Huvelin nahm die Möglichkeit in Kauf, daß Foucauld weglaufe. Des Priesters Antwort verriet eine tiefe seelsorgerische Menschenkenntnis. Das endlose Gerede pro und contra Glauben führt in der Regel zu nichts; es ist selbsttäuschendes Ausweichen und bewirkt keine Umkehr. Immer kommt es darauf an, schlicht und ohne viele Worte, den ersten Schritt zu tun, der das Geheimnis des Anfangs in sich schließt. Den Vorgang, der sich im Oktober 1888 abspielte, nennt man die Bekehrung Foucaulds, die sich in seinem achtundzwanzigsten Altersjahr vollzog. Sie läßt sich nicht mit der Wende von Paul Claudel vergleichen, die der Dichter um die gleiche Zeit in der Kirche von Notre-Dame erlebt hatte. Bei Foucauld ging es weniger interessant zu, denn er hatte weder eine Vision noch eine Erleuchtung von oben erfahren. Ihn hatte der Schlag Gottes getroffen, und fortan glich er dem Manne mit der gebrochenen Nase. Er verließ die Kirche als ein Mensch, dem Gott in den Weg getreten war. Foucauld bedurfte allerdings noch einige Zeit, um das Erlebte ganz zu verarbeiten. Doch zögerte er nicht, denn er hatte den Rubikon seines Lebens überschritten.

Das Wort «Bekehrung» ist abgegriffen und hat für den heutigen Menschen einen unangenehmen Beigeschmack. Man tut gut daran, es eine Zeitlang möglichst wenig zu verwenden; es wird dem damit verbundenen Drama meist nicht gerecht. Auf den Vorgang selbst kann freilich niemals verzichtet werden. Daß der Mensch die Möglichkeit der Umkehr hat oder sie auch nicht hat, weil er sie nur vollziehen kann, wenn sie ihm geschenkt wird, bildet eines der großen Mysterien des Lebens. Auch Foucauld erfuhr es an sich. Mit unwiderstehlicher Kraft brach das, was stärker war als er, bei seinem Besuch der Kirche St-Augustin in Paris in sein Dasein ein: was vorher und was nachher geschah, war durch Welten voneinander getrennt. Die Gewalt Gottes war über ihn gekommen und hatte ihn zu einer neuen Kreatur gemacht. Der neue Mensch ist die Rettung unserer Zeit. Allezeit pocht er an die Tür unserer Person, und selten wird ihm Einlaß gewährt. Der neue Mensch ist nie vollendet, dennoch begann er in Foucaulds Leben in Erscheinung zu treten. Foucauld selbst sprach nie über die Berufungsstunde; doch bedrückte ihn fortan seine Vergangenheit nicht mehr, er war mit ihr ein für allemal fertig geworden.

Nach der Umkehr wählte Foucauld Abbé Huvelin zu seinem Seelenführer. Die Briefe, die die beiden Männer miteinander wechselten, sind erhalten geblieben. Die ergreifenden Dokumente gewähren einen vorzüglichen Einblick in ihre Beziehungen. Nach Foucaulds Worten ist «der Briefwechsel oft das Beste in den Werken der Heiligen ... hier sind sie am mitteilsamsten, ist ihre Seele am besten sichtbar»[3]. Foucauld stand in einem Gehorsamsverhältnis zu Abbé Huvelin; er legte ihm alle Entscheidungen vor und unterwarf sich stets seinem Urteil. Der Verzicht auf eigene Bestimmung mutet den heutigen Leser der Briefe fremd an, weil es mit seinem Unabhängigkeitsideal unvereinbar ist. Es ist nicht eindeutig auszumachen, ob dieses Gehorsamsverhältnis aus Foucaulds soldatischer Vergangenheit zu erklären ist, wo es etwa nach dem Wort des Hauptmanns von Kapernaum zuging, der zu seinen Untertanen sagte: «Gehe hin, so geht er» und zum andern: «Komm her, so kommt er»[4], oder ob es eine Nachwirkung der Spiritualität des französischen Katholizismus im siebzehnten Jahrhundert ist. Man darf jedoch im Gehorsamsverhältnis nicht nur ein Hindernis für die Ausreifung zur selbständigen Persönlichkeit sehen. Es gilt auch das im Gehorsam zum Ausdruck kommende große Opfer wahrzunehmen. Foucauld gestand einmal bezüglich des geistlichen Gehorsams: «Es fällt mir schwer, meinen Verstand zu unterwerfen.»[5]

Nach drei Jahren entschloß sich Foucauld, sich von seiner Verwandtschaft zu trennen, was ihm im Hinblick auf seine ihm innerlich nahestehende Kusine Marie von Bondy überaus schwer fiel. Die Biographen verschweigen die wahre Beziehung zwischen Foucauld und Marie von Bondy. Aller Wahrscheinlichkeit nach liebte Foucauld seine Kusine als eine mütterliche Freundin und rang sich nur mühevoll zum Verzicht auf diese hoffnungslose Liebe durch. Jedenfalls läßt sein Abschiedsbrief verschiedene Deutungen zu: «Ein Opfer, das mich offensichtlich alle meine Tränen gekostet hat, denn seit dieser Zeit, seit diesem Tage weinte ich nicht mehr, anscheinend habe ich keine Tränen mehr... Die Wunde ist noch immer gleich... es stimmt, daß ich ohne sie nicht lebe...»[6] Schließlich aber gelang es Foucauld, die zärtliche Zuneigung in eine religiöse Seelenfreundschaft zu sublimieren, die bis zu seinem Tode dauerte.

Foucauld schlug den Weg vieler erwachter Katholiken ein und klopfte nach reiflicher Überlegung an die Türe eines Trappistenklosters. Damit betrat er den Weg des Büßers, denn die Trappisten sind nach den Intentionen ihres Reformators Rancé Büßer. Gleich am ersten Tag wurde ihm ein Besen in die Hand gedrückt, mit dem er die langen Gänge zu kehren hatte. Ohne Verwunderung kam er dem Befehl nach, obwohl er ihn seiner Ungeschicklichkeit wegen denkbar schlecht ausführte. Die Einsamkeit und das Schweigen dieser Mönche zogen ihn an. Das monastische Leben ist ein großes, dem Göttlichen geweihtes Dasein, vor dem man nur Ehrfurcht empfinden kann. Das Ärgernis, das der heutige Mensch vielfach an ihm nimmt, spricht eindeutig gegen den modernen Menschen und nicht gegen das Mönchtum. Die strenge Lebensführung der Trappisten kam Foucaulds Radikalismus entgegen. Die einzige Mahlzeit pro Tag – ohne Fleisch, Fisch, Eier und Butter – ertrug er, ohne Hunger zu verspüren. Er erfüllte alle Anforderungen genau, keine Klage kam über seine Lippen. Er machte seine Worte wahr, wonach er ins Kloster gegangen sei, «um unserem Herrn soweit wie möglich in seinen Schmerzen Gesellschaft zu leisten». Nach einiger Zeit bat er, in ein orientalisches Trappistenkloster versetzt zu werden; dort vollzieht sich das Leben in noch primitiverem Rahmen. Vom einstigen Herrensöhnchen, das sich von einem Diener umsorgen ließ, war keine Spur übriggeblieben. Er bekam «ein großes Mitgefühl für die Armen und erfuhr bei der Feldarbeit, wie viele Mühe es kostet, ein Stück Brot wachsen zu lassen»[7]. Diese Erfahrung fehlt dem heutigen Menschen, sonst würde er die Dinge des täglichen Lebens nicht so leichtfertig verschleudern, als bedeuteten sie nichts.

Im Trappistenkloster setzte eine intensive Bibellektüre ein. Foucauld las auch die Schriften von Johannes Klimakus, Cassian, Chrysostomus, Theresia von Avila, Johannes vom Kreuz. Trotzdem darf diese Lektüre nicht überschätzt werden, denn Foucauld wurde nicht von Büchern, sondern von unmittelbaren Einsichten bewegt. Über die Heiligenverehrung schrieb er: «Befassen wir uns mit den Heiligen nur, soweit sie uns durch irgendeines ihrer Worte oder Beispiele helfen können, Jesus, unser einziges Vorbild, vollkommener nachzuahmen.»[8] Die Äußerung verrät nicht mangelndes Heiligenverständnis, im Gegenteil. Foucauld stellte damit das wahre Verhältnis von Nachfolge Christi und Heiligenbegegnungen dar; die Heiligen helfen uns, noch tiefer in Christus einzudringen.

Sieben Jahre befand sich Foucauld im Trappistenkloster; man würde meinen, er sei nun am Ziel angelangt. Dann aber meldete sich in ihm wieder jene eigentümliche Unruhe, die er schon in seinem oberflächlichen Offiziersleben empfunden hatte und die ihn davor bewahrte, in Selbstgenügsamkeit zu verfallen. Foucauld fühlte sich entgegen allen monastischen Neigungen nicht ganz am richtigen Ort. Die klösterliche Existenz erschien ihm zu gesichert, das Leben bewegte sich in einem festgefahrenen Geleise, jegliche innere Bewegung war mit maßvoller Tugend und Klugheit geregelt. Das Kloster kannte eine Hierarchie, und das in ihm herrschende Brauchtum stammte aus der Feudalzeit. Auch mußte er mit dem Theologiestudium beginnen; doch keines der theologischen Fächer wog seiner Meinung nach die praktische Verwirklichung der Nachfolge Christi auf. Was er an der Theologie nicht liebte, war die abstrakte Denkweise. Er sehnte sich nach Anschauung und meinte einmal, die Klosterglocke, die er zu bedienen hatte, sei wenigstens etwas Konkretes. Dies alles entsprach nicht seinen tieferen Erwartungen, die innere Unruhe wuchs, und er schrieb seinem Seelenführer, «es ist keine deutliche Sprache, aber es ist wie ein Gestoßenwerden»[9]. Schließlich bat er um Dispens von seinen Gelübden; sie wurde ihm gewährt, damit er seiner eigenen Berufung nachkommen könne. Nicht daß er in das frühere Leben zurückgefallen wäre!

Er dachte gar nicht daran, denn dazu war die Umwandlung zu tiefgreifend gewesen.

Ihm schwebte ein neuer Plan vor Augen, ein büßerischer Plan, über den Abbé Huvelin zunächst in Schrecken geriet. Foucauld jedoch hatte mit ihm seine innere Bestimmung gefunden. Er ging nach Nazareth, in die Stadt, durch die Jesus einst geschritten war, und verdingte sich als Hausknecht in einem Klarissenkloster am Stadtrand. Natürlich wohnte er nicht bei den Schwestern, wohl aber im Schatten des Klosters: im Garten, wo sich die kleine Bretterbude befand, von der aus er Gethsemane, den Öl-berg und Bethanien sah [10]. Er schlief auf einer Bank, mit einem Stein als Kopfkissen. Als man ihm sagte, er könne sich da ja gar nicht ausstrecken, erwiderte er: «Christus konnte sich am Kreuz auch nicht ausstrecken.» [11] Der mit einem blauen Kittel beklei-dete Klosterknecht verrichtete in der Einsiedelei für die Schwe-stern alle Dienste: er besorgte den Garten, machte Botengänge und erledigte in seinem Aschenbrödeldasein alle groben und gröbsten Arbeiten. Er selbst freute sich über diese Erniedrigung und verzichtete gerne auf die Annehmlichkeiten des Lebens.

Hinter dieser Haltung steht der Zentralgedanke Foucaulds, der in aller Unscheinbarkeit von starker Ausstrahlung ist. Jesus von Nazareth hat während der ersten dreißig Jahre seines Daseins ein unbekanntes Leben geführt, von dem die Welt – außer der Begebenheit des Zwölfjährigen – nichts vernommen hat. In Na-zareth war Jesus seinen Eltern untertan, hatte unter den Armen gelebt und das Dasein eines Handwerkers geführt. Diese neue Christus-Schau stand Foucauld vor Augen: der verborgene Jesus von Nazareth! Die Wissenschaft hatte bis dahin diesen unbekann-ten, stummen Aspekt von Christi Wirklichkeit übersehen, weil sie theologisch und nicht existentiell nach Jesu Sein fragte; erst Foucauld hatte ihn wahrgenommen und ihn gleichsam entdeckt. Dabei bringt dieser unscheinbare Jesus von Nazareth nun aber eine wesentliche Seite von Christi Realität zum Aufleuchten. Sie ist mindestens so bedeutsam wie die Wahrnehmung der neute-stamentlichen Exegeten von der endgeschichtlichen Einstellung Jesu, die sie in Einseitigkeit zur Lehre von der konsequenten

Eschatologie übersteigerten mit dem fatalen Ergebnis, Christus habe sich geirrt! Mit der unscheinbaren, aber innerlich großartigen Entdeckung Foucaulds vom verborgenen Jesus von Nazareth ließ sich kein wissenschaftliches Aufsehen machen, dagegen erwies sie sich für das alltägliche Leben als enorm fruchtbar. Foucauld begnügte sich nicht, seine überraschende Christus-Sicht zu betonen, er fühlte sich von Gott berufen, dieses verborgene Dasein des Gebetes, der Buße und der Armut aufzunehmen und es zu verwirklichen. Der Weg war ihm vorgezeichnet, er mußte ihn nun gehen, denn wenn wir nicht aus dem Evangelium leben, lebt Jesus nicht in uns. Es war nicht die leiseste Spur vorhanden, mit seiner Frömmigkeit aufzufallen. Von solch fragwürdigen Gebärden war Foucauld weit entfernt. Er hatte, ohne Worte zu gebrauchen, die Form des neuen Büßertums gefunden, die zur Sühne der Welt beitrug. Niemand sah in dem schlecht gekleideten Taglöhner den ehemaligen Offizier und den Träger der Goldmedaille. Was hätte wohl Mimi gesagt, wenn sie ihm begegnet wäre? Wahrscheinlich wäre die Kurtisane in ein kicherndes Gelächter ausgebrochen, wenn sie ihn erkannt hätte. Foucauld wollte unbeachtet bleiben. Mit dem Willen, in der Verborgenheit zu leben, stellte sich Foucauld am stärksten in Gegensatz zur modernen Zeit. Viele Menschen sind von einem eitlen Geltungsbedürfnis geplagt, das sie wie ein Jucken ständig verfolgt. Sie wollen sich zur Schau und in den Mittelpunkt stellen. Die Welt sollte von ihnen reden, und sie sind unglücklich, wenn sie es nicht tut. Foucauld ließ sich vom umgekehrten Bestreben leiten; er wollte das verborgene Leben von Nazareth leben, ein Anliegen, das in seiner tiefen Religiosität aller gezeigten Frömmigkeit überlegen ist. Das echt Religiöse ist bis zur Unkenntlichkeit verhüllt, weil es nur dann vom himmlischen Vater bemerkt wird, der ins Verborgene sieht.

Daß der Hausknecht kein gewöhnlicher Knecht war, erkannte die Äbtissin des Klosters bald, weil sie den Mann genau beobachtete. Sie führte mit ihm mehrere Gespräche und legte ihm nahe, seiner Begabung entsprechend Priester zu werden. Demütig lehnte Foucauld den Plan ab; doch auch sein Seelenführer drängte in die gleiche Richtung, und so gab er schließlich nach. Er verließ das geliebte Nazareth und studierte Theologie in seinem ehemaligen Trappistenkloster in Frankreich. Das Studium interessierte ihn, weil er ein religiöser Mensch war. Und doch beschlichen ihn immer wieder leise Bedenken, so daß sich ihm die komische Frage stellte: «Wußte der heilige Josef viel von der Theologie, und war er darin beschlagen?» Hätte man Foucauld befohlen, das Studium aufzugeben, so würde er dieser Anordnung mit Freuden nachgekommen sein und nur noch den Hobelbank unseres Herrn betrachtet haben. Auch nach seiner theologischen Ausbildung äußerte Foucauld immer wieder derart muntere Sprüche über die Theologie. Aus der Sahara schrieb er einmal, die theologischen Bücher würden in einer Kiste unter seinem Bett liegen, und zwar in unaufgeschnittenem Zustand[12]! Hat Foucauld damit einen zarten Wink gegeben, wohin sie tatsächlich gehörten? Fast möchte man es vermuten. Doch im Ernst: hier zeigt sich eine Haltung, die viel stärkere Beachtung verdient. Das eigentliche Problem kann in diesem Zusammenhang nur angedeutet werden. Selbstverständlich hat Foucauld um die Notwendigkeit der Theologie gewußt und eine Theologie der Ehrfurcht auch nie angetastet. Bei ihm liegt jedoch eine Abwertung der Theologie ohne jede Polemik zugunsten der Verkörperung des Evangeliums vor. Seine Bedenken gegen die Vertheologisierung der Frömmigkeit verstehen wir heute besser, nachdem wir den Unfug einer «Gott ist tot-Theologie» erlebt haben. Spekulative und kritische Theologie dürfen wohl aufgenommen werden, aber nur behutsam und in kleinen Mengen. Foucauld begann sich viel intensiver mit der Welt der Heiligen zu beschäftigen, von der er fruchtbare Kräfte für das religiöse Leben erhielt. Zuletzt empfing er die Priesterweihe; die erste Messe war für ihn ein großes Erlebnis. Zwar fehlte ihm der Sinn für Liturgie, aber er war einer ausgeprägten Sakramentenmystik zugetan. Er schätzte es über alle Maßen, vor dem ausgesetzten Allerheiligsten zu knien, und aus der Eucharistie empfing er die Kraft für sein schweres Dasein. Das Sakrament bedeutete ihm unendlich mehr als Wissenschaft und Gelehrsamkeit, denn er fand, Christus rede «ohne Buch vom Herzen, und ohne diese Stimme nützen alle Bücher nichts» [13].

Nach der Priesterweihe entschloß sich Foucauld, wieder nach Nordafrika zu gehen, in jenes Land, das eine beinahe magische Anziehungskraft auf ihn ausübte. Hier durfte er das Leben aus Nazareth fortan geistig weiterführen. Er blieb dem tiefsten Gedanken seines Daseins treu, indem er ihn in einem der ärmsten Länder verkörpern wollte, das nichts vom Evangelium wußte. Foucauld lebte in der Sahara als Wüsteneremit. Mit einer romantischen Wüstenreise, wie sie dem modernen Touristen suggeriert wird, hat dieser Aufenthalt nichts zu tun. Die Wüste spielte religiös gesehen von jeher eine bedeutsame Rolle. Das Volk Israel mußte die Wüstenwanderung antreten, bevor es in das Gelobte Land kam; in der Wüste wurde ihm das Gesetz gegeben; in der Wüste hielten sich Elias, Johannes der Täufer, Jesus, Paulus, die Anachoreten auf. Die Wüste hat aber auch ihre zwei Seiten: Sie ist schwer zu ertragen, in ihrer Eintönigkeit wirkt sie ausdörrend und erhitzt zugleich die Phantasie, so daß sich beinahe unvermeidlich schreckhafte Bilder einstellen [14]. Anderseits vermittelt sie dem Menschen eine einmalige Einsamkeit und ermöglicht dadurch das Gespräch mit Gott wie kaum anderswo. «Die Wüste ist mir im tiefsten eine Wonne. Es ist so bezaubernd süß und so heilsam, in dieser Einsamkeit zu leben, im Angesicht der ewigen Dinge. Man fühlt sich gleichsam überflutet von der Wahrheit», schrieb Foucauld in einem Brief [15]. Es schien ihm, als sei er schon in der Ewigkeit, wenn er die beiden unendlichen Größen betrachtete: den weiten Himmel und die Wüste. Den Kontrast zwischen der schweigenden Wüste und den niederträchtigen Beweggründen, aus denen die Menschen den Gottesfrieden der Natur stören, empfand er hier besonders. Sein Los war, in der ganzen Sahara «eingeklostert» zu sein. Er war als Beduine gekleidet, trug ein weißes Gewand, auf das er ein rotes, mit einem Kreuz gekröntes Herz genäht hatte. Die einzige Nahrung war Brot und Wasser, was ihn sieben Franken kostete im Monat. Der Wüstengeist lebte in ihm wieder auf; seine Einsiedelei auf dem Hoggar, einem steilen Gebirge mit wilden Tälern, bedeutete ihm das Ende der Welt.

Während seines Aufenthalts in der Sahara las er den durchziehenden französischen Soldaten gelegentlich die Messe, sonst aber war er allein und lebte wie in der klösterlichen Klausur. Mit der Zeit lernte Foucauld die Eingeborenen aus den Wüstenoasen kennen. Sie suchten ihn auf, und er begegnete ihnen mit geöffneter Seele. Ob Freund oder Feind, ob Christ oder Muselman, ob gut oder böse, er schaute nicht darauf. Er wollte, daß alle sich «daran gewöhnen, mich als ihren Bruder zu betrachten, den Bruder aller»[16]. Mit dieser Losung überwand er die moralistische Einstellung und fand sich zur Blickrichtung des Evangeliums zurück. Foucauld interessierte sich mehr und mehr für die eingeborene Bevölkerung, er erlernte ihre Sprache und arbeitete an einem Wörterbuch der Tuareg-Sprache. Er wollte das Gebot der Nächstenliebe erfüllen, nahm teil an den alltäglichen Sorgen der Menschen und war von der Überzeugung erfüllt: «Alles, was ihr einem dieser Geringsten tut, das habt ihr mir getan.»

Zu jener Zeit rückte der Gedanke, eine Bruderschaft zu gründen, erneut in den Vordergrund. Die Idee ist bei Foucauld schon früh aufgetaucht, schon während seines Aufenthalts im Trappistenkloster, und jetzt schien ihm der Zeitpunkt dafür gekommen zu sein. Foucauld ersehnte sich eine Bruderschaft, die Priester und Laien ohne Unterschied in kleinen Gemeinschaften umfassen sollte. Große Klöster gewinnen fast notwendigerweise eine materielle Bedeutung, die der Demut feindlich ist. Deshalb dachte Foucauld an kleine Gemeinschaften, die auf alles Eigentum verzichten und die einzig von der Hände Arbeit und nicht von Almosen leben. Damit sollte das verborgene Leben in seiner ganzen Strenge und Weite geführt werden: ohne Habit, ohne Klausur, wie Jesus von Nazareth. Foucauld schwebte auch eine weitgehende Entlastung von äußeren Zeremonien zugunsten des inneren Lebens vor. Die Brüder und Schwestern sollten nie ehrwürdige Patres oder ehrwürdige Mütter genannt werden; er wollte das hierarchische Prinzip überwinden und Christi Worte anwenden: «Ihr sollt euch nicht lassen Meister nennen; denn einer ist euer Meister, Christus.» Foucauld war von diesem Gedanken stark erfüllt; er arbeitete unablässig die Regeln für diese

Bruderschaft aus, formte sie um und verbesserte sie. Es liegen mehrere Entwürfe vor, die zeigen, wie intensiv er sich mit diesem Plan abgegeben hat. Der Einsiedler aus der Sahara warb unermüdlich, Leute zu gewinnen für seine Idee. Wenn gelegentlich ein Mensch kam, lief er gewöhnlich wieder weg, bevor er richtig begonnen hatte. Es gelang Foucauld nicht, Brüder zu finden, auch nicht einen einzigen! Er war der Gründer einer Bruderschaft ohne Brüder. Foucauld blieb zeitlebens allein; einmal schrieb er: «Die Einsamkeit nimmt zu. Man fühlt sich mehr und mehr allein auf der Welt... man kommt sich vor wie die Olive, die nach der Ernte vergessen, allein am Ende des Zweiges hängen blieb.» [17] Foucauld war offenbar der unnütze Knecht, von dem Jesus sprach. Das ist die verborgene Tragödie, die sich in seinem Leben abspielte. Die Enttäuschung war furchtbar schwer zu ertragen, doch kein bitteres Wort entrang sich seinem Munde.

Man mag sich fragen, ob Foucaulds allzu strenge Askese die Menschen abschreckte. Der neuzeitliche Mensch hat kein Verhältnis mehr zur Askese. Sie scheint ihm auf Unterdrückung und Verdrängung hinauszulaufen; er aber wünscht sich Erfüllung, nicht Losschälung. Doch ist mit dem Einwand der Lebensfeindlichkeit das Problem der Askese nicht erledigt. Gewiß gab es in der Geschichte asketische Verirrungen, die zu reinen Quälereien ausarteten. Ganz ohne Askese geht es ebenfalls nicht. Auch die moderne Zeit wird letztlich einsehen müssen, daß die grenzenlose Verweichlichung nur in den Sumpf hineinführt. Es bedarf einer neuen, sinnvollen Zucht, die die Menschen freiwillig auf sich nehmen.

Statt der erhofften Ankunft eines Bruders kam etwas anderes, nicht ganz Unerwartetes. Foucauld hatte sich jahrelang auf sein Ende vorbereitet, da ihm schon in Nazareth eine Stimme sagte: «Denke, daß du als Märtyrer sterben mußt, ausgeraubt, verunstaltet, nackt auf der Erde hingestreckt, von Blut und Wunden bedeckt, gewaltsam und qualvoll getötet... wünsche, es möge heute geschehen.» [18] Das Wort ging in Erfüllung, allerdings nicht in der vorgestellten Weise. Eines Abends pochten Plünderer, unter Anführung eines Verräters, an seine Behausung, zerrten Foucauld heraus, befahlen ihm niederzuknien und raubten alle seine Sachen. Während ihres räuberischen Tuns vermeinten sie, Soldaten würden sich nähern, worauf ein sechzehnjähriger Junge den Gefesselten mit einem Gewehrschuß niederstreckte. Sie nahmen den Toten, zogen ihm die Kleider aus und warfen ihn in den Graben, der die Behausung umgab.

Starb Foucauld den Märtyrertod, der als Sühneopfer mit seinem Blut den Boden in Afrika tränkte? Im genauen Wortsinn nicht. Da er sich in jener wilden Gegend der Möglichkeit eines gewaltsamen Todes aussetzte, wird die Frage allerdings in eine andere Perspektive gerückt. Ob Foucauld als Märtyrer starb oder einem gemeinen Raubmord zum Opfer gefallen ist, sollen die Theologen mit ihren Begriffsbestimmungen ausmachen. Wie dem auch sei, allezeit hat man es auf dieser Welt auf die Gewaltlosen abgesehen, man fürchtet sie am meisten. Dennoch ist ihr Geist durch keinen Gewehrschuß zu töten. Foucauld liegt im Dorfe Golea begraben. Seinem Wunsch entsprechend ist auf der Ruhestätte ein einfaches, von weither sichtbares Holzkreuz ohne Inschrift angebracht.

Foucaulds Leben und Tod sind ebenso ungewöhnlich wie eindrucksvoll. Trotzdem darf man sich nicht begnügen, dies so pragmatisch zur Kenntnis zu nehmen. Mit einer kommentarlosen Schilderung macht man sich die Sache zu leicht. Der Mensch ist stets gehalten zu fragen, was eine derart außerordentliche Daseinsführung bedeutet und was sie im besonderen für mich bedeutet. Dabei muß man sich hüten, die Taten der großen religiösen Menschen nach unseren kleinen Maßstäben zu beurteilen. Foucaulds Worte verraten Einsichten, die weit über den alltäglichen Horizont hinausgehen. Erinnern wir uns nur an einige seiner Ausführungen: «Trage dein Kreuz, nicht das Kreuz, sondern deines»; oder «wenn man Jesus gesehen hat, muß man auf anderem Wege heimgehen; auf dem Wege der Bekehrung, nicht auf dem Weg der Vergangenheit»; oder «es gibt immer Zeiten, wo man wieder sich selbst gegenübersteht, das heißt dem Nichts. Die Seele gelangt nicht direkt zu Gott, sie flackert unaufhörlich um ihn herum, ohne ihn vollkommen finden zu können.»[19] Im weitern dürfen wir gegenüber vorbildlichen Gestalten nicht auf das eigene Denken verzichten, sonst versandet das lebendige Gespräch. Es ist nicht alles außerordentlich, was Foucauld getan hat; seine Zeichnungen entsprechen nicht dem heutigen Kunstverständnis. Daher ist es übertrieben, von der «ungewöhnlichen Reinheit der Linienführung» zu reden[20]. Beim notwendigen und unablässigen Nachdenken über die Büßer macht man oft die Erfahrung, daß sie sich selbst die Einwände gemacht und diese besser beantwortet haben.

Es ist naheliegend, sich Foucauld als einen heroischen Menschen vorzustellen, der nicht im Sumpf der modernen Langeweile versank. Dies ist nicht falsch, und dennoch bleibt diese Erfassung zu sehr an der Oberfläche. Entsprechend seiner Intention, dem verborgenen Leben Christi in Nazareth nachzufolgen, glaubte Foucauld, die Bibel enthalte für jede Seele einen Vers, den Gott eigens für sie bestimmt habe. Fragt man nach dem Bibelvers, der Foucaulds Leben in der Tiefe erschließt, so kann es nur das Wort Christi sein: «Wenn das Weizenkorn nicht in die Erde fällt und erstirbt, bleibt es allein, wenn es aber erstirbt, trägt es viele Früchte.»[21] Foucauld war das Weizenkorn, das in die Erde fiel und hernach ungeahnte Frucht brachte. Sein Büßerleben stand unter diesem Herrenwort, denn er war ein charismatischer Christ, der Christi Antlitz neu zum Aufleuchten gebracht hat.

Foucauld hat die Notwendigkeit der Wüste erkannt. Sie ist bei ihm wörtlich und symbolisch zu verstehen. Er hat buchstäblich in einer mauerlosen, aber wirklichen Wüstenklause gelebt; sie ist sein Sinnbild für die einsame Verbundenheit mit Gott. Das neuzeitliche Christentum stürzt sich in einen absurd angeheizten Betrieb, ohne dabei den Leerlauf zu spüren, in den es hineingeraten ist. Es kennt keine Wüste mehr, höchstens noch Tankstellen, die sich mit geistlichem Benzin und Ölwechsel abgeben. Wer bemerkt noch, daß die Mentalität von heute auch ihre Eigengesetzlichkeit hat, die den modernen Menschen knechtet? Foucauld hat für den Christen die unentbehrliche Notwendigkeit der Wüste wiederentdeckt, Wüste als Ort der Einsamkeit und der Zwiesprache mit dem Ewigen verstanden. Wider alle Modernität müssen auch wir von Zeit zu Zeit die innere Wüste aufsuchen. Nur sie schenkt dem Menschen die Kontemplation, welche die Mystiker der vita activa so entschieden überordneten. Die Verwirrung der heutigen Christenheit fußt unter anderem in der Umkehrung dieser Rangordnung, die Christus selbst festgesetzt hat. Foucauld aber rät uns: «Schalten wir Ruhezeiten, Zeiten der Einsamkeit, die wir in Jesu Gesellschaft verbringen, in unser Leben ein, mag unser Leben verborgen oder mehr öffentlich sein, jedes Leben bedarf solcher Zeiten, und je mehr es ein öffentliches Leben ist, um so notwendiger braucht es sie...»[22] Die Seele ist nicht für den Lärm geschaffen, sondern zur Sammlung; der Mensch darf sich nicht in endloses Gerede stürzen, wenn er nicht ausgelaugt werden soll. In der Wüste ist Foucauld zu einer kosmischen Schau des Christentums gelangt, wie sie sich schon in Paulus' Kolosserbrief findet und in den letzten Jahren auch Teilhard de Chardin zuteil geworden war: «Ich nehme mir vor, in mir den Willen zu pflegen, mich mit der materiellen Schöpfung zu vereinen, indem ich Gott alle belebten und unbelebten Geschöpfe darbringe und indem ich für sie und mit ihnen ein Lied der Anbetung, des Preises, Dankes und der Liebe singe.»[23] Die Wüsteneinsamkeit führte Foucauld zu einer Neubefragung der christlichen Missionspraxis, die auf einem allzu gewohnheitsmäßigen Geleise dahinrollte. Den Missionsmännern ging es gewöhnlich darum, möglichst viele Taufen zu vollziehen; weil dies meist nur oberflächlich und hastig getan worden war, hatten sie auch keinen Bestand. Foucaulds Buße bestand darin, prinzipiell umzudenken und dem missionarischen Wirken ein völlig neues Gesicht zu geben, indem er sich, wie es kein Priester zuvor getan hatte, mit den Eingeborenen identifizierte.

Foucauld war überzeugt, daß man die Eingeborenen zuerst zivilisieren und erst dann christianisieren müsse; dies wäre der einzige, aber mühsamere Weg, der zum Ziel führt. Der Grundgedanke ist sicher richtig, er wurde nach und nach auch von den übrigen Missionen übernommen. Freilich sind Foucaulds Wüsten-Ideen nicht gegen alle Einwendungen gefeit. Wenn er den Bau von

Autostraßen und Eisenbahnen durch die Sahara befürwortete, den Fortschritt als ein beharrlich zu verfolgendes Ziel proklamierte[24], ist ein Fragezeichen angebracht. Wohl werden die Menschen durch die Zivilisation aus ihren primitiven Verhältnissen herausgeführt, aber zugleich werden in ihnen auch Bedürfnisse geweckt, die mit Gott nichts zu tun haben. Auf Kultur kann nicht verzichtet werden, aber sie schließt immer Gefahren in sich, gegenüber denen man nicht blind sein darf. Die Errichtung einer religiösen Kultur ist eine der allerschwersten und selten gelungenen Aufgaben. Das Hauptbedenken richtet sich jedoch gegen Foucaulds selbstverständliche Hinnahme der Eroberung Nordafrikas durch Frankreich, über deren Rechtmäßigkeit er sich keine Gedanken machte. Hierin blieb er in einer allzu französischen Denkweise befangen, die er nicht mit dem Evangelium konfrontierte. Frankreich neues Land zur Verfügung zu stellen und Gott dabei Seelen zu geben, schien ihm durchaus vereinbar zu sein. Ob der Kolonialismus christlich zu verantworten ist, fragte er sich merkwürdigerweise nicht. Patriotismus und Christentum sind in den meisten Fällen eine unglückselige Verbindung. In Foucauld wirkte der soldatische Sauerteig nach und ließ den Gedanken des Unrechts gar nicht aufkommen, wie man ihn bei einem Mann, der mit der inneren Wüste verbunden war, doch erwartet hätte.

Foucauld verschloß dagegen die Augen nicht vor den realen Bedürfnissen des Lebens. Er sprach sich mit scharfen Worten gegen die Sklaverei aus und drang auf ein radikales Verbot. Er, der die Gerechtigkeit liebte und das Unrecht verabscheute, hatte gelegentlich Schwierigkeiten mit den Behörden, weil er deren politische und wirtschaftliche Argumente nicht anerkannte. Der Christ ist nach Foucauld ein Repräsentant der Gerechtigkeit und der Wahrheit auf Erden, und niemals wollte sich der Einsiedler der Sahara einen «stummen Hund» oder einen «schlafenden Wächter» schelten lassen. Foucauld fand die Sprache des christlichen Mutes wieder und wandte sich gegen alle Unterdrückungsmethoden. Er sah die Dinge schärfer als die Regierungsbeamten, weil die militärischen Vertreter vorwiegend an der Eroberung und nicht an der Kultivierung des Landes interessiert waren. Foucauld äußerte sich in dieser Beziehung geradezu prophetisch: «Wenn wir unsere Pflicht nicht erfüllen, diese Völker ausbeuten, statt sie zu zivilisieren, so werden wir das Ganze verlieren und die Einheit, die wir aus diesen Völkern gemacht haben, wird sich gegen uns kehren.»[25] Foucauld hat in seinen Briefen eine scharfe Kritik an der französischen Kolonialpolitik in Nordafrika geübt und daran die Aufforderung geschlossen: «Betet für das zugrundegehende Frankreich!»[26] Seine Mahnungen wurden in den Wind geschlagen. In der Gegenwart hat Frankreich die Quittung für seine egoistische Machtpolitik in Nordafrika erhalten.

Foucauld besaß ein ungewöhnliches Verständnis für die religiöse Eigenart der muselmanischen Bevölkerung. Schon während seines Aufenthalts in Nazareth ist er zur Einsicht gekommen, die lateinische Liturgie verschließe die Tore der Kirche für die islamischen Menschen. Da diese Leute kein Wort Latein verstehen, ist es ihnen auch nicht möglich, dem Gottesdienst zu folgen, es sei denn, er würde in ihrer Sprache gesprochen. Zu dieser Erkenntnis gelangte jedoch erst das Zweite Vatikanische Konzil. Foucauld forderte dies nicht aus modernistischen Gründen, etwa um sich dem Zeitgeist anzupassen, sondern aus einer tiefen Situationserfassung heraus.

Dies alles sind beachtliche Einsichten, und doch machen sie noch nicht die eigentliche Größe Foucaulds aus. Ihm ging es nicht primär um Bekehrung, ein Begriff, der im historischen Christentum oft unangenehme Assoziationen hervorruft. Als Zeichen großer Frömmigkeit galt, möglichst viele Konvertiten zu machen, denn Bekehrungen unter den Heiden war das Ziel der damaligen Methoden. Darüber erzählt Pater Lebbe, dieser sanfte Rebell, der aus seiner Missionstätigkeit in China die christlichen Mißstände mit einer entwaffnenden Ehrlichkeit rügte und deshalb bei seinen Vorgesetzten Entsetzen hervorgerufen hat. Auch Foucauld hat die Dinge anders gesehen. Er wollte einen neuen Weg beschreiten, da «die Stunde, den Eingeborenen von Jesus zu sprechen noch nicht gekommen ist, und man sich an die natürliche Religion halten muß». Damals verstand man Foucaulds

Gedanken kaum. Jedenfalls begriff man nicht, warum er die Tuaregs nicht bekehren wollte und weshalb er sich Einsiedler anstatt Missionar nannte. Foucauld aber war darauf bedacht, sich selbst zu bekehren, schrieb er doch oft in seinen Briefen: «Beten Sie, daß ich mich bekehre! Alles sagt mir, ich solle mich bekehren, alles singt mir von der Notwendigkeit meiner Heiligung, alles wiederholt mir und ruft mir zu, daß, wenn das erwünschte Gute nicht geschieht, es nur meine Schuld ist, meine übergroße Schuld, und daß ich mich schleunigst bekehren muß.»[27] Damit legte er den Finger nicht nur auf die entscheidende Stelle, sondern brachte die echte Büßergesinnung zum Ausdruck, die immer bei sich selbst und nie bei den andern anfängt. Der Büßer der Neuzeit predigt nicht mehr Buße und Bekehrung, sondern bemüht sich ganz still, ohne ein Wort zu sagen, umzudenken und das neue Leben zu leben. Nach Foucauld müssen sich endlich die Christen bekehren und nicht die andern, denn «die Gefahr liegt bei uns, nicht bei unseren Feinden»[28]. Wenn die Christen die große Wende einmal wirklich vollzogen haben, tun es die andern beinahe von selbst. Das Christentum kann heutzutage nicht mehr durch Worte allein ausgebreitet werden. Die Worte, sie mögen noch so gut gemeint sein, sind fast immer zu schwach und haben in der gegenwärtigen Wortinflation an Durchschlagskraft verloren. Die Welt wurde beinahe zu Tode gepredigt – mit welchem Resultat? Anstelle von Predigt und Bekehrung muß die schlichte Verkörperung des Christentums treten. Es gilt, «in jedem Menschen Christus zu erblicken und demgemäß zu handeln»[29], denn dies allein entspricht christlicher Haltung. Foucauld formulierte denselben Gedanken auf seine Weise: «Selbst wenn wir in Sünde untergingen, beschmutzt und verlassen wären…, bleibt es doch Sünde, für irgend jemanden den Mut zu verlieren, eine Seele als der Sünde verhaftet aufzugeben, denn das hieße gegen die Barmherzigkeit verstoßen.»[30] Er war der festen Überzeugung: «Wir müssen dem verirrten Bruder zeigen, daß unsere Religion ganz Nächstenliebe, ganz Brüderlichkeit ist und daß ihr Sinnbild ein Herz ist.»[31] Der Einsiedler der Sahara wollte das Christentum in Afrika durch sein Sein inkarnieren, indem er in jedem Menschen Jesus sah. Er war bestrebt, das Evangelium zu leben und es durch das bloße Dasein auszudrükken. «Seien wir so sanft wie das göttliche Lamm, ohne Waffen zum Angriff, ohne Waffen zur Verteidigung.»[32] Dieser Grundgedanke beschäftigte Foucauld unablässig, wahrhaftig eine herrliche Frucht des sterbenden Weizenkorns. Foucauld läßt den Herrn sprechen: «Arbeitet an der Heiligung der Welt, wortlos, schweigend, baut neue Stätten der Einkehr mitten unter denen, die mich nicht kennen und bringt das Evangelium hin, nicht mit dem Munde, sondern mit dem Beispiel, nicht indem ihr es verkündigt, sondern indem ihr es lebt.»[33] Mit der Losung, «nicht Buße predigen, sondern selbst Buße tun», hat Foucauld die Parole ausgegeben, die allein zu einer Erneuerung der Kirche führen kann. Nicht Protest und nicht Auflehnung, sondern Verleiblichung des Evangeliums rettet die Christenheit.

Nach Foucauld kann das Christentum den Menschen nur durch eine radikale Armut vorgelebt werden. Ein in kostbaren Kleidern daherkommendes Christentum stößt ab und steht in einem offensichtlichen Widerspruch zum Evangelium. Foucauld war vom Armutsgedanken ebenso erfaßt wie einst Franziskus: «Es soll keine konventionelle Armut sein, sondern die Armut der Armen. Eine Armut, die im verborgenen Leben nicht von Geschenken, Almosen oder Renten lebt, sondern ganz aus einfacher, niedriger Arbeit.»[34] Er selbst hat die Armut von ganzem Herzen umarmt und den Reichtum nur als lästiges Gepäckstück empfunden, ja in ihm eine Gefahr gesehen. Wie viele Menschen erliegen dieser Gefahr, ohne daß sie es merken! Jesus warnte vor dem «Trug des Reichtums», der das ewige Wort erstickt. Foucauld sagte unumwunden: «Armut ist nicht übertriebene Sparsamkeit, auch nicht geschickte Verwaltung des Besitzes: Armut ist vor allem Loslösung vom Geld, Verachtung des Geldes.»[35] Er entledigte sich allen Besitzes, warf ihn mit Freuden weg und stellte den Grundsatz auf: «Wir wollen die Reichen lieben, weil sie Kinder Gottes sind; doch wir wollen uns nicht mit ihnen befassen, weil sie es nicht nötig haben. Widmen wir uns den Armen, da Jesus sie uns vermacht hat.»[36]

Die neue Art, das Christentum zu vertreten, liegt in einer ungewöhnlichen Demut. Nur steht Demut heute nicht hoch im Kurs. Der moderne Mensch sieht in ihr eine überwundene Stufe; er weiß auch, daß sie in der Christenheit durch eine absichtliche Verdemütigung oft entstellt wurde. Der Christ soll sich selbst demütigen, aber er darf nicht einen andern Menschen – auch nicht um ihn zu prüfen – willentlich erniedrigen. Durch die Ablehnung einer dem modernen Lebensgefühl widersprechenden demütigen Haltung wird der neuzeitliche Mensch Minderwertigkeitsgefühlen ausgeliefert, von denen ihn kein Psychiater zu heilen vermag. Wer die Demut preisgibt, handelt dafür Minderwertigkeitskomplexe ein, und wer freiwillig die Demut auf sich nimmt, der weiß um eine bescheidene Festigkeit. Zwischen Demut und Minderwertigkeitsgefühlen besteht ein verborgener Zusammenhang – das eine schließt das andere aus. Allem modernen Geschwätz zum Trotz gilt die Wahrheit: Demut gehört zur christlichen Existenz. Der Herr lebte sie in der Fußwaschung den Jüngern in einem unvergänglichen Beispiel vor. Foucauld hatte dies erkannt, und darum war er frei von aller persönlichen Wichtigtuerei. Die bindende Formel für seine Demut entnahm er einer Predigt von Abbé Huvelin, der einmal über Christus ausführte: «Du hast so ganz den letzten Platz eingenommen, daß dir niemals jemand ihn hat streitig machen können.» [37] Diese Äußerung entflammte Foucauld, sie traf ihn mitten ins Herz und er baute den Gedanken zu einer existentiellen Haltung aus. «Für mich selbst immer den letzten Platz suchen, mein Leben so einrichten, daß ich der letzte und verachtetste aller Menschen bin.» [38] Der Einsiedler der Sahara wollte nicht ein Leben erster Klasse führen, während Christus in der letzten gelebt hatte. «Der letzte Platz» – das war Foucaulds Geheimnis; das war seine Losung, mit der er sich in den stärksten Gegensatz zur modernen Zeit setzte, die nur nach dem ersten Platz lechzt. Seine Christussicht vom verborgenen Jesus in Nazareth war die Verkörperung vom letzten Platz; die beiden Gedanken bilden eine Einheit.

Mit dem Bemühen um den letzten Platz stieg das Göttliche bei Foucauld in die tiefste Erniedrigung hinab. Es entspricht dem

Grundgedanken der Inkarnation Gottes, wenn an die Krippe in Bethlehems Stall gedacht wird. Gott wohnt nicht im Prunk und im Großartigen, sondern im Unscheinbaren und Niedrigen. Das Christentum darf nie nur eine theoretische Sozialethik sein, eine Auffassung, die überhaupt kein Risiko des Evangeliums kennt. Foucauld vollzog einen kompromißlosen Abstieg, wozu nur opferbereite Menschen fähig sind. Er war der Geopferte, entsprechend dem sterbenden Weizenkorn. Mit seinem Opfer hat er die neue Buße vollbracht, die wiederum zum innersten Kern des Neuen Testaments vorgedrungen ist.

Dann geschah das Merkwürdigste: Während der Ablauf der Mönchsgeschichten beinahe immer dem gleichen Gesetz unterliegt – eine große Persönlichkeit reißt einige Menschen mit sich und gestaltet eine monastische Reformbewegung, die dann nach einigen Generationen wieder abflaut – war es bei Foucauld ganz anders. Zu seinen Lebzeiten blieb er allein; aber etliche Jahre nach seinem Tode begann das in der Erde liegende Weizenkorn plötzlich zu keimen und brachte Frucht, dreißig-, sechzig- und hundertfältig. Drei Jahrzehnte nach Foucaulds Tod kam es wider alle Erwartung zur ersehnten Verwirklichung der «Kleinen Brüder und Schwestern» – durch René Voillaume, eine starke Persönlichkeit, die Aktion und Kontemplation zu verbinden vermochte. Wie ist das überraschende Ereignis zu verstehen? Es läßt sich rational nicht erklären, selbst die bloß vernünftigen Argumente versagen: es ist einfach ein Wunder. In aller Stille und ohne jedes Aufsehen schufen die Kleinen Brüder und Schwestern ein weitverzweigtes Werk, das zu den erfreulichsten Erscheinungen in unserer von Auflösung bedrohten Zeit zählt. Mitten in der Welt, im Herzen der Massen, führen sie ein Leben der Freundschaft, der Anbetung und der Achtung vor dem Menschen. Den Kleinen Brüdern und Schwestern ist es beschieden, eine unscheinbare Heiligkeit in mehrere Erdteile hinauszutragen.

Worin liegt die Bedeutung der Kleinen Brüder und Schwestern? Sie sind die neue christliche Phalanx, die den unsichtbaren Kampf mit den antichristlichen Mächten von heute aufnimmt.

Sie tun es nicht mit Speer und Schwert, wie die einstigen Kreuz-
fahrer, sondern arbeiten nach dem Evangelium wie Schafe mitten unter den Wölfen. Mit ihrem Sein vertreten sie die kleine
Herde, die das Gebot der Stunde verstanden hat. Der christliche
Kampf wird von ihnen mit christlichen Mitteln geführt; sie verwalten das Erbe Foucaulds in seinem Geiste. Daß es eine kleine
Phalanx ist, entspricht gerade seinen Vorstellungen.

Die vielen Schriften über Foucauld sind ein Zeichen dafür, daß
die unmoderne Büßergestalt viele moderne Menschen stark an-
spricht. Seine innere Anziehungskraft darf uns jedoch nicht dazu
verlocken, Foucauld nur unverbindlich zu bewundern. Es
könnte durchaus geschehen, daß sich die von einem herrlichen
Zorn diktierten Worte Bernanos' erfüllen, die er anläßlich einer
Foucauld-Ausstellung in Frankreich nach dem Zweiten Weltkrieg gesprochen hat: «Wohl mutet dieser Helden-Mönch uns
an wie eine Gestalt aus der Frühzeit des Christentums, doch
gerade darum gehört er auch zur Christenheit der Zukunft. Wir
aber müssen fürchten, sowohl von der einen wie von der andern
ausgeschlossen zu sein.»[39]

SPRICH MIR
SCHWEIGEND VON GOTT:
SIMONE WEIL

Simone Weil zu begegnen, war beinahe enttäuschend. Das Äußere dieser Frau wirkte wenig ansprechend. Ihr trauriges Antlitz strahlte keine weiblichen Reize aus. Sie verstand es nicht, mangelnde Schönheit mit kosmetischen Listen auszugleichen; der Sinn zu gefallen fehlte ihr vollständig. Weit entfernt von aller mondänen Eleganz, hüllte sie sich in geschmacklose Kleider, die ihrer Erscheinung abträglich waren. Vom französischen Charme war bei dieser Pariserin überhaupt nichts wahrzunehmen. Die leiseste Umarmung oder der zarteste Kuß waren ihr zuwider. Die Menschen schüttelten den Kopf über eine solche Verachtung der Formen. Simone Weil hatte nichts von jenem Esprit, der auf eine literatenhafte Gesellschaft faszinierend wirkt. In ihren Äußerungen war nichts Geistreiches, Brillantes oder Spielerisches enthalten, womit ein ahnungsloses Publikum gerne unterhalten sein will. Sie brachte ihre Ansichten mit monotoner Stimme auf eine schockierende, aggressive Art vor und stieß damit jeden bürgerlichen Menschen vor den Kopf.
Ist das nicht enttäuschend? Oder zeugt es von geringer Ritterlichkeit, eine Frau auf diese Weise vorzustellen? Mag es auch ein Mangel an Galanterie sein, einen Vorzug hat die unfreundliche Einleitung: man bekommt wenigstens die wirkliche Simone Weil von ferne zu Gesicht und kein künstlich beleuchtetes Wunschbild. Ihre Realität wird wahrnehmbar, und welch eine unheimliche und abgründige Wirklichkeit ist das! Man weicht unwillkürlich einen Schritt zurück. Das Sein ist erregender als jeder Schein, und nur in der Wirklichkeit leuchtet die Wahrheit auf. Simone Weil selbst wollte Wirklichkeit und Wahrheit; wo immer sie einer Fassade statt dem Echten begegnete, verlor

sie augenblicklich das Interesse. Ihrem unerbittlichen Wahrheitssinn zuliebe mußte diese unbarmherzige Schilderung gegeben werden. Einzig auf diesem Weg können wir uns ihrer realen Gestalt nähern, die das apokalyptische Donnerrollen Gottes in der heutigen Zeit hörte und es nicht mit irgendeiner weltanschaulichen Ideologie zu übertönen versucht hat.

Über die Landschaft ihrer Kindheit schwieg Simone Weil. Sie hielt es nicht für nötig, von ihren mädchenhaften Jugendträumen zu erzählen, und war eher bemüht, ihr leidenschaftliches Gefühlsleben vor den Augen der Menschen zu verbergen. Sie wurde in einer jüdischen, in großbürgerlichen Verhältnissen lebenden Arztfamilie in Paris geboren. Die junge Simone erhielt keinerlei religiöse Erziehung und wuchs in einem indifferenten Agnostizismus auf, wie ihn damals in Frankreich Gide und Valéry vertraten. Als frühreifes Mädchen – Anne Frank ähnlich – war sie ein nicht leicht zu erziehendes Kind; obschon sie an ihren Eltern hing, bereitete sie ihnen durch ihr eigensinniges Gebaren oft viel Kummer. Mit vierzehn Jahren erlebte sie einen jener jugendlichen Verzweiflungsanfälle, indem sie wegen der Mittelmäßigkeit ihrer Fähigkeiten am liebsten gestorben wäre. Objektiv gesehen, war sie gleich ihrem Bruder hochbegabt. Sie hat in den besten Schulen Frankreichs den gesamten Bildungsstoff in sich aufgenommen, hat die mannigfachen Examina spielend bestanden und war später selbst als Mittelschullehrerin tätig. Ihre ungewöhnliche Schulführung bereitete den Behörden Schwierigkeiten und hatte mehrfache Versetzung zur Folge. «Entlassen zu werden ist mir immer als der Höhepunkt meiner Karriere erschienen», bemerkte sie dazu lachend und beschuldigte die Schulbehörden des Rückstands um einige Jahrhunderte hinter der menschlichen Zivilisation[1]. Ein Charakterzug Simone Weils kam schon in ihrer Jugend zum Vorschein: das außerordentlich starke Mitgefühl mit den Unglücklichen. Während des Ersten Weltkriegs verzichtete das sechsjährige Kind konsequent auf allen Zucker, um ihn den Soldaten an die Front zu senden, was eine erste büßerische Haltung verrät. Alles Leid hat stets so auf sie gewirkt, als wäre es ihr angetan worden. Die Vorstellung vom vielen Unglück in der Welt peinigte sie unaufhörlich. Das Leiden der Mitmenschen ist ihr in Fleisch und Seele eingedrungen, so daß sie eine unauslöschlich Gezeichnete wurde. Wer davon nichts spürte, verlachte Simone als «den kategorischen Imperativ im Unterrock»[2].

Die Dramatik ihres Lebens beginnt mit dem Entschluß, aus dem gutsituierten Verhältnis ihres Elternhauses auszubrechen. Sie war nicht darauf bedacht, in der besseren Gesellschaft zu verkehren noch durch eine vorteilhafte Partie es «im Leben schön zu bekommen». Das ist das dienstmädchenhafte Verlangen nach dem «süßen Leben» der Bourgeoisie. Simone Weil war vom umgekehrten Bestreben geleitet; sie wollte die gesicherte Position verlassen und mit den Zukurzgekommenen gemeinsame Sache machen. Intensiv beschäftigten sie die sozialen Probleme, die noch heute zu den Schicksalsfragen unserer Zeit gehören. Der vom Wirtschaftswunder geblendete Mensch der Gegenwart ist in Gefahr, dies allzu bereitwillig zu übersehen. In jenen Jahren wurde Frankreich von den sozialen Wirren aufgewühlt, da die Volksfrontregierung mit ihren Experimenten die soziale Not doch nicht zu meistern vermochte. Simone Weil fühlte sich von den Vorgängen unmittelbar betroffen; sie trat mit ihrer antiklerikalen Einstellung und ihrer revolutionären Überzeugung auf die linke Seite, was ihr den Namen «Frankreichs rote Jungfrau» eintrug. Ihre ersten Zeitschriftenaufsätze weisen eine beinahe anarchistische Tendenz auf, und Überschriften wie: «Muß man die Soldatenstiefel wichsen?» waren von aufpeitschender Wirkung[3]. Der syndikalistischen Bewegung der proletarischen Revolution brachte sie offen ihre Sympathie entgegen, ungeachtet der beruflichen Nachteile, die ihr daraus erwuchsen. Trotz ihrer unbestreitbaren Vorliebe für die sozialistischen Parteien, erfolgte ihre Beschäftigung mit den gesellschaftlichen Problemen nie in parteimäßigem Sinn. Die Politik Stalins enttäuschte Simone Weil, denn sie hat schon in den dreißiger Jahren eine verkappte Ähnlichkeit mit dem Nationalsozialismus wahrgenommen, während die freiheitsfeindliche Einstellung des Kommunismus vielen links orientierten Intellektuellen noch heute nicht aufgegangen ist. Da nach Simone Weils Auffassung die Bürokratie immer die lebendigen Anliegen der Menschen preisgibt, erlebte sie schließlich auch den Zusammenbruch dieser pazifistischen Weltanschauung. Wegen ihrer Distanzierung von allem parteigebundenen Denken geriet sie nie in ein Gehäuse hinein, das den Menschen nur befangen macht. Mit ihrem scharfen Intellekt erkannte sie, wie verderblich sich die Parteikämpfe mit ihren hohlen Schlagworten für die Allgemeinheit auswirkten. Sie hegte den utopischen Gedanken, sich politisch zu betätigen, ohne sich einer der Parteien zu verschreiben, weil keine von ihnen den Monopolanspruch auf die Freiheit erheben könne.

Dank ihrer Unabhängigkeit von jeder beengenden Parteidoktrin, erfaßte sie die soziale Situation aus einer neuen Sicht, die an den Grund aller Dinge rührte. Simone Weil erkannte in der Entwurzelung das entscheidende Problem unserer Zeit. Die Entwurzelung ist vor allem in der Arbeiterschaft weit fortgeschritten, gerade sie fühlt sich nirgends mehr daheim und erleidet auch in seelischer Beziehung das Schicksal des Ausgestoßenseins. Die ganze Arbeiterbewegung ist, tiefer gesehen, ein einziger Aufschrei über das Leiden der Entwurzelung. Der dogmatische Marxismus ist nach Simone Weil nicht imstande, dieser Katastrophe ernsthaft zu begegnen, da er für den einfachen Arbeiter ein unverdauliches, keinen Nährwert besitzendes Produkt ist und in seiner Intoleranz auch die kleinste Abweichung sofort zur Häresie stempelt. «Die Entwurzelung», schreibt Simone Weil, «ist bei weitem die gefährlichste Krankheit der menschlichen Gesellschaft, weil sie sich selbst vervielfacht. Einmal wirklich entwurzelte Wesen haben kaum mehr als zwei Möglichkeiten, wie sie sich hinfort betragen sollen: entweder sie verfallen einer seelischen Trägheit, die fast dem Tode gleichkommt, wie die Mehrzahl der Sklaven zu Zeiten des Römischen Reiches, oder sie stürzen sich in eine hemmungslose Aktivität.»[4] Von der Entwurzelung ist in der Gegenwart auch der Bauernstand unheimlich bedroht. Die Krankheit ist hier nur weniger sichtbar, aber die Erscheinung läuft ebenfalls auf den seelischen Tod hinaus, denn es ist gegen die Natur, daß die Erde von Entwurzelten angebaut wird. Die durch die Entwurzelung verursachten Minderwertigkeitskomplexe von Arbeitern und Bauern sind durch keinerlei Maßnahmen von außen zu beseitigen. Auch der Staat kann das Entwurzelungsproblem nicht überwinden, zumal die moderne Überentwicklung des Staates die seelische Substanz eines Landes nur aussaugt und er in seiner Kälte nicht liebenswert ist.

Von der Entwurzelung handelt Simone Weils letzte, unvollendet gebliebene Schrift, die deswegen einige nicht ausgereifte Anschauungen aufweist. Sie rückt das soziale Problem in eine neue Perspektive jenseits von Revolution und Reaktion. Es wird aus der Sackgasse herausgeholt, in die es die Klassenkampftheorie hineinmanövriert hatte. Die Frage ist von lebenswichtiger Tragweite, weil der moderne Mensch an sich eine entwurzelte Erscheinung ist. Er ist aus der bergenden Tradition des Abendlandes herausgefallen und steht nun in einer Leere ohnegleichen. Skepsis und Zynismus sind Feigenblätter, die die Entblößung nach außen verdecken. Wer über die Entwicklung der Gegenwart bestürzt ist, muß sich mit der Frage Simone Weils einlassen. Die Rettung liegt in einer neuen Einwurzelung, die zu den dringlichsten und meist verkannten Bedürfnissen des Menschen gehört. Sie ist eine schwere Aufgabe und zwingt die Suchenden, die Parole «ein kleines Ja und ein großes Nein» radikal ins Gegenteil umzudrehen. Damit es überhaupt zu einer seelischen Einwurzelung kommen kann, müssen nach Simone Weil zunächst vier Dinge gründlich geändert werden: «Unsere falsche Auffassung der Größe; das herabgeminderte Gerechtigkeitsgefühl; unsere Vergötzung des Geldes und das Fehlen einer wirklich religiösen Gesinnung in uns.»[5] Mit dieser Wandlung wäre ein erster Anfang der «Einpfropfung der ausgebrochenen Zweige» gemacht. Die neue Einwurzelung kann nur durch ein tiefes Umdenken stattfinden, eine Einsicht, die aus jeder Seite von Simone Weils fragmentarischem Buch spricht.

Simone Weils Beschäftigung mit der sozialen Not verblieb nicht im bloß gedanklichen Bereich. Die Idee mußte realisiert werden, denn stets war es ihr um eine konkrete Gestaltung des menschlichen Daseins zu tun. Es drängte sie, einen praktischen Versuch zu unternehmen. Nun beginnt das Leben Simone Weils spannend zu werden, denn ihre Theorie sollte eine Verwirklichung erfahren und ins konkrete Dasein übergehen. Um die Härte des entwurzelten Arbeiterschicksals selbst auf sich zu nehmen, schritt sie auf die Menschen zu, gab ihre Lehrstelle auf und trat als Fräserin in die Automobilwerke Renault ein, damit gleichsam die französischen Arbeiterpriester vorwegnehmend. Sie mietete ein Zimmer im Arbeiterviertel, lebte fortan vom kargen Lohn einer Hilfskraft, lernte Müdigkeit, Düsternis und Hoffnungslosigkeit eines Arbeiterdaseins kennen und verwirklichte damit ein modernes Büßertum. Bei Simone Weil hatte dies zunächst nichts mit christlicher Auffassung zu tun. Wie aber anders soll man diese Frau bewerten? Da Simone Weils Kolleginnen aus der revolutionären Bewegung den büßerischen Hintergrund gar nicht bedachten, begriffen sie natürlich ihren Schritt nicht. Simone Weil war davon nicht im geringsten irritiert. Sie schrieb sich unter einem anderen Namen ein, und niemand in der Fabrik ahnte etwas von der Herkunft und der Denkkraft dieser Arbeiterin, die da unscheinbar an ihrer Werkbank stand. Am Abend trug sie jeweilen einige Notizen in ihr «Fabriktagebuch» ein, welches das Schicksal einer weiblichen Arbeiterin in einem modernen, durchrationalisierten Industriebetrieb getreu widerspiegelt. Simone Weil hat das wurzellose Ausgesetztsein des heutigen Menschen in einer der dunkelsten Situationen am eigenen Leib abgebüßt. Sie hat das trostlose Dasein monatelang bei unablässigen Kopfschmerzen durchgehalten, bis eine Brustfellentzündung sie zwang, sich hinzulegen. Das Ergebnis ihrer damaligen Arbeit hat Simone Weil in die Worte zusammengefasst: «Nach meinem Fabrikjahr waren mir Leib und Seele sozusagen geviertteilt. Da habe ich für immer das Brandmal der Sklaverei empfangen, etwas, wie den Stempel mit dem glühenden Eisen, den die Römer den Stirnen ihrer allerniedrigsten Sklaven eindrückten. Und seither habe ich mich immer als einen Sklaven angesehen.»[6] Dieses erschütternde Geständnis läßt in seiner seelischen Tiefe alles intellektuelle Gerede und alle politischen Wissenschaften weit hinter sich; hier ist die bittere, nackte Wirklichkeit zu einer unfaßlichen Wahrheit geworden, vor der man sich nur verneigen kann.

Beim Ausbruch des spanischen Bürgerkriegs fuhr Simone Weil nach Barcelona an die Front. Sie wollte gegen Franco kämpfen. Die sonderbare Spanienkämpferin achtete jedoch sorgfältig darauf, keinen Menschen zu töten. Durch eine Ungeschicklichkeit erlitt sie einen schweren Verbrennungsunfall, worauf man sie nach Frankreich zurückschickte. Die schrecklichen Greueltaten auf beiden Seiten hatten ohnehin ihre letzten Illusionen zerstört, so daß sie sich bewußt dem Standort von Bernanos' Buch «Die großen Friedhöfe unter dem Mond» näherte, das die Losung ausgab: «Ich habe geschworen, eure Herzen zu bewegen, in Freundschaft oder Zorn, gleichviel!»[7] Während des Zweiten Weltkriegs verdingte sich Simone Weil als Landarbeiterin wiederum inkognito im unbesetzten Frankreich und nahm das Schicksal einer Bauernmagd auf sich, weil nach ihrem Urteil nur Menschen, die zu dem untersten Grund hinabsteigen, noch die Möglichkeit besitzen, die Wahrheit zu sagen. Zu jener Zeit wurde sie von den Vichy-Leuten wegen Gaullismus verhaftet und mit Dirnen zusammen eingekerkert. Sie empörte sich keineswegs über die Gefangenschaft, weil sie schon lange gerne die Lebensumstände im Gefängnis kennengelernt hätte. Ihre Verteidigung verschlug den Richtern die Sprache, und sie ließen sie als geistesgestört wieder gehen.

In all den erwähnten Bemühungen darf man nicht die Schrulle eines reichen Mädchens sehen, das aus Launenhaftigkeit seiner verwöhnten Umgebung überdrüssig geworden ist. Simone Weils Leben steht nicht im Zeichen des Experimentes, über das man stundenlang geistreich reden kann. Bloße Diskussionen führen zu nichts, sofern sie nicht den Charakter eines zum Innersten vordringenden Dialogs annehmen. Hinter ihrem Gang zu dem arbeitenden Volk steht der Wille, das Schicksal der Unglücklichen zu teilen und auf die ratlose Not eine tätige Antwort zu geben. Es ist der Versuch, sich auf eine bis dahin ungewohnte Art dem Unglück zu stellen. Simone Weil wollte mit dem Dasein der Enterbten und Entrechteten verschmelzen, ein Verlangen, das alle karitative Tätigkeit weit überschreitet. Angesichts dieses heroischen Eindringens ins Unglück begreift man ohne weiteres, daß diese Frau anderes zu tun hatte, als auf ihre Linie zu achten. Der glühende Wunsch, freiwillig auf der untersten Sprosse der sozialen Leiter zu stehen, zeigte die abgründige Tiefe, in die die neue Einwurzelung führt und mit welchen Opfern sie erkauft werden muß.

Das überrationale Eingehen in das Unglück trieb das seelische Drama Simone Weils konsequent dem Höhepunkt entgegen, auf dem der Einbruch der religiösen Mächte erfolgen mußte. Die junge Atheistin war dazu prädestiniert, zumal sie der Ansicht war, daß man Gott niemals genügend widerstehen könne, wenn es aus reiner Sorge um die Wahrheit geschehe. Von Haus aus lagen ihr die religiösen Probleme ferne, dies um so mehr, als sich das christliche Leben im damaligen Frankreich in einem bedauernswerten Zustand befand. Der das Land überflutende Laizismus hatte nur zu einem flachen Freidenkertum geführt, das im Gegensatz zur abendländischen Tradition stand. Der lebendige, sich im Aufbruch befindende Katholizismus eines Bloy und Péguy, Rouault und Bernanos war noch auf ein kleines Häuflein beschränkt. Simone Weil hatte bis dahin weder von der Ausstrahlung des einfältigen Pfarrers von Ars gehört, noch hatte sich das «Senfkorn von Lisieux» in ihre Seele eingesenkt. Nicht einmal eine Gottsucherin war sie, bis die höheren Mächte sie selbst bei der Hand nahmen und sie erfahren mußte, daß Gott weit mehr den Menschen sucht, als der Mensch nach Gott ruft.

Auf einer Reise nach Portugal besuchte Simone Weil ein kleines Dorf. «Es war am Ufer des Meeres. Die Frauen der Fischer zogen, mit Kerzen in den Händen, in einer Prozession um die Boote und sangen gewiß sehr altüberlieferte Gesänge, von einer herzzerreißenden Traurigkeit. Nichts kann davon eine rechte Vorstellung vermitteln. Niemals habe ich etwas so Ergreifendes gehört, außer dem Gesang der Wolgaschlepper. Dort hatte ich plötzlich die Gewißheit, daß das Christentum vorzüglich die Religion der Sklaven ist, und daß die Sklaven nicht anders können als ihm anzuhängen, und ich unter den übrigen.»[8] Der Bericht stammt aus einem längeren Brief, den sie ihre geistliche Selbstbiographie genannt hat. Das offene Bekenntnis zur Sklavenreligion erhebt sie zur Gegenspielerin Nietzsches, dem diese Anschauung verhaßt war. Das portugiesische Erlebnis steht mit der Schwermut ihrer Fabrikerfahrung in einem inneren Zusammenhang. Als Arbeiterin hatte sie das Brandmal der Sklaverei empfangen, und in diesem weltverlassenen Dorf wurde ihr urplötzlich die Erleuchtung zuteil, daß die Sklaven, auch die modernen Industriesklaven, einzig und allein im Christentum und nicht im dialektischen Materialismus die Antwort auf ihr entsetzliches Los finden können. Mit dieser unmittelbar geschenkten Einsicht war das Eis ihrer religiösen Stagnation ein für allemal gebrochen. Der unsäglich traurige Gesang der Schifferfrauen, der von einem Schmerz ohnegleichen zeugte, hatte sie in die direkte Nähe des Göttlichen geführt, womit ihre Einwurzelung begann.

Im folgenden Jahr verbrachte Simone Weil zwei Tage in Assisi. In der Heimat des Poverello widerfuhr ihr nochmals ein unerwartetes Erlebnis. In der Kirche des Franziskus «zwang mich etwas, das stärker war als ich selbst, mich zum erstenmal in meinem Leben auf die Knie zu werfen»[9], gesteht sie. Durch diese höhere Nötigung hatte sie den Weg zum Gebet gefunden, das ihr bis dahin verschlossen war und ohne das kein lebendiges Gottesverhältnis denkbar ist. Hierauf begann sie in ihrer Freude, das Neue Testament in griechischer Sprache zu lesen, und wurde vom Wohlklang des Textes derart ergriffen, daß sie einige Tage lang das Gebet des Herrn auf griechisch unaufhörlich wiederholte. Simone Weil beschloß, es jeden Tag am Morgen mit einer solchen Konzentration zu beten, die keinen andern Gedanken aufkommen ließ. Nie hat sie um irdische Dinge zum Allmächtigen gefleht, denn nach ihrem Dafürhalten besteht das Wesen des Gebets in der Aufmerksamkeit, die sich vom bloßen Interesse stark unterscheidet, einer Aufmerksamkeit, deren Spitze nur mit Gott in eine reale Berührung tritt. Diese Erkenntnis macht jedes gedankenlose und formelhafte Beten zunichte.

Um dem Christentum noch näher zu kommen, nahm Simone
Weil während der Karwoche in einem benediktinischen Kloster
an allen Gottesdiensten teil. Bei dieser Gelegenheit wies ein junger Engländer sie auf die metaphysischen Dichter des siebzehnten Jahrhunderts hin. Bei der Lektüre geschah das Unerwartete,
das das portugiesische und das assisische Erleben noch überbot,
indem ihr eine Entrückung über Raum und Zeit hinaus widerfuhr. Bei der stillen Rezitation eines der Gedichte ist nach ihrer
eigenen Aussage das bei den Menschen Unmögliche geschehen:
«Christus selbst ist herniedergestiegen und hat mich ergriffen.» [10]
Der kurzen Bemerkung haftet die Scham an, Heiliges weiterzu-
erzählen, und doch umreißt die Äußerung eine reale Berührung
mit dem Göttlichen. In dieser Stunde wurde Simone Weil durch
ein visionäres Christus-Erlebnis überwältigt, das sich in ihrem
Dasein wie ein Erdbeben auswirkte. Unmittelbar sah sie, wie
Christus in ihr «Zimmer trat und sagte: Komm mit mir, und ich
will dich Dinge lehren, von denen du keine Ahnung hast» [11]. Am
geheimnisvollen Eingehen Christi in ihre Seele war ihre Einbildungskraft gar nicht beteiligt, war es doch eine Begegnung mit
der Christus-Wirklichkeit, die von ihrer Person Besitz genommen hatte; nicht anders, als sie den großen Visionären der christlichen Vergangenheit zuteil geworden war. Das alles spielte sich
in einer höchst realen, nicht in einer imaginären Atmosphäre ab.
Mystik hat es immer mit einer höheren Wirklichkeit zu tun, die
mit dem platten Nützlichkeitsverstand nicht zu erfassen ist.
Durch das mystische Erleben begann sie ihr Büßertum innerlich
zu verstehen, was sie bis anhin nur äußerlich getan hatte.
Seit dem wunderbaren Heruntersteigen Christi blühte ein tiefes
Verständnis für das Christentum in Simone Weil auf. Ihr gren-
zenloses Mitleiden mit den Unglücklichen, ihr Wunsch, auf eine
seelisch-körperliche Art mit dem Arbeiterschicksal zu verschmelzen, deutete sie nun selbst aus ihrer bis dahin verborgenen
Zugehörigkeit zum Evangelium. Auf die Frage: «Wie entgeht
man dem, was in uns der Schwerkraft gleicht?» gab sie sich die
Antwort: «Der Mensch entrinnt den Gesetzen dieser Welt nur
auf die Dauer eines Blitzstrahls.» [12] Die Seele muß etwas werden,

das absolut nicht Ich sagen kann, führte sie aus und meinte einmal: «Gott kann in der Schöpfung nicht anders anwesend sein als unter der Form der Abwesenheit.»[13] Die paradoxe Aussage entspricht einer geheimnisvollen Wahrheit, die niemals propagandistisch zu einer Theorie vom abwesenden Gott ausgewalzt werden darf. Simone Weil wurde vom Geist der Armut ergriffen und empfing durch den Schleier des Fleisches hindurch die Gewißheit der Ewigkeit. Ihr Sinn für ein sich selbst als Opfer vernichtendes, anstatt sich selbst zu behauptendes Christentum ließ sie bewußt denen entgegentreten, die ein Christentum ohne Übernatur propagandieren, eine Auffassung, die sie zu den großen Irrtümern der heutigen Zeit rechnete. Mit den Mystikern der christlichen Geistesgeschichte wußte auch sie, daß die das Heil verkörpernde Haltung keiner Tätigkeit gleicht. «Es ist das Warten, das aufmerksame und getreue Stillhalten, das unbegrenzt ausharrt und allen Schlägen unerschütterlich standhält»[14] – so formulierte sie ihr tragisches Christentumsverständnis. Dabei geriet sie keineswegs in eine weltverachtende Einstellung hinein, da das Problem der Schönheit sie dauernd beschäftigte. Aber sie faßte die Schönheit nicht ästhetisch auf; man muß sich entblößen, «um unmittelbar die Schönheit der Welt zu berühren», sagte sie und fügte hinzu: «Die Schönheit der Welt ist Christi zärtliches Lächeln für uns durch den Stoff hindurch.»[15] Simone Weil war tief in das Mysterium des Kreuzes eingedrungen, das keinen Trost kennt. Hiefür darf keine Erklärung gesucht werden, da Erklären so viel wie Trösten heißt. Der Wert des Leidens liegt im Verzicht auf jede Erklärung, und nur wenn man nach keinem verstehbaren Trost verlangt, steigt der unaussprechliche Trost hernieder. Nach dieser unkirchlichen Büßerin kommt es darauf an, Gott zu lieben, durch alles Unglück hindurch zu lieben, und zwar ohne Tröstung. «Die Liebe ist nicht Tröstung, sie ist Licht.»[16] Damit unterscheidet sich Simone Weil von ihrer Zeitgenossin Marie Noël, die ebenfalls von Gott bis auf den Grund ihrer Seele erschüttert wurde und dabei mit einer an Hiob gemahnenden Ungeduld mit dem Ewigen haderte. Simone Weil entging dank ihren mystischen Erlebnissen dem rebellierenden Schicksal; sie selbst tendierte auf eine Vereinigung mit dem Schicksal. Da die Mystiker das Christentum am reinsten bewahrt haben, sind in der Nachkriegszeit nicht viele Bücher erschienen, die an religiöser Substanz den Vergleich mit Simone Weils Schriften aushalten. Unfaßlich, daß inmitten des säkularisierten Denkens Frankreichs eine Mystik von einer derart starken religiösen Glut aufblühen konnte. Man sucht sie im Bereich der zeitgenössischen Theologie vergeblich. Die religionslos erzogene Jüdin schritt direkt auf das Mysterium zu und zerfaserte es nicht mit pseudophilosophischen Argumenten.

Einige Zeit nach ihrem Christus-Erlebnis begegnete Simone Weil in Marseille Pater Perrin, der sich ihrer während des Kriegs überaus freundschaftlich annahm. Pater Perrin war hocherfreut, bei dem jüdischen Mädchen solch mystische Einsichten anzutreffen und empfahl ihr den Eintritt in die Kirche, die sie so intuitiv erfaßt habe. Es kam im kahlen Sprechzimmer des Dominikanerklosters zwischen Simone Weil und Pater Perrin zu langen Gesprächen, in denen der Pater versuchte, sie zum Empfang der Taufe zu bewegen. Damit nimmt ihr persönlicher Heilsweg nochmals eine konkrete, neue Wendung, die Herausforderung, Mißverständnis und Kreuzweg in eines zusammenschließt.

Wider alle Erwartungen vollzog Simone Weil die doch so naheliegende Konversion nicht. Der liebenswürdige, beinahe blinde Pater war sichtlich enttäuscht. Simone konnte trotz allem Zureden den Schritt nicht tun; es ist bedeutsam, die Gründe zu erfahren, die sie daran hinderten. Ungeachtet ihrer innigen Liebe zum Christentum, hegte sie gegen die empirische Kirche starke Bedenken. Sie fühlte sich geradezu abgestoßen, wenn sie den Katechismus zu lesen begann. Klagend stellte sie fest, «daß die philosophische Reinigung der katholischen Religion, namentlich was die anthropomorphe Gottesvorstellung betrifft, niemals stattgefunden habe»[17], ein Läuterungsprozeß, zu dem sie doch durch den Atheismus aufgefordert ist. Statt dessen sprachen die Christen viel und zu unzulänglich von den heiligen Dingen. Vor der Kirche als Institution empfand sie einen gelinden Schrecken, indem sie sich beispielsweise mit dem Kirchenpatriotismus nicht befreunden konnte, der alle Taten der Kirche, wie Kreuzzüge, Inquisition, Hexenbrände usw. verteidigte. Vieles außerhalb der Kirche liebte Simone Weil, auf das zu verzichten sie nicht gewillt war, weil Gott es offenbar auch liebe, sonst wäre es nicht da. Sie betrachtete es als einen Mißbrauch, wenn die Kirche die Menschen zwingen will, ihre Sprache als Norm anzuerkennen. Ihre Einwände gegen die Kirche ballen sich in der schwerwiegenden Anklage zusammen: «Es gibt ein absolut unübersteigbares Hindernis für die Inkarnation des Christentums. Dies ist der Gebrauch der beiden kleinen Wörter anathema sit. Nicht ihr Vorhandensein, sondern der Gebrauch, den man bisher davon gemacht hat.» [18] Die Wahrnehmung von der Verdammungstätigkeit der Kirche ließ sie nicht in ihren Raum eintreten, es sei denn, die Kirche würde die Bereitschaft aufbringen, ihre Verurteilungen zu bereuen und dafür Buße zu tun. Sie müßte «offen aussprechen, daß sie sich geändert hat oder sich ändern will» [19]. Nun aber fehlt der Kirche die Bußgesinnung, die nur von den Gläubigen verlangt wird, und sie selbst geht nicht mit dem guten Beispiel voran. Die Kirche hat in ihrem Dasein zuerst das System des Totalitarismus verkörpert. Simone Weil lehnte sich gegen das auf, was man einen kirchlichen Kollektivismus nennen könnte, und hat damit einige Einwände vorgebracht, die sich schon vielen aufrichtigen Christen auf die Seele gelegt haben.

Die harten Worte der mystisch begnadeten Frau, welche die Liturgie und die Sakramente, die Heiligen und die Baudenkmäler der Kirche liebte, sind nicht leichtzunehmen. Begreiflich, daß Simone Weils Haltung auch auf unmißverständliche Ablehnung gestoßen ist: «Ich kann ehrlich gesagt, Simone Weil nicht ausstehen. Sie ist groß – gewiß, und sehr lauter – aber irgendwo empfinde ich sie als entsetzlich hochmütig. Dieser unmenschliche Stolz, es nicht wie die übrigen Menschen zu machen, zu haben, zu erfahren... Diese unsagbare Verweigerung aller Gemeinschaft, trotz der ideal-sozialistischen Solidarität, Fabrikarbeit, Rotspanien und freiwilligen Markenhungertod, aber das alles ist nur äußere, soziale Solidarität und Loyalität, aber im Innersten, da muß, da will sie hundertprozentig einsam, unique sein» [20], schrieb Ida Görres, und der offen ausgesprochene Groll ist besser als eine unverbindliche Referenz vor Simone Weil, die sie nicht begehrte. Doch dürfen die geäußerten Ansichten Simone Weils nicht im Sinne der üblichen Kirchenkritik verstanden werden und auch nicht als Protest einer Ketzerin. Sie war und konnte keine Häretikerin sein, und zwar aus dem einfachen Grunde nicht, wie Walter Warnach ausführte, weil sie gar keine katholische Christin war[21]. Simone Weils Einwände sind aus einer anderen, für eine verhüllte Büßerin naheliegenden Haltung hervorgegangen. Sie glaubte vielmehr mit ihrer Weigerung, die Taufe zu empfangen, einer göttlichen Weisung nachzukommen. War sie doch der Überzeugung, daß es nach dem «Willen Gottes einige Männer und Frauen gibt, die sich ihm und Christus ganz zu eigen gegeben haben und die dennoch außerhalb der Kirche bleiben»[22]. Diese Männer und Frauen dürfen sich nicht von der ungeheuren und unglücklichen Masse der Ungläubigen trennen, sie haben aus einem tiefen Solidaritätsgefühl bei ihr auszuharren. Simone Weil wollte zu den Verbannten gehören, zu jenen, die sich im Vorhof aufhalten, um damit zu bezeugen, daß die lebendige Liebe zu Christus etwas wesentlich anderes ist als eine Huldigung an die gewohnheitsmäßige Kirchlichkeit. Die Mystikerin blieb auf der Schwelle der Kirche stehen, unbeweglich, ohne sich zu rühren. Die Haltung, ohne Tauf- und Kirchenkleid einher zu gehen, ist für Simone Weil charakteristisch. Sie blieb draußen und war dabei von einem mystischen Bewußtsein erfüllt, trotzdem drinnen zu sein. Sie war von der Gewißheit getragen, «was die Lenkung meiner Seele betrifft, so denke ich, daß Gott selber sie von Anfang an in die Hand genommen hat und sie behält»[23]. Simone Weils Entscheidung, außerhalb der Kirche zu bleiben, ist weder abzulehnen noch nachzuahmen, man muß sie als Geheimnis einer Berufung respektieren. Die ihr aufgetragene Bestimmung war eine Form von neuzeitlicher Buße, eine ganz ungewohnte und allen bisherigen Bußübungen entgegengesetzte Pönitenz. Betrachtet man Simone Weil einmal unter diesem Gesichtspunkt, so bekommt ihre Existenz ein neues Aussehen.

Der ungewöhnliche Entschluß, zeitlebens auf der Schwelle der Kirche zu verharren, erfordert einige Überlegungen, da diese schwer zu definierende Position ein so schmaler Grat ist, auf dem kaum zwei Füße nebeneinander Platz haben. Für ihre katholischen Freunde war die Einstellung an der Grenze des Ärgernisses, und es ist ihnen hoch anzurechnen, daß sie trotzdem Simone Weil nicht fallen ließen. Ihr Nein zur empirischen Kirche gehört an sich schon nicht in einen konfessionellen Rahmen, da es ein Problem aufwirft, das alle christlichen Gemeinschaften angeht. Unvollziehbar und unverständlich ist Simone Weils außerhalb der Ordnung stehende Haltung zum voraus all jenen Christen, welche die Rechtgläubigkeit statt der religiösen Inspiration zum obersten Maßstab erheben. In ihrer kirchlichen Heimatlosigkeit kündigt sich das herbe Schicksal an, das vielen religiös ernsthaft suchenden Menschen der Gegenwart in dieser gnadenlosen Stunde beschieden ist. Simone Weil mußte auf Befehl der Vorsehung die Gedanken und die Gefühle aussprechen, die der heutige Mensch gegen eine ratlos gewordene Kirchlichkeit hegt. Sie veranlaßte aber indirekt auch diesen Menschen, sich noch einmal der Frage nach dem Corpus Christi Mysticum zu stellen, ungeachtet ihrer mannigfachen Fehlentscheidungen, durch die sich das Vertrauen der Menschen zu ihr in ein tiefsitzendes Mißtrauen verwandelte und zu einer evangeliumsgemäßen Kirchenauffassung hindurchzuringen, welche die Machtposition mit dem Schicksal der Schafe mitten unter den Wölfen vertauscht.

Die Echtheit von Simone Weils Erlebnissen zeigt sich darin, daß die Mystik sie keineswegs dem sozialen Leben entfremdete. Auch nach dem Herabsteigen Christi in ihre Seele hat sie die verstärkte Pflicht empfunden, ihre religiöse Existenz in der sozialen Situation zu bewähren. Während des Kriegs fuhr sie über Amerika nach England; sie wollte sich der Armee de Gaulles anschließen. Es war ihr Wunsch, im Fallschirm über dem besetzten Frankreich abzuspringen und dort an den gefährlichsten Stellen Sabotageakte zu verrichten – ein kühnes, mutiges und ungewöhnliches Verlangen, das aber doch vom Christlichen her gesehen einer Problematik unterworfen bleibt. Begreiflicherweise

wurde ihr dies nicht gestattet, und zudem war ihr Gesundheits-
zustand bereits sehr schlecht. Die neuzeitliche Büßerin hatte sich
in all jenen Jahren geweigert, mehr Nahrung zu sich zu nehmen,
als die Rationen im besetzten Frankreich betrugen. Ihrer chroni-
schen Unterernährung wegen waren ihre geschwächten Kräfte
zu keiner Tat mehr fähig. Die letzten Tage ihres Lebens waren
von einer ergreifenden Traurigkeit. Eines Morgens fand man sie
in ihrem Zimmer bewußtlos am Boden liegen, und als man sie
wieder aus der Ohnmacht zurückgeholt hatte, fing Simone Weil
zu weinen an, sie, in deren Augen sonst niemand eine Träne
gesehen hatte. «Jetzt ist es zu Ende»[24], sagte sie und war untröst-
lich, daß sie im Einsatz nicht mehr zu gebrauchen war. Ihre
Freundin lieferte sie in eine englische Klinik ein, wo sie in einem
gemeinsamen Saal und nicht in einem Einzelzimmer unter-
gebracht zu werden verlangte. Bis zur letzten Minute wollte
sie das Los der Armen teilen. Sich selbst treu bleibend, starb
Simone Weil am 24. August 1943, noch nicht vierunddreißig
Jahre alt.

An Simone Weils Bestattung nahmen nur wenige Personen teil.
Daß der aus London herbeigerufene Priester den Zug verfehlte,
ist beinahe symptomatisch für Simone Weils Verhältnis zur
Kirche. Ein Laie sprach die Gebete – es paßte zum Bild der auf
der Schwelle der Kirche stehenden Frau. Wir betrachten es als
angebracht, im Geiste die verhinderte Grabrede notdürftig
nachzuholen und noch einige Worte über Simone Weil zu sagen.
In der Situation am Grabesrand ist es unstatthaft, vom Genius der
Menschheit zu reden oder das Heldentümliche in der Geschichte
zu preisen und was mehr dergleichen Phrasen sind, mit denen die
Menschen gewöhnlich eine ungemütliche Erscheinung von sich
schieben. Dagegen besteht die Aussage von Karl Epting zu
Recht: «Wir vermögen heute die leuchtende Spur erst zu ahnen,
die das Wort des kleinen Judenmädchens einmal durch die Welt
und Christenheit ziehen wird.»[25] Zwar lieben es die Menschen,
eine Gestalt als Vorbild hinzustellen und sie so stark zu bewundern, daß man sie nicht mehr ernst zu nehmen braucht! Simone

Weil hätte solches weit von sich gewiesen, nicht weniger als die Rede vom «christlichen Atheismus» und vom «Nihilismus der Gläubigkeit», spielerische Begriffe, die man auf sie angewendet hatte und die mehr verwirren als klären. Wertvoller ist die Eintragung von Julien Green in sein «Tagebuch»: «Sie rührt an alle Dinge, die mich am stärksten bewegen, die das Tiefste in uns suchen. Ihr glühendes Verlangen nach dem Absoluten stellt sie den Besten an die Seite.»[26] Die Beschäftigung mit diesem immer beunruhigten, aber wundervoll lebendigen Menschen kann nicht anders als in einen letzten Dialog mit der Toten ausmünden, der notwendigerweise die Form einer kritischen Auseinandersetzung annimmt. Alle Gestalten und Bewegungen bleiben ohnehin nur so lange lebendig, als man in ihnen Fragen, Impulse und nicht Antworten und Lösungen sieht. Einzig die innere Zwiesprache ist fähig, das «Depot von reinem Gold» wahrzunehmen, von dem Simone Weil fürchtete, daß niemand von ihren Zeitgenossen bereit sei, es in Empfang zu nehmen.

Simone Weil hat Äußerungen getan, denen man unmöglich zustimmen kann, weil sie viel zu Widerspruchvolles enthalten. In religionsphilosophischer und geschichtlicher Hinsicht hat sie unhaltbare Ansichten eigensinnig behauptet. Zwischen dem Christentum und der Stoa besteht ein tiefer Unterschied und keine Identität, wie sie argumentierte. Nicht die ganze Ilias ist vom christlichen Licht durchflutet, und weder Dionysos noch Osiris sind Christus selber. Simone Weil hat durch ihre allzu starke Verbindung von Hellas und Evangelium einem Synkretismus gehuldigt, der die religiöse Versuchung unserer Zeit ist. Sie warf dem Christentum vor, die Schönheit der Welt preisgegeben zu haben, und bekundete selbst zuweilen eine Lebensverneinung. Für den Eros brachte sie kein Verständnis auf und bewertete die Ehe, einer neuzeitlichen Katharerin gleich, als eine sanktionierte Schändung, was einer fatalen Verkennung des sakramentalen Charakters der Ehe gleichkommt. In ihrem geistigen Flagellantentum hat auch sie den tief ins Christentum eingedrungenen manichäischen Dualismus nicht überwunden.

Der schwerwiegendste Mangel im Weltbild Simone Weils ist

ihre groteske Verkennung Israels. Sie ertrug die Wertschätzung des Alten Testaments als Offenbarungsquelle nicht, haßte Jahve und empfand die Bezeichnung «Gott der Heerscharen» als eine empörende Lästerung. Nach ihrer Auffassung kam Moses nicht von Gott. Sie hat der Kirche die Anerkennung des Alten Bundes schwer übelgenommen, ähnlich wie Marcion im zweiten Jahrhundert. Im Gegensatz zu dem überschwenglich geliebten Griechentum brachte sie der grandiosen Gottesleidenschaft Israels nicht das geringste Verständnis entgegen. Es blieb ihr verborgen, was das Judentum in der Kabbala und im Chassidismus an zeitloser Wegleitung hervorgebracht hat. Eine Vertiefung in das von N. N. Glatzer und Ludwig Strauß herausgegebene jüdische Lesebuch «Sendung und Schicksal» hätte ihr eine neue Sicht eröffnen müssen. Wie anders hat hierin Leo Baeck über sein Volk geschrieben, wie viel tiefer hat Margarete Susman das an Hiob gemahnende Schicksal des jüdischen Volkes gedeutet. Simone Weil dagegen blieb in einem jüdischen Selbsthaß voller Ressentiments hängen, wie einst der unglückliche Otto Weininger. Die Verkennung des religiösen Judentums ist ein Rätsel und ist mit ihren mystischen Einsichten schlechterdings unvereinbar. Martin Bubers Vorwurf, sie habe ein Judentum verlassen, das sie gar nicht gekannt hat, ist richtig[27], wenn auch der Verfasser der chassidischen Erzählungen wiederum in ihrem unstillbaren Hunger nach dem Absoluten nicht die urjüdische Gestalt zu erkennen vermochte. In ihrem ganzen Wesen war Simone Weil eine echte Tochter Israels, und ihr opferbereites Verhalten ist ein erneuter Beweis für die religiöse Kraft der jüdischen Seele und für die Wahrheit, die man im jüdischen Denken die Umkehr nennt.

Die offensichtlichen Unzulänglichkeiten im Denken der glühenden Französin setzen jedoch ihre bedeutsamen Einsichten nicht außer Kraft. Das Licht wiegt den Schatten auf und verleiht ihr eine Ausstrahlung, die sie unter die wichtigsten Zeitgenossen reiht. Ihre Kritik trifft manchmal mitten ins Schwarze: «Ich glaube, daß die Schriftsteller der jüngst vergangenen Zeit für das Unglück unserer Epoche verantwortlich sind», dem sie die stramme Parole hinzufügte: «Nicht lesen. Die Nicht-Lektüre lesen.»[28] Vor allem ist die außerordentlich intensive Geistigkeit Simone Weils hervorzuheben. Sie war eine Pascal verwandte Gestalt – wenn schon sie ihn, sowenig wie Augustin, liebte –, nicht nur durch die Ähnlichkeit des überlieferten Nachlasses, sondern auch durch die Prägnanz, die Klarheit und die Leidenschaftlichkeit ihres Denkens. Sie liebte das Denken. Nicht das platte Nützlichkeitsdenken des Rationalismus, sondern das der «übernatürlichen Vernunft», das vom Logos erleuchtete Denken. Pascal und Simone Weil waren keine trockenen Systemmenschen, beide liebten die fragmentarische Form und hinterließen mächtige Gedankenblöcke, die bei Simone Weil im Aphorismenband «Schwerkraft und Gnade» aufeinander getürmt sind. Nie war diese Frau fertig mit ihren Problemen, stets versuchte sie in ihrer passionierten Art, einen Gedanken so zu formulieren, als wäre er erstmalig gedacht worden; stets bemühte sie sich, zum Urgrund des eigenen Denkens vorzudringen. Das Erkennen flammte bei dieser kühnen Pionierin des Geistes geradezu auf, und es gelang ihr, dem Thema «Das Unglück und die Gottesliebe» erstaunliche Perspektiven abzuzwingen. In Simone Weils eigenständiger Geistigkeit ist die Mystik in das vertechnisierte Denken der Gegenwart eingebrochen. Ihre Ausführungen erinnern oft an Meister Eckhart, der ebenfalls Worte im Verborgenen und im Schweigen ausgesprochen hat, die vom breiten Kirchenvolk nicht verstanden werden konnten, was, mystisch ausgedrückt, nur daran liegt, daß die Sprache des Marktes nicht auch die Sprache des Brautgemachs sein kann. Durch die überraschende Verbindung von Denken und Geheimnis vermochte Simone Weil ungewollt viele Angehörige der französischen Intelligenz wieder zum Glauben zurückzuführen, die ohne ihre Werke wahrscheinlich nie den Weg zum Christentum gefunden hätten.

Von bleibender Bedeutung ist Simone Weils Einsicht von der Verwobenheit der sozialen und religiösen Fragestellung in der Gegenwart. Das Soziale und das Religiöse gehen bei ihr nicht unbeteiligt neben- oder gar hintereinander her, sie sind gleichzeitig da und lassen sich nicht voneinander trennen. Dabei wußte sie um den Konflikt zwischen dem Mystischen und dem Gesellschaftlichen und hat den Gegensatz zwischen Natürlichem und Übernatürlichem mit eruptiver Heftigkeit erlebt. Nach ihr genügt das Soziale an sich nicht, sondern es bedarf der Überhöhung durch das Religiöse – nicht durch das Konfessionelle –, weil es das Licht von dorther empfängt. Ist doch das Soziale in der Gegenwart bestrebt, sich an die erste Stelle zu setzen, während Simone Weil bei aller Verpflichtung ihm gegenüber zu der Erkenntnis kam, daß das Ich und das Soziale die beiden großen Götzen der modernen Zeit sind. Dessen ungeachtet war sie bis ins Innerste überzeugt, daß sie mit der Sicht von der Entwurzelung und Einwurzelung eine den Marxismus überhöhende Antwort gefunden habe, die zwar nicht die gleiche Durchschlagskraft besaß, weil sie die Erkenntnis nicht in den Brustpanzer der Wissenschaftlichkeit einkleidete. Dem sozialen Elend kann auch nicht auf rein karitativem Weg begegnet werden, weil dadurch nur Wunden verbunden und nicht die Quellen der Not verstopft werden. Eine Caritas, traditionell gehandhabt, führt keine grundsätzliche Wendung herbei; sie dringt mit ihrem Bestreben nie bis zu den Ursachen vor und erreicht deswegen auch nicht das Ohr der abgefallenen Arbeiterschaft. Simone Weil dagegen stellte sich der sozialen Not, warf ihr Letztes in die Waagschale und riskierte dabei sich selbst, wie es die großen Büßer aller Zeiten getan haben. Die auf der Schwelle der Kirche stehengebliebene Frau suchte nicht auf dem Weg der Verkündigung an das Proletariat heranzukommen, das sich weder in gerader Linie noch mit Beweismaterial zur abendländischen Christlichkeit zurückführen läßt. Simone Weil wollte zu den gottentfremdeten Menschen gehen, nicht um ihnen zu predigen, sondern einfach, um bei ihnen zu sein, um ihr schweres Schicksal zu teilen und das Göttliche wortlos auszustrahlen. Damit hat sie sich unter die Heiligen eingereiht, die in die Hölle hinabgestiegen sind. Mit ihrem Gang zu den Unglücklichen verband sie gar keine Nebenabsichten und bewies damit, daß sie das tiefste Wesen der christlichen Liebe erfaßt hatte.

Die Kategorie der Heiligkeit ist damit eingeführt, die die Frage in sich schließt: Sind Heilige in der modernen Zeit überhaupt noch möglich, und welche Ausprägung erfährt ihr Sein am Ende der Neuzeit[29]? Die Dunkelheit der Gegenwart besteht darin, daß es in ihr wohl noch gute Menschen und auch fromme Christen gibt, aber keine in Erscheinung tretende Heilige mehr. Hierin liegt eines der schwerwiegendsten Probleme verborgen, das jedoch weder Diskussionsthema noch Postulat sein kann. Dem Ringenden im Verborgenen wird das Geschenk von oben zuteil werden. Simone Weil war keine bloße Philosophin, die wie Maritain der Welt durch den Neuthomismus aufhelfen oder wie Sartre sie durch einen Existenzialismus entlarven wollte. Trotz ihrer denkerischen Leistung hatte sie es mit der Sphäre der Heiligkeit zu tun, dafür zeugt schon ihre fremdartige Erscheinung als neuzeitliche Büßerin, die aus dem Rahmen unserer vergnügungssüchtigen Zeit herausfiel. Der mit ihr befreundete Thibon schrieb einmal: «Ich hatte den Eindruck, vor einem geradezu transparenten Wesen zu stehen, das im Begriffe stand, ins Urlicht zurückzukehren.»[30] Sie selbst hat gelegentlich verraten, in welche Richtung ihre heimlichen Blicke schauten, indem sie von einer Heiligkeit sprach, die der gegenwärtige Augenblick erfordere. In ihr kristallisierte sich der Typus einer neuen Heiligkeit heraus, der vor allem als Aufruf und Aufschwung zu begreifen ist. Sie selbst hat von einem «neuen Stil der Heiligkeit» gesprochen; der Heiligung des Weltlichen. Die frühere Heiligkeit ist nach ihrer Meinung zumindest auf einige Zeit veraltet, und die Heiligkeit von heute müßte so viel wunderbar Neues enthalten, daß sie von den alten Zionswächtern gar nicht verstanden werden könnte. Es ist kaum schon möglich, von der neuen Heiligkeit ein Zeugnis abzulegen, da erst ihre zarten Konturen sichtbar sind. Jedenfalls ist sie nicht mehr an der gravitätischen Würde und am frommen Heiligenschein zu erkennen, wie die früheren Maler sie dargestellt haben. Sie ist viel verborgener und befindet sich ganz im Zustand der Erniedrigung. Die neue Heiligkeit ist eine Existenz inmitten der Unheiligkeit, die auch nicht davor zurückschreckt, in Schmutz und Laster hineinzugehen, wenn es gilt, die Seelen der Menschen zu erleuchten. «Es ist jene Heiligkeit vonnöten, die das Heute braucht, eine neue Heiligkeit, eine, wie es noch keine gab», schrieb Simone Weil[31] und fuhr dann fort: «dies ist, wenigstens heutigen Tages, eine berechtigte Bitte, denn sie ist notwendig. Ich glaube, dies ist, in dieser oder irgend einer gleichwertigen, heute die erste Bitte, die man tun sollte, eine Bitte, die man alle Tage, alle Stunden tun sollte, wie ein hungriges Kind immer nach Brot verlangt. Die Welt bedarf der genialen Heiligen, wie eine Stadt, in der die Pest wütet, der Ärzte bedarf.»[32] Diese erste, notwendige und große Bitte hallt wie ein erschütternder Schrei durch unsere endlose Nacht.

Wenn man Simone Weils Heiligkeit näher zu bestimmen versucht, die sie zwar nicht restlos verkörperte, aber doch deutlich umriß, so ist sie als das schweigende Büßertum zu charakterisieren. Sie fällt unter diese Kategorie, wobei mit der neuen Ausprägung des Büßertums keine kirchlichen Vorstellungen gemeint sind, da es sich in einem andern Raum vollzieht. Simone Weil hatte keine verfehlte Vergangenheit zu sühnen und hatte auch keine persönliche Schuld abzutragen. Sie büßte einzig und allein für ihre Mitmenschen. Diese Aufgabe wollte sie mit ihrem Fabrikarbeiterinnendasein und mit ihrer Arbeit als Bauernmagd verwirklichen. Auch ihre harte und unerbittliche Askese – «Hauptgeschäft ihres Lebens war die Selbstvernichtung»[33] – verfolgte dieses Ziel. Freilich hatte sie auch einen modernen Anflug, wenn man an ihre vom Zigarettenrauch gelbgefärbten Finger denkt, doch wollte sie unerkannt durchs Leben gehen. «Sprich mir schweigend von Gott»[34], murmelte die sterbende Simone Weil, ein Wort, das aus ihrer tiefsten Seele heraufstieg. Sie hatte diesen Gedanken schon früher vertreten: «Das Wort Gottes ist das verborgene Wort. Wer dieses Wort nicht vernommen hat, der ist, selbst wenn er alle von der Kirche gelehrten Dogmen anerkennt, ohne Berührung mit der Wahrheit.»[35] Simone Weil hatte das schweigende Gotteswort vernommen und all ihr Tun bestand nun in der paradoxen Haltung: schweigend von Gott zu sprechen. Sie sagte nicht dauernd: «Buße, Buße!», sondern sie verkörperte sie ohne ein Wort zu sprechen, still und ganz anders, als man es bisher getan hatte, kühn und doch die ganze Existenz umfassend. Die Aufforderung umzudenken, ist letztlich mit Worten nicht adäquat auszudrücken. Umkehr kann nur mit der eigenen Lebensführung bezeugt werden, dies um so mehr, als das bloße Reden von Buße leicht zu Mißverständnissen Anlaß gibt. Merkwürdigerweise tönte dieses verborgene Schweigen viel eindrucksvoller als alles laute Sprechen, und hat den Zugang zum neuen Büßertum eröffnet. Es zeigte sich in ihrer Einstellung zum Leiden, bei dem sie gar nicht, was die Menschen gewöhnlich immer tun, das Theodizeeproblem aufwarf, das doch niemand befriedigend zu lösen vermag. Ganz bewußt hat sie das Unglück auf sich genommen und leise vor sich hin geflüstert: «Selig, die zu einer Zeit leben, in der sie das Unglück der Welt im eigenen Fleisch erleiden dürfen.»[36] Anstatt das Leiden von sich abzuschütteln, umarmte sie es, denn «durch diesen Riß dringt die Ewigkeit» in das arme Leben ein[37]. Simone Weil war bestrebt, sich mit dem Unglück zu vermählen; sie hat es auch mit ihrem ganzen Wesen getan und hat mit dieser unbeschreiblichen Einswerdung mit dem Leiden wortlos die neue Buße geleistet. Dieses schweigende Reden grenzt vom Anfang bis zum Ende ans Unfaßliche, in ihm besteht das Geheimnis ihres Büßertums.

Als nach dem Kriegsende aus England die Nachricht vom Tode Simone Weils nach Frankreich kam, wollten ihre Kameraden die traurige Botschaft nicht glauben. Die Freunde konnten es nicht fassen, daß die junge Frau, deren Büßertum sie nicht von entfernt begriffen, nicht mehr lebe. Ihr alter Lehrer Alain sagte über die Todesnachricht: «Dies ist nicht wahr, sie wird doch zurückkommen!»[38] Das war naiv gesprochen; hartgesottenen Rationalisten entschlüpfen zuweilen wider Willen derart sonderbare Äußerungen. Oder war doch etwas Wahres an Alains Behauptung? Ist Simone Weil, geistig gesehen, wieder nach Frankreich gekommen, und hat sie nach ihrem Tode nicht bedeutend mehr Menschen um sich geschart als zu ihren Lebzeiten? Diese mystische Deutung legt sich nahe, aber diese Rückkehr war zugleich auch ein Entschwinden ins Unbekannte. Simone Weil ist, wie alle Büßer, von ihrem geheimnisvollen Selbstverständnis her zu begreifen: «Ich gehe fort, ohne an eine Rückkehr zu denken. Ich habe immer gewußt, daß ich eines Tages so fortgehen werde.»[39]

QUELLENNACHWEIS

UNBEWÄLTIGTE UND BEWÄLTIGTE VERGANGENHEIT

[1] Arthur Miller, Der Preis, 1968, S. 95
[2] ibid. S. 53
[3] ibid. S. 118
[4] ibid. S. 120
[5] Dostojewskij, Rodion Raskolnikoff, 1920, Bd. I, S. 107
[6] ibid. S. 187
[7] Pascal, Pensées, Nr. 434
[8] Dostojewskij, Rodion Raskolnikoff, 1920, Bd. II, S. 74–80
[9] ibid., Bd. II, S. 73
[10] ibid., Bd. II, S. 213
[11] Raskolnikoffs Tagebuch, 1928, S. 95
[12] Rodion Raskolnikoff, 1920, Bd II, S. 219
[13] ibid., Bd. II, S. 233
[14] ibid., Bd. II, S. 234
[15] ibid., Bd. II, S. 233
[16] ibid., Bd. II, S. 402
[17] ibid., Bd. II, S. 236
[18] ibid., Bd. II, S. 410
[19] ibid., Bd. II, S. 418
[20] ibid., Bd. II, S. 446
[21] ibid., Bd. I, S. 37
[22] ibid., Bd. II, S. 449
[23] ibid., Bd. II, S. 450
[24] Raskolnikoffs Tagebuch, S. 105
[25] Rodion Raskolnikoff, Bd. II, S. 449
[26] ibid., Bd. II, S. 447
[27] Meseschkowskij, Ewige Gefährten, 1922, S. 232
[28] A. Gide, Dostojewskij, 1952, S. 108
[29] Jes 58, 5
[30] Mk 1, 15
[31] G. Merz, Der vorreformatorische Luther, 1926, S. 7
[32] M. Virnich, Theresa von Avila, 1934, S. 101
[33] Kierkegaard, Die Tagebücher, 1968, Bd. III, S. 38
[34] ibid., S. 195
[35] Kol 1, 24
[36] Heb 12, 17

DER DUFT DES NARDENGEFÄSSES

[1] Lk 8, 2
[2] Guardini, Der Herr, 1944, S. 67
[3] Kierkegaard, Christliche Reden, 1929, S. 353–387
[4] R. Bruckberger, Die Geschichte Jesu Christi, 1967, S. 345
[5] Lk 7, 47
[6] Lk 8, 133

[7] Lk 10, 38–42
[8] Jo 11, 1–46
[9] Jo 11, 32
[10] Mereschkowskij, Tod und Auferstehung, 1935, S. 123
[11] Mt 26, 6–13 und Jo 12, 1–8
[12] Jo 12, 5
[13] Jo 12, 6
[14] Mk 14, 7
[15] Bernanos, Tagebuch eines Landpfarrers, 1936, S. 78

[16] Mt 26, 13
[17] Jo 12, 3
[18] Jo 11, 25
[19] Mk 16, 1–8; Mt 28, 1–8 und Lk 24, 1–10
[20] Jo 20, 13
[21] Hans Hansel, Die Maria-Magdalena-Legende, 1935, S. 15
[22] Bruckberger, Maria Magdalena, 1954, S. 206
[23] Hl 8, 6

DER RUF DER WÜSTE

[1] b/Hans Jürgen Baden, Literatur und Bekehrung, 1968. S. 87
[2] Östliches Christentum, ed. Bubnoff, 1925, Bd. II, S. 72
[3] Makarius, Fünfzig geistliche Homilien, 1913, S. 177
[4] M. Claudius, Werke, 1924, Bd. I, S. 411
[5] Sprüche der Väter, ed. Bonifazius, 1963, S. 153
[6] Mk 9, 34 und 43
[7] Östliches Christentum, Bd. II, S. 122
[8] Sprüche der Väter, S. 147
[9] ibid., S. 147
[10] Alban Butler, Leben der Väter und Märtyrer, 1823, Bd. I, S. 337
[11] J. Lacarrière, Die Gott-Trunkenen, 1967, S. 141
[12] Sprüche der Väter, S. 150
[13] Lacarrière, ibid., S. 140
[14] ibid., S. 140
[15] Sprüche der Väter, S. 151
[16] ibid., S. 152
[17] ibid., S. 141
[18] Schiwietz, Das morgenländische Mönchtum, 1904, Bd. 1, S. 100

[19] Sprüche der Väter, S. 152
[20] Palladius, Leben der heiligen Väter, 1912, S. 35
[21] Rufin, Leben und Taten der hl. Einsiedler und Mönche, S. 35
[22] Sprüche der Väter, S. 153
[23] Lacarrière, Die Gott-Trunkenen, S. 140
[24] Makarius, Fünfzig geistliche Homilien, S. 258
[25] ibid., S. 218
[26] ibid., S. 99
[27] ibid., S. 107
[28] ibid., S. 158
[29] ibid., S. 162
[30] ibid., S. 162
[31] ibid., S. 213
[32] ibid., S. 182
[33] ibid., S. 7
[34] ibid., S. 96
[35] ibid., S. 171
[36] ibid., S. 62
[37] ibid., S. 86
[38] ibid., S. 308
[39] ibid., S. 80
[40] ibid., S. 124
[41] ibid., S. 124

[42] ibid., S. 102
[43] J. Stoffels, Die mystische Theologie Makarius' des Ägypters und die ältesten Ansätze christlicher Mystik, 1908, S. 57
[44] E. Benz, Die protestantische Thebais, 1963, S. 21
[45] Gottfried Arnold, Denkmal des alten Christentums oder des heiligen Makarii auserlesene Schriften, 1740, S. 62
[46] ibid., S. 427

ICH HABE DICH ZUR FLAMME GEMACHT

[1] Shakespeare, Hamlet, III, 1
[2] D'Otremont, Die Polin, 1958, S. 145
[3] Johannes Jörgensen, In excelsis, 1910, S. 170
[4] ibid., S. 191
[5] F. Mauriac, Die heilige Margareta von Cortona, 1947, S. 30
[6] Jörgensen, ibid., S. 17
[7] ibid., S. 173
[8] P. Lechner, Das mystische Leben der heiligen Margareth von Cortona, 1862, S. 33
[9] ibid., S. 97
[10] Julien Green, Tagebücher, 1954 S. 142
[11] Jo 15, 15
[12] Lechner, ibid., S. 25
[13] Jörgensen, ibid., S. 195
[14] Lechner, ibid., S. 31
[15] ibid., S. 102
[16] Jörgensen, ibid., S. 207
[17] Lechner, ibid., S. 140
[18] Green, ibid., S. 214
[19] Lechner, ibid., S. 31 und 71
[20] Goodier, Sünder und Heilige, 1937, S. 54

DIE GEISSEL GOTTES IST NAHE

[1] M. Ferrara, Savonarolas Predigten und Schriften, 1957, S. 210
[2] Östliches Christentum, ed. Bubnoff, Bd. I, S. 93
[3] Savonarola, Auswahl aus seinen Schriften und Predigten, ed. Schnitzer, 1928, S. 69
[4] Ferrara, ibid., S. 113
[5] N. Sementovsky-Kurilo, Savonarola, 1950, S. 56
[6] ibid., S. 102
[7] Savonarola, Auswahl, S. 32
[8] Ferrara, ibid., S. 244
[9] Gundolf Gieraths, Savonarola, Ketzer oder Heiliger, 1961, S. 19
[10] Savonarola, Auswahl, S. 31
[11] ibid., S. 70
[12] ibid., S. 115
[13] Ferrara, ibid., S. 237
[14] ibid., S. 34
[15] Savonarola, Auswahl, ibid., S. 94
[16] ibid., S. 165
[17] ibid., S. 86
[18] Ferrara, ibid., S. 114 und 118
[19] ibid., S. 238, 274 und 276

[20] ibid., S. 123
[21] ibid., S. 130
[22] ibid., S. 114
[23] Savonarola, Auswahl, S. 68
[24] Sementovsky-Kurilo, ibid., S. 38
[25] ibid., S. 101
[26] Jos. Schnitzer, Savonarola, 1924, Bd. I, S. 111
[27] Sementovsky, ibid., S. 145
[28] Savonarola, Auswahl, S. 103
[29] L. von Matt/Hans Kühner, Die Päpste, 1963, S. 140
[30] Ferrara, Alexander VI., 1957, S. 262
[31] 2 Thess 2, 3
[32] Savonarola, Auswahl, S. 195
[33] 1 Sm 15, 22
[34] G. Gieraths, ibid., S. 41
[35] Apg 5, 29
[36] Savonarolas letzte Meditationen, ed. Karrer, 1956, S. 70
[37] Ferrara, ibid., S. 399
[38] ibid., S. 401
[39] ibid., S. 402
[40] Gieraths, ibid., S. 40
[41] Savonarola, Auswahl, S. 170
[42] Schnitzer, ibid., Bd. I, S. 584
[43] Ferrara, ibid., S. 9

[44] Savonarola, Auswahl, S. 41
[45] Ferrara, ibid., S. 235
[46] Savonarola, Auswahl, S. 34
[47] ibid., S. 47
[48] ibid. S. 48 und 49
[49] Ferrara, ibid., S. 292
[50] ibid., S. 49
[51] Savonarola, Auswahl, S. 35
[52] Schnitzer, ibid., S. 743
[53] Savonarola, Auswahl, S. 88
[54] ibid., S. 129 und 233
[55] Ferrara, S. 263
[56] P. Dörfler, Philipp Neri, 1952, S. 15; und Birgitta zu Münster, Der Heilige Philipp Neri, 1953, S. 104
[57] Brionne, Das Leben der heiligen Katharina von Ricci, 1911, S. 420
[58] Gieraths, ibid., S. 40
[59] Ferrara, ibid., S. 215
[60] ibid., S. 85
[61] Gieraths, ibid., S. 59
[62] Ferrara, ibid., S. 102
[63] Lk 3, 9
[64] Trochu, Der hl. Pfarrer von Ars, 1929, S. 265

EINE DONNERSTIMME WAR ES

[1] B. Schmid, Armand Jean le Bouthillier de Rancé, 1897, S. 26
[2] Pascal, Pensées: Nr. 129
[3] G. Langer, Liebesmystik der Kabbale, 1956, S. 30
[4] M. Claudius, Werke, 1924, Bd. I, S. 80
[5] Chateaubriand, Leben des Armand Jean le Bouthillier de Rancé, 1844, S. 68
[6] ibid., S. 70

[7] Petrus le Nain, Lebensbeschreibung des Armand Jean le Bouthillier de Rancé, 1751, S. 44
[8] ibid., S. 45
[9] H. Brémond, Das wesentliche Gebet, 1954, S. 137
[10] Le Nain, ibid., S. 45
[11] Chateaubriand, ibid., S. 171
[12] F. Büttgenbach, Mariawald, 1897, S. 36
[13] Schmid, ibid., S. 197

14 Heimbucher, Orden und Kongregationen der katholischen Kirche, 1933, Bd. I, S. 363
15 W. Schamoni, Menschen aus der Kraft Gottes, 1962, S. 97
16 Schmid, ibid., S. 313
17 Schmid, ibid., S. 431
18 Schmid, ibid., S. 426
19 Schmid, ibid., S. 429
20 Chateaubriand, ibid., S. 215
21 Pascal, Pensées, Nr. 213

22 Pascal, Vermächtnis eines großen Herzens, 1938, S. LXV
23 Arthur Schopenhauer, Aus persönlichem Umgang dargestellt, von Wilh. Gwimmer, 1922, S. S. 121
24 Kierkegaard, Angriff auf die Christenheit, 1896, S. 590
25 Barbey d'Aurevilly, Der verheiratete Priester, 1968, S. 335
26 Röm 13, 2

DIE DAS LETZTE WORT SPRECHEN

1 66 russische Essays, ed. Müller-Kamp, o. J., S. 276
2 Essays, ibid., S. 285
3 R. Schneider: Erbe und Freiheit, 1955, S. 232
4 H. Cohn, Propheten ihrer Völker, S. 155
5 Ad. Stender-Petersen, Geschichte der russischen Literatur, 1957, Bd. II, S. 297
6 Dostojewskij, Tagebuch eines Schriftstellers, 1963, S. 120
7 Dostojewskij, ibid., S. 111
8 Dostojewskij, ibid., S. 539
9 Essays, ibid., S. 455
10 Dostojewskij, ibid., S. 117
11 Dostojewskij, ibid., S. 266
12 Dostojewskij, ibid., S. 188
13 Dostojewskij, ibid., S. 403
14 Dostojewskij, ibid., S. 605
15 Dostojewskij, ibid., S. 607
16 Dostojewskij, ibid., S. 614
17 Dostojewskij, Der Jüngling, 1922, Bd. II, S. 203
18 Dostojewskij, Gesammelte Briefe, 1966, S. 349

19 Dostojewskij, Tagebuch, S. 46
20 Dostojewskij, Briefe, S. 472
21 Dostojewskij, Briefe, S. 472
22 Dostojewskij, Tagebuch, S. 273
23 Dostojewskij, Tagebuch, S. 48
24 Dostojewskij, Tagebuch, S. 58
25 Dostojewskij, Tagebuch, S. 47
26 Dostojewskij, Tagebuch, S. 506 und 619
27 Dostojewskij, Tagebuch, S. 47
28 L. Zahnder, Vom Geheimnis des Guten, 1956, S. 82 und 96
29 Dostojewskij, Aus einem Totenhaus, 1921, S. 14
30 Dostojewskij, ibid., S. 20
31 Dostojewskij, ibid., S. 73
32 Dostojewskij, ibid., S. 338
33 Dostojewskij, ibid., S. 538
34 Dostojewskij, Briefe, S. 95
35 P. Evdokimov, Der Abstieg in die Hölle, 1965, S. 204
36 Georg Steiner, Tolstoj oder Dostojewskij, 1964, S. 261
37 Evdokimov, ibid., S. 269
38 Der christliche Osten, 1939, S. 200

[1] Carl J. Burckhardt, Begegnungen, 1958, S. 181
[2] Döblin, Reise in Polen, 1968, S. 43
[3] Döblin, ibid., S. 239
[4] A. Sarrach, Das polnische Experiment, 1964, S. 35
[5] Maria Winowska, Das verhöhnte Antlitz, 1953, S. 95
[6] Winowska, ibid., S. 114
[7] Winowska, ibid., S. 127
[8] Winowska, ibid., S. 142
[9] Winowska, ibid., S. 286
[10] Winowska, ibid., S. 119
[11] Winowska, ibid., S. 313
[12] Winowska, ibid., S. 108
[13] Winowska, ibid., S. 170
[14] Winowska, ibid., S. 189
[15] Gorki, Nachtasyl, 1926, S. 114
[16] Winowska, ibid., S. 298
[17] Winowska, ibid., S. 307

IMMER DEN LETZTEN PLATZ SUCHEN

[1] Foucauld, Briefe an Mme de Bondy, 1969, S. 33
[2] Spr 14, 13
[3] Die Schriften von Charles de Foucauld, 1961, S. 361
[4] Mt 8, 9
[5] Foucauld, Briefe an Bondy, S. 25
[6] Foucauld, ibid., S. 21 und 23
[7] Schriften, S. 423
[8] Schriften, S. 163
[9] Foucauld, Abbé Huvelin, 1961, S. 75
[10] Foucauld, Der Einsiedler in der Sahara, 1964, S. 28
[11] A. Fremantle, Ruf der Wüste, 1953, S. 147
[12] Jean-François Six, Das Leben von Charles de Foucauld, 1966, S. 186
[13] Schriften, S. 393
[14] Six, ibid., S. 157
[15] Foucauld, Einsiedler, S. 74
[16] Six, ibid., S. 76
[17] Schriften, S. 410
[18] Foucauld, Einsiedler, S. 28
[19] Fremantle, ibid., S. 157, 178 und 291
[20] Fremantle, ibid., S. 163
[21] Jo 12, 24
[22] Schriften, S. 136
[23] Fremantle, ibid., S. 155
[24] Foucauld, Einsiedler, S. 110 und 118
[25] Schriften, S. 434
[26] Foucauld, Abbé Huvelin, S. 193
[27] Schriften, 381
[28] Schriften, S. 436
[29] Fremantle, ibid., S. 249
[30] Fremantle, ibid., S. 157
[31] Foucauld, Huvelin, S. 207
[32] Schriften, S. 159
[33] Foucauld, Der letzte Platz, o.J., S. 38
[34] Schriften, S. 140
[35] Schriften, S. 145
[36] Schriften, S. 73
[37] Schriften, S. 23
[38] Schriften, S. 29
[39] Bernanos, Europäer, wenn ihr wüßtet, 1962, S. 134

[1] Jacques Cabaud, Simone Weil, 1968, S. 47 und 66
[2] Cabaud, ibid., S. 34
[3] Cabaud, ibid., S. 158
[4] Simone Weil, Die Entwurzelung, 1956, S. 77
[5] Weil, ibid., S. 320
[6] Perrin und Thibon, Wir kannten Simone Weil, 1954, S. 38
[7] Bernanos, Die großen Friedhöfe unter dem Mond, 1959, S. 14
[8] S. Weil, Das Unglück und die Gottesliebe, 1953, S. 48
[9] Weil, ibid., S. 49
[10] Weil, ibid., S. 50
[11] Cabaud, ibid., S. 184
[12] S. Weil, Schwerkraft und Gnade, 1952, S. 72
[13] Weil, ibid., S. 200
[14] Weil, Unglück, S. 210
[15] Weil, ibid., S. 164 und 169
[16] Weil, Schwerkraft, S. 75
[17] Weil, ibid., S. 232
[18] Weil, Unglück, S. 61
[19] Weil, Unglück, S. 67
[20] Ida Görres, Zwischen den Zeiten, 1960, S. 393
[21] W. Warnach, Simone Weil, in Wort und Wahrheit, 1956, S. 758
[22] Weil, Unglück, S. 26
[23] Weil, Unglück, S. 56
[24] Cabaud, ibid., S. 371
[25] K. Epting, Der geistliche Weg der Simone Weil, 1955, S. 81
[26] J. Green, Tagebücher, 1946 bis 1950, S. 267
[27] M. Buber, An der Wende, 1952, S. 75
[28] Cabaud, ibid., S. 250 und 256
[29] P. Blanchard, Heiligkeit – heute. 1956, S. 182
[30] Perrin und Thibon, ibid., S. 172
[31] Weil, Unglück, S. 87
[32] Weil, Unglück, S. 88
[33] Perrin und Thibon, ibid., S. 154
[34] Cabaud, ibid., S. 376
[35] Weil, Unglück, S. 65
[36] Cabaud, ibid., S. 220
[37] Cabaud, ibid., S. 227
[38] Cabaud, ibid., S. 286
[39] Cabaud, ibid., S. 298

Walter Nigg
im Diogenes Verlag

Große Heilige
Von Franz von Assisi bis
Therese von Lisieux

»Walter Niggs *Große Heilige* haben in Deutschland
einen immer wachsenden Kreis von Menschen angezogen, der von den Mönchen des Klosters Maria-
Laach bis zu den protestantischen Theologie-Studen-
ten reicht und noch viel weiter reichen sollte. Denn in
diesen Biographien wird dem Leser die volle Wirklichkeit eines Lebens vor Augen gestellt, dessen Inhalt
ein unendliches Zwiegespräch der Seele mit dem
transzendenten Du Gottes war. Die nüchtern-klare
Diktion Niggs rückt die mystischen Gestalten der
Heiligen in die geistige Reichweite des modernen
Menschen.« *Die Zeit, Hamburg*

Das Buch der Ketzer
Von Simon Magus bis Leo Tolstoi

Walter Nigg beschreibt fromme, innerlich freie
Gottes- und Wahrheitssucher, die sich von der Kirche
getrennt haben oder von ihr ausgestoßen und als Ketzer verschrien worden sind: Er zeigt diese Häretiker
als echt religiöse Menschen, die mit ihrer unabhängi-
gen, nur Gott verpflichteten Haltung der Gegenwart
Wesentliches zu sagen haben: Simon Magus, Origi-
nes, Kaiser Julian, Meister Eckhart, John Wycliff,
Johannes Hus, Martin Luther, Thomas Müntzer,
Giordano Bruno, Spinoza, Pascal, Lessing, Tolstoi u.a.

»Das in seiner Darstellung großartige und in seiner
Problematik erregende *Buch der Ketzer* ist mehr als
ein Kapitel Kirchen- und Geistesgeschichte.«
Welt und Wort

Vom Geheimnis der Mönche
Von Bernhard von Clairvaux bis Teresa von Avila

Walter Nigg geht dem Geheimnis der großen Ordens-
gründer nach, erzählt aus dem Leben von Augustinus,
Benedikt, Franz von Assisi, Bernhard von Clairvaux,
Teresa von Avila, Ignatius von Loyola und vielen anderen mehr. Dieses Werk macht uns bekannt mit den
großen Ordensgründern, die dem ewig-gleichen Ge-
tümmel einer lärmenden Welt Andacht und Inbrunst
gläubiger Herzen gegenüberstellen, der Zerstreuungssucht der Vielen das Gesammelte der Wenigen.

»Was uns bei diesem künstlerisch gestalteten und
doch streng wissenschaftlichen Buche erstaunt und erfreut, ist das Talent dieses Schriftstellers, der den Leser
von der ersten Zeile an gefangennimmt und sein Interesse selbst bei einem so umfangreichen Buch wachzuhalten versteht.« *Neue Zürcher Zeitung*

Das mystische Dreigestirn
Meister Eckhart, Johannes Tauler,
Heinrich Seuse

»Leben und Werk dreier Mystiker werden beschrieben, d.h. für den modernen Leser in packender Weise
aktualisiert; der zu Unrecht von der Inquisition verdammte Eckhart, der herausragende Straßburger Prediger Tauler und der hochpoetische Seuse. Alle drei
waren zutiefst beseelt von der Suche nach Gott, von
der ›Gottesfreundschaft‹, der Sehnsucht nach immer
mehr Innerlichkeit. Sie blieben von Enttäuschungen
und Leiden nicht verschont, weil sie sich keinem theologischen System unterwarfen, sondern aphoristisch
›ihren Gott‹ bezeugten. Wie Nigg diese Männer immer wieder in Beziehung zur modernen Literatur
bringt, beweist, die unglaubliche Belesenheit und Gestaltungskraft dieses Verfassers.«
Die neue Bücherei, München

Heilige und Dichter
Von Augustinus bis Reinhold Schneider

Walter Nigg veranschaulicht zunächst das Wesen der Heiligen an den konkreten Gestalten von Augustinus, Konrad von Konstanz, Heinrich und Kunigunde, Hildegard von Bingen, Albertus Magnus und Thomas von Aquin. Der zweite Teil ist den Dichtern gewidmet. Mit Ausnahme von Nikolai Lesskow gehören sie alle Niggs Generation an. Es sind Menschen, die dem Autor auf seinem Lebensweg persönlich begegenet sind, Menschen, die Dichtung noch als etwas Göttliches inmitten eines schweren Lebens erfuhren.

Des Pilgers Wiederkehr
Drei Variationen über ein Thema

Walter Nigg beleuchtet in diesem Werk das Thema der zeitlosen Wanderschaft am Beispiel dreier Pilgerleben: John Bunyan, Verfasser des Erbauungsbuches ›Des Pilgers Reise‹ lebte im 17. Jahrhundert in England und gehörte dem Protestantismus an, Benedikt Labre, ein französischer Heiliger des 18. Jahrhunderts und ein anonymer russische Pilger des 19. Jahrhunderts. Nigg stellt den religiösen Wanderer als eine zeitlose Erscheinung dar, der eine genuin christliche Haltung verkörpert.

Heimliche Weisheit
Mystisches Leben in der evangelischen Christenheit

Mystik als »das Gebiet am Grenzrand des Glaubens, das Gebiet, in dem die Seele Atem holt zwischen Wort und Wort« (Martin Buber) spielte in der katholischen Tradition schon immer eine wichtige Rolle. Doch wie steht es mit dem Protestantismus? Kennt auch er, neben der aufs biblische Wort ausgerichteten Lehre, mystische Strömungen? Dieser Frage ist Walter Nigg als ein wahrer Entdecker nachgegangen. Dargestellt werden folgende Mystiker des 16. bis 19. Jahrhunderts: Martin Luther, Thomas Müntzer, Kaspar Schwenckfeld, Sebastian Franck, Valentin Weigel, Johann Arndt, Jakob Böhme, Angelus Silesius, Johann Georg Gichtel, Georg Fox, Peter Poiret, Gottfried Arnold, Gerhard Tersteegen, Friedrich Christoph Oetinger, Michael Hahn, Novalis.

Der christliche Narr

Über Symeon von Edessa, Jacopone da Todi,
Erasmus' *Lob der Torheit*, Philipp Neri, Cervantes' *Don Quijote*,
Heinrich Pestalozzi und Dostojewskijs *Idiot*

Das Menschenbild der Antike war der Weise. Salomo, Lao Tse und Konfuzius, sie alle verherrlichten den weisen Menschen. Das Christentum entthronte die Weisheit und lobte den heiligen Narren. Diese Umwälzung hielt nicht lange an. Der christliche Narr mit seinem Hinweis auf die Übervernunft taucht aber immer wieder auf. An ausgewählten Beispielen zeigt Walter Nigg das dramatische und zugleich beglückende Leben christlicher Narren: Symeon von Edessa, Jacopone da Todi, Philipp Neri und Heinrich Pestalozzi. Beispielhaft in der Literatur sind Erasmus' *Lob der Torheit*, Miguel de Cervantes' *Don Quijote* und Dostojewskijs *Idiot*.

Das Neue Testament

Synoptische Ausgabe
in vier Sprachen

Die Frohe Botschaft, die fast 2000 Jahre viel bewirkt hat und ein ständiges Bedürfnis nach neuen, zeitgemäßen Anpassungen weckt, hier zurückgebracht auf ihre ursprüngliche Form und ihre drei nachhaltigsten Übertragungen:

– in der griechischen Urfassung und Grundlage für alles weitere

– in der lateinischen Vulgata, als Sprache der Kirche von gewaltiger Ausstrahlung

– in der Übersetzung Martin Luthers, dem größten sprachschöpferischen Ereignis der deutschen Literatur

– in der gleicherweise bedeutsamen Version der »King James Bible« von 1611, die das heutige Englisch mitgeprägt hat.

Ein typographisches Wunderwerk aus dem Jahre MDCCCLVIII. Die vier Fassungen stehen zum Vergleich nebeneinander als übersichtliches Stück Religions-, Kultur- und vor allem Sprachgeschichte. Ein Handbuch für alle, die sich mit Literatur abgeben oder die mit dem Übersetzen zu tun haben.

Fjodor Dostojewskij
Meistererzählungen

Herausgegeben, aus dem Russischen
und mit einem Nachwort von
Johannes von Guenther

»…ein Werk, das außer dem ›verbrecherischen‹ Erkenntnis- und Bekenntnisfuror, mit dem es die Kunde vom Menschen erweitert, eine erstaunliche Menge von Mutwillen, phantastischer Komik und ›Lustigkeit des Geistes‹ in sich schließt. Denn unter anderem war dieser Gekreuzigte ein ganz großer Humorist.«
Thomas Mann über Dostojewskij

»Als ich Dostojewskij las, fühlte ich mich angeheimelt und hingezogen, selber die Feder in die Hand zu nehmen.« *Robert Walser*

»Dostojewskij hat seinen Platz nicht weit hinter Shakespeare.« *Sigmund Freud*

»Hat Dostojewskij nicht Freud vorweggenommen? Freud sagt selbst, daß er ihn gelesen habe, und man darf sich fragen, ob er ohne den russischen Schriftsteller sein neues Bild vom Menschen geschaffen hätte.«
Georges Simenon